国家教育部社会科学规划研究资助项目
河北省教育厅出版基金资助项目

RIMEI MAOYI MOCA YU
RIBEN CHANYE JIEGOU
TIAOZHENG

日美贸易摩擦与
日本产业结构调整

马文秀 著

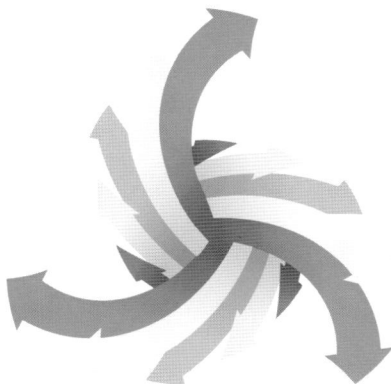

人民出版社

序

　　第二次世界大战结束后，日本随着经济的恢复与快速发展，产业结构不断升级，日本对美国的出口规模迅速扩大，两国之间的贸易摩擦愈演愈烈，而贸易摩擦的过程也是日本产业结构进一步升级的过程。改革开放以来，随着中国经济的快速发展和产业结构升级，中国融入世界经济的程度不断加深，与美国等发达国家的贸易摩擦时有发生，而且愈演愈烈。借鉴日本解决日美贸易摩擦、促进产业结构优化的经验教训是必要的。马文秀博士所著《日美贸易摩擦与日本产业结构调整》一书，其选题具有重要的理论意义和现实意义，是我国学者对日美经济关系研究的一项新的学术成果。作者以严谨的逻辑和翔实的数据，从理论与实证两方面系统论述了日美贸易摩擦与日本产业结构调整的内在关系，提出了"日本产业结构引发日美贸易摩擦"、"日美贸易摩擦促进日本产业结构调整"的观点，具有一定的创新性。

　　该书是马文秀博士在其博士论文的基础上进一步充实和完善而完成的专著。通览全书，作者对日美贸易摩擦与日本产业结构调整的相关性分析，思路新颖、观点明确。

　　一、从"产业结构"新的视角深入研究了"日美贸易摩擦问题"，从理论与实证两方面阐释了日美贸易摩擦与日本产业结构调整具很强的相关性，得出的结论是：日本的产业结构引发了日美贸易摩擦，日本产业结构升级是日美贸易摩擦不断激化的根源，而特殊的产业结构决定了日美贸易摩擦的必然性和长期性。如以机械工业为主体、高度依赖对外贸易的全套型产业结构导致了日本对美国出口激增，出口激增成为引发日美贸易摩擦的导火索。贸易摩擦随着日本产业结构的升级而不断激化，主要表现是：随着日本产业结构的升级，日美贸易摩擦的范围逐渐扩大，焦点趋向高附加价值化和高技术化；解决手段由进出口调整转向经济制度协调等。

二、从理论与实证两方面论述了日本为化解日美贸易摩擦所采取的自愿出口限制、对外直接投资、日元升值和扩大国内需求等一系列措施的效果，以及这些措施又如何促进了日本产业结构升级，指出日美贸易摩擦是日本产业结构不断优化升级的外在动力。作者通过分析得出的结论是：自愿出口限制在一定程度上起到了缓解日美贸易摩擦的作用，促进了日本出口产品质量升级；日元升值未能达到预期的缓解日美贸易摩擦的效果，但日元升值提高了日本产业的竞争力，促使日本进出口商品结构发生了变化，推进了日本第三产业的发展；日本的对外直接投资有效地缓解了日美贸易摩擦，促进了日本产业结构调整，但引发了日美投资摩擦和日本产业结构的空洞化；日本的扩大内需政策起到了缓解日美贸易摩擦的作用，促进了日本产业结构的优化。

三、"文章合为时而著"。当前中美贸易摩擦非常突出，研究日美贸易摩擦和日本产业结构调整问题的终极目标在于提出对我国处理对外经济贸易摩擦中的借鉴或启示。作者提出了几点富有新意的重要观点：一是产业结构是引发中美贸易摩擦的决定性因素；二是人民币升值有利于中国产业结构的优化；三是扩大内需是化解中美贸易摩擦的根本途径；四是对外直接投资是缓解中美贸易摩擦、促进中国产业结构优化的有效途径。

以上是该书的主要观点和特点。这里需要说明的是，该书只分析研究了日美贸易摩擦和日本产业结构调整的相关性，而未涉及美国产业结构调整与日美贸易摩擦的关联性，希望作者今后对此问题进一步展开研究。同时也期待作者继续对中国如何借鉴日本经验来缓解中美贸易摩擦、促进产业结构调整的具体对策做更加深入的研究。

裴桂芬

2009 年 9 月于河北大学

目　录

导　论

一、问题提出及研究意义

随着中国经济快速发展和产业结构升级，中国进出口规模迅速扩大，在世界经济中的地位不断提高，融入世界经济的程度不断加深；同时，中国与外国的贸易摩擦时有发生，并有愈演愈烈之势。其中，中美贸易摩擦最为典型，不仅贸易摩擦的范围不断扩大，从农产品贸易摩擦到纺织品贸易摩擦，从钢铁等货物贸易摩擦到知识产权等的服务贸易摩擦，而且贸易摩擦的表现形式也不断升级，由最为常见的反倾销措施，发展到反补贴以及中美知识产权问题的纠纷等；另外从美国对待中美贸易摩擦的姿态看，美国可谓是步步紧逼，从要求开放单个商品市场到开放整个市场，从开放服务业市场到开放资本市场，从督促人民币升值到改革汇率制度等，无一不渗透一个始终不变的思想：打开中国的市场，分享中国经济增长的利益。

而这一幕就像是 20 世纪 60 年代中期以后的日美之间贸易摩擦历程的再现！

战后随着日本经济的恢复与快速发展，日本与美国之间的贸易摩擦不断升级，从 20 世纪 50 年代的纺织品贸易摩擦，到 60 年代的钢铁贸易摩擦，再到 70 年代的彩电、机床贸易摩擦，80 年代的汽车贸易摩擦，90年代的半导体等高科技产品和通讯、金融、服务业等第三产业的贸易摩擦，摩擦的范围从货物贸易摩擦到服务贸易摩擦，从商品摩擦到投资摩擦，最后演变为经济制度摩擦。日本应对日美贸易摩擦的对策从最初的开放单个商品市场到开放国内市场，从自愿出口限制到日元升值，从外贸体制改革到经济制度的改革……纵观日本长达50多年的日美贸易摩擦历史，可以发现日美贸易摩擦的形成与激化反映了日本产业结构的特征，具体来说，日本特殊的产业结构决定了日美贸易摩擦的必然性和长期性，而日本为缓解日美贸易摩擦所采取的对策成为推动日本产业结构升级的重要手段。

本书从日本特殊的产业结构引发日美贸易摩擦、日美贸易摩擦促进日本产业结构调整的基本观点出发，全面系统地研究日美贸易摩擦与日本产业结构调整的关系，从理论和实证两方面探讨日本特殊的产业结构如何引发日美贸易摩擦，分析日本化解贸易摩擦的主要措施对缓解日美贸易摩擦的效果以及这些措施促进日本产业结构调整的效果。这一研究不仅具有重要的理论意义，而且对正处于贸易摩擦高发期的中国如何处理与其他国家尤其是美国的贸易摩擦、实现产业结构升级具有重要的现实意义。

二、国内外研究现状综述

1. 关于产业结构演进的研究

（1）产业结构演进的趋势

英国经济学家科林·克拉克（C. Clark）对产业结构演进理论进行了开拓性研究。科林·克拉克在英国经济学家威廉·配第（William Petty）研究成果的基础上，依据费希尔（A. B. Fischer，1935）提出的三次产业分类法，通过搜集和整理二十几个国家不同时期三次产业劳动投入和产出的时间数据，从劳动力转移角度揭示了产业结构演进的趋势，即随着经济的发展和人均国民收入水平的提高，劳动力首先由第一产业向第二产业转移；然后又向第三产业转移，从而导致第一产业的劳动力逐渐减少，第二、第三产业的劳动力逐渐增加。导致劳动力在三次产业之间转移的直接原因在于各产业之间存在着收入上的差距，即制造业的收入高于农业，商业的收入又高于制造业，而劳动力总是倾向于朝着收入更高的产业转移。[①] 这个结论是从大量事实的经验性研究得出的，它勾画出了产业结构演进的基本趋向，但是，由于只是采取单一的劳动力指标，难以从深层次揭示产业结构演进的总趋势。

美国经济学家西蒙·库兹涅茨（S. S. Kuznets，1941）继承克拉克的研究成果，将三次产业分别称为"农业部门"、"工业部门"和"服务部门"，结合劳动力指标和各产业所创造的国民收入及其在全部国民收入所占比例的指标，综合分析产业结构演进趋势。根据库兹涅茨的分析，各国都经历了农业部门的劳动人口比例迅速下降，工业部门、服务部门的劳动人口比例趋于上升的过程，从而证实了克拉克的结论，使克拉克的经验分析更具有一般性意义。[②]

美国经济学家钱纳里（Hollis Burley Chenery，1975）等人使用库兹涅茨的统计归纳法，同时运用投入—产出分析方法、一般均衡分析方法和经济计量模型，进一步深入研究产业结构演进的一般趋势，对低收入的发展中国家，即第二次世界大战以后工业化为主线的发展中国家，特别是其中的新兴工业化国家（地区）进行了更为广泛的研究，在其著作《发展的型式：1950—1970》中提出了著名的"标准结构"[③]。"标准结构"对人均 GDP 从 100 美元到 1000 美元的发展区间的结构变化进行了研究，得出了重要的描述性结论，即总结构变化的 75%—80% 发生在这一区间，其中最重要的积累过程和资源配置过程，都将发生显著的、深刻的变化。后来，钱纳里等人又进一步发展了"发展型式"，通过所谓的多国模型的模拟，归纳出工业化的一

①　杨治：《产业经济学导论》，中国人民大学出版社 1985 年版，第 21—24、40 页。

②　周振华：《产业结构优化论》，上海人民出版社 1992 年版，第 31—36 页。

③　［美］H. 钱纳里、M. 塞尔奎因：《发展的型式 1950—1970》，李新华等译，经济科学出版社 1988 年版，第 38 页。

般特征或结构转变的一致性。

（2）工业结构演进的趋势

产业结构演进的趋势描述的是一个国家和地区走向工业化的过程和动因。工业在经济发展的一定阶段上，其在国民收入中相对比例不断上升的同时，劳动力相对比例增加不多、不快的规律说明，工业在一定的经济发展阶段上，是一个国家经济发展的主导部门。经济发展过程或者说产业结构演进过程，也就是"工业化"的过程。在西方经济学家中，德国经济学家霍夫曼（Walther G. Hoffmann）对工业化演变规律进行了开拓性研究。[①] 他对近 20 个国家 18 世纪以后的工业化历史和统计资料进行了经验性研究，着重分析了制造业中消费品工业和资本品工业的比例关系，提出了所谓的"霍夫曼定理"，即霍夫曼系数在工业化发展过程中是持续下降的（霍夫曼系数 = 消费品工业净产值／资本品工业净产值）。霍夫曼还根据霍夫曼比例由大到小把工业化分成四个阶段。他认为在第一阶段，消费品工业的生产在制造业中占有统治地位，资本品工业的生产是不发达的；在第二阶段，与消费品工业相比，资本品工业获得了较快的发展，但消费品工业的规模要比资本品工业的规模大得多；在第三阶段，消费品工业和资本品工业的规模达到大致相当的状况；在第四阶段，资本品工业的规模将大于消费品工业的规模。虽然霍夫曼的这一理论对工业结构，特别是对工业结构中重工业化规律的研究做出了重要贡献，但仍存在着许多的缺陷，为此，遭到了梅泽尔斯（A. Maizeles）、库兹涅茨和盐野谷右一等经济学家的批评。梅泽尔斯指出，霍夫曼比例仅从工业内部比例关系来分析工业化过程是不全面的，而且霍夫曼比例忽略了各国工业在发展过程中必然会存在的产业之间的生产率的差异。库兹涅茨则对用霍夫曼比例来研究工业化持否定态度，因为根据库兹涅茨对于美国资料的研究，无法得到支持资本品工业优先增长的证据。盐野谷右一认为霍夫曼的产业分类法是不科学的，他运用一种新的统计

---

① 周振华：《产业结构优化论》，上海人民出版社 1992 年版，第 50—53 页；杨治：《产业经济学导论》，中国人民大学出版社 1985 年版，第 59—71 页。

方法重新计算了霍夫曼比例，得到了一些新的结论：从美国、瑞典等国经济的长期时间序列来看，制造业资本品生产的比例大体处于稳定状态，但从轻重工业的比例关系来看，重工业比例增大却是一切国家都存在的普遍现象。盐野谷右一进而指出霍夫曼定律在工业化初期是成立的，对于工业化水平较高的国家，消费品工业和资本品工业实际上是稳定不变的。霍夫曼定理及其修正主要揭示了工业化的第一阶段，即"重工业化"阶段的结构演进规律，至于第二阶段的"高度加工化"，以及第三阶段的"技术集约化"则是后来的一些学者提出和总结的。

　　美国经济学家钱纳里（1968）从经济发展的长期过程中考察了制造业内部各产业部门的地位和作用的变动，揭示了制造业内部结构转换的原因，即产业间存在着产业关联效应，为解释制造业内部的结构变动趋势奠定了基础。他通过深入考察，发现制造业发展受人均国民收入、需求规模和投资率的影响较大，而受工业品和初级品输出率的影响小。他仔细考察了大国的制造业结构变化模式，用早期产业、中期产业和后期产业描述了制造业结构演进的阶段性和有序性。① 钱纳里等人的早期、中期和后期产业划分虽然一定程度反映了工业结构变动的历史阶段，以及每一阶段工业中各产业的变化状况，但其分析主要是从需求角度展开，忽视了供给方面因素对工业化过程中结构演进的直接影响，具有一定的片面性。因为世界工业化进程中结构演进趋向毕竟是直接由生产力发展决定的。

　　通过以上分析可知，由于分析的出发点和角度不同，学者们在阐述产业结构升级趋势时存在着许多差异。但从本质上看，产业结构演进是一个产业结构高度化过程，其演进趋势可以归纳为以下几个阶段：（1）以劳动密集型产业为主的轻工业化阶段。（2）以资本密集型产业为主的重工业化阶段（"霍夫曼定理"阶段）。在这个阶段，工业由以轻工业为重心的发展向以重工业为重心的发展推进。

---

① H. Chenery and L. Taylor: "Development Patterns: Among Countries and Over Time", *Review of Econmics and Statistics*, Vol. 50, No. 4, 1968, pp. 391 – 415.

（3）高加工度化阶段，即重工业化过程中由以原材料为重心的结构转向以加工组装工业为重心的结构。在这个阶段，实际上开始了技术密集型产业比例提高的阶段。（4）技术高度密集化阶段。在这个阶段，各工业部门越来越多地采用高级技术，导致以知识技术密集型为特征的尖端工业的兴起。

中国学者关于产业结构演进趋势的理论研究，主要是从资源配置及其结果角度展开分析。周林、杨云龙、刘伟等认为[1]，产业结构高度化是指"产业结构根据经济发展的历史和逻辑序列顺向演进的过程"，并从三次产业之间、产业类型之间（劳动密集型产业、资本密集型产业、技术密集型产业）、产品形式之间（制造初级产品的产业、制造中间产品的产业、最终产品的产业）的比例变化描述产业结构高度化的表现。

宋海林认为[2]，产业结构演进分为两个阶段：一是产业结构合理化阶段；一是产业结构高度化阶段。本书认为，产业结构合理化和产业结构高度化确实在产业结构升级中存在，但是阶段的划分应该有一个标准，这两个阶段的标准到底是什么，似乎难以给出。所以，把产业结构合理化和产业结构高度化看做是产业结构升级的两个方面似乎更为科学。产业结构升级应该是在结构合理化的基础上高度化，是在产业结构不断高度化条件下的合理化，二者不可偏废。

2. 关于日本产业结构演进的研究

欧美学者关于产业结构的研究及提出的理论模型具有一般意义，形成该研究领域的主流。但作为应用经济理论，各国在实践中形成了各具特色的理论概括。战后一些日本学者立足日本国情，逐步发展形成了一套独特的日本产业结构理论，他们认为产业结构变动与周边国家或世界相关联。

---

[1] 周林、杨云龙、刘伟：《用产业政策推进发展与改革》，《经济研究》1987年第3期，第16—24页。

[2] 宋海林：《中国产业结构协调分析》，中国财政经济出版社1997年版，第40—42页。

　　日本经济学家筱原三代平（1957）提出了著名的规划产业结构的"两基准"理论（即收入弹性基准和生产率基准）和重工业化理论①，其针对日本必须在国际贸易基础上建立国内的社会再生产体系，以实现基本产业结构高度化这一基本国情，突破了李嘉图的静态比较成本学说，提出了著名的"动态比较费用论"。动态比较费用论认为：产品的比较成本是可以转化的，从某一时点看在国际贸易中处于劣势的产业，从发展的角度看却有可能转化为优势产业。故对那些潜力巨大且对国民经济有重要意义的产业，不但不应放弃它的发展，而且要扶持它的发展，使之成为强有力的出口产业。

　　日本经济学家赤松要（Kaname Akamatsu，1936、1957、1965）在战前研究日本棉纺工业史后提出"雁行形态论"最初的基本模型，战后与小岛清（1973）等人进一步拓展和深化了该理论假说。"雁行模式"揭示了产业国际转移的内在机理。"雁行模式"认为，一国国内特定产业生命周期由5个阶段构成，即进口、进口替代、出口增长、成熟和返进口等。在进口阶段国内市场由进口商品占领，国内生产处于小规模阶段，以技术模仿与转让为主。到了进口替代阶段，国内生产增长的速度快于需求增长速度，进口开始下降，国内产品的市场占有率不断得以扩大。当国内生产满足了国内需求后还有剩余用于出口时，就进入了出口阶段，这一阶段使生产得以进一步扩大；出口阶段的出现意味着后起国家已经拥有该产业的比较优势，基本完成了该产业由发达先行国向后起国的转移。到了成熟阶段，生产和出口由于生产成本（特别是工资成本与土地等稀缺资源）的不断上涨而开始下降，国内生产规模开始缩小，而对具有比较成本优势、较落后国家的投资不断增加，出现产业向其他更为落后国家转移的趋势。最后低价格同类产品开始进口，国内生产规模加速缩小，该产业又变成净进口产业（其中一部分进口来自于该国在海外的子公司），这时就进入返进口阶段，再次完成了产业国际转移。"雁行模式"较好地解释了东亚后起国家追赶先行国家的产业结构升级过程，但"雁行模式"

---

① 篠原三代平：産業構造論，東京：筑摩書房1966年版，第19頁。

的形成是有条件的，当条件发生变化时，该模式也将转换。即这一模式可以说明过去，不一定能说明将来；可以适用于东亚中小国家和地区，但不一定适用于发展中大国。①

日本学者小泽辉智（Teretomo Ozawa，1992）在赤松要等提出的"雁行模式"基础上，引入了跨国公司和国际直接投资的因素，提出"增长阶段模型"②，从而使雁行图形发生变化。小泽辉智认为，当一国的比较优势发生变化后，产业结构和投资结构也随之变化，这会在很大程度上影响对外直接投资的变化。他把发展中国家从纯外资进入国家演变成向海外直接投资国家的过程分为以下几个阶段：（1）吸引外国直接投资阶段；（2）由外资流入阶段向对外直接投资阶段的转型阶段；（3）从劳动力导向的对外直接投资向贸易支持型和技术导向型的对外直接投资过渡阶段；（4）资本密集型的资金流入和资本导向型对外直接投资交叉发生的阶段。并且，小泽辉智认为，在经济全球化迅猛发展与科学技术高度发达的今天，跨国公司能够在产品周期的第一阶段就在国外投资生产，无须再经历出口产品开发东道国市场这一阶段，相应地使得东道国的进口重要性有所削弱。

"雁行模式"和"增长阶段模式"表明，由于外国直接投资所引发的产业国际转移，既是发达国家调整产业结构、实现全球战略的重要手段，也是发展中国家改造和调整产业结构、实现产业升级和技术进步的重要途径。外国直接投资所带来的各种资源，尤其是技术资源和管理技能，不仅有助于东道国建立新兴产业，还能使传统产业升级，使内向型产业向出口导向型、更具国际竞争力的产业演进。如果没有外国直接投资，东道国新兴产业的产生和传统产业的改造或许不会发生，或许会相当缓慢，并且要付出相当的代价。最典型的例子是20世纪50年代以后的纺织业从日本转移到亚洲"四小龙"、再转移到东盟国家，而整个典型的产业转移顺序是从纺织业到化学工业、钢

---

① 汪斌：《东亚国际分工的发展与21世纪的新产业发展模式》，《亚太经济》1998 年第 7 期，第 1—5 页。

② T. Ozawa: "Foreign Direct Investment and Economic Development", *Transnational Corporations*, Vol. 1, 1992, p. 43.

铁工业再到汽车、电子工业。

日本学者关满博（1993）① 提出产业"技术群体结构"概念，构建了一个三角型模型，并用该模型分别对日本与东亚各国和地区的产业技术结构做了比较研究。其核心思想是：日本应放弃从明治维新后经百余年奋斗形成的"全套型产业结构"（所谓"全套型产业结构"，是指在一国拥有各具优势的所有产业和技术部门），必须促使东亚形成网络型国际分工，而日本只有在参与东亚国际分工和国际合作中对其产业进行调整才能保持领先地位。

日本学者对于产业结构研究，实际上触及东亚区域产业结构循环演进问题，而且明确意识到一国产业结构变动与所在国际区域的周边国家或世界相关联，但仍是以单个国家为立足点，仅涉及国际区域的一个特例，没有上升到一般理论。

中国学者有关日本产业结构的研究成果主要集中在：分析战后日本产业结构演变及其对日本经济增长、就业及国际竞争力的影响，分析经济国际化和全球信息技术发展、国际汇率调整、能源形势变化等重大因素对日本产业结构调整产生的影响等方面。代表性的研究成果有：薛敬孝和白雪洁（2002）② 分析了日本产业结构演变对日本经济增长与就业及其国际竞争力的影响，探讨了日本产业结构调整的现状、调整相对滞后的原因及日本产业结构的变动趋势，指出：日本产业结构升级导致其国际经济地位变迁，日本产业结构调整停滞使其国际经济地位面临挑战，日本贸易结构与产业结构互相影响、互相促进。丁敏（2006）③ 分析了市场经济条件变化、经济国际化和全球信息技术发展、国际汇率调整、能源形势变化等重大因素对日本产业的兴衰与结构调整所产生的影响，认为日元急剧升值把日本制造业迅速

① ［日］关满博：《东亚新时代的日本经济——超越"全套型"产业结构》，陈生保、张青平译，上海译文出版社 1997 年版，第 3—5 页。

② 薛敬孝、白雪洁：《当代日本产业结构》，天津人民出版社 2002 年版，第 1—313 页。

③ 丁敏：《日本产业结构》，世界知识出版社 2006 年版，第 1—61 页。

推向被动调整局面。薛敬孝（1998）[①] 指出，趋势性日元升值对日本产业的结构性调整产生了长期的深刻的影响。姜春明（1998）[②] 认为，日本经济正在加速走向国际化，新时期的产业结构调整必须纳入包括亚洲在内的国际分工体系当中去，建立起与国际经济相协调的产业结构体系。张纪南、平泽冷（1998）[③] 利用因子分析的数量分析方法，通过对多种产业技术指标的综合性分析，探讨了战后日本产业结构的变化及引起变化的决定因素。

3. 关于日美贸易摩擦的研究

本书关于日美贸易摩擦的研究综述实际上是关于国际贸易摩擦的研究综述。由于战后日美贸易摩擦最为典型，有关国际贸易摩擦的研究大多是以日美贸易摩擦为对象，而本书以日美贸易摩擦为研究对象，所以将题目定为关于日美贸易摩擦的研究综述。国内外关于日美贸易摩擦的研究文献有很多，综合起来主要集中在两个方面，一是关于日美贸易摩擦的成因分析，一是日美贸易摩擦的福利效应分析。

（1）关于日美贸易摩擦的成因分析

关于贸易摩擦的成因研究主要从三个方面展开：一是从国际政治经济学的角度研究贸易摩擦的成因；二是从经济学的角度研究贸易摩擦的成因；三是从贸易摩擦的政治经济学角度研究贸易摩擦的成因。

①从国际政治经济学角度研究贸易摩擦成因

从国际政治经济学角度研究贸易摩擦成因的文献很多。20 世纪 70 年代随着美、日、欧之间的贸易摩擦加剧，西方学者着手从国际政治经济学角度研究贸易摩擦的成因。吉尔平（Gilpin，1975）[④] 从

① 薛敬孝等：《日本经济现状研究》，中国社会科学出版社 1998 年版，第 3—26 页。

② 薛敬孝等：《日本经济现状研究》，中国社会科学出版社 1998 年版，第 37—43 页。

③ 薛敬孝等：《日本经济现状研究》，中国社会科学出版社 1998 年版，第 44—58 页。

④ Glipin, Robert: *U. S. Power and Multinational Corporation: The Political Economy of Foreign Direct Investment*, New York, Basic Books, 1975, p. 85.

国际体系的结构主义出发，提出当世界体系的边缘地区经济充分发展，足以脱离对核心区的依附且投资条件有利于边缘地区时，核心国家就会采取保护主义的经济策略促进本国经济发展。与此同时，随着核心区经济的衰退以及边缘地区经济的起飞，老的核心区与新的核心区就会在市场、原材料以及投资方面不断发生冲突，冲突的具体形式就是各种贸易摩擦，这种贸易摩擦会一直持续到新的核心国家完全崛起之后。卡特泽斯坦（Katzenstein，1978）[①] 研究表明，在国际政治经济霸权的周期变化中，往往会带来频繁的贸易摩擦，无论是 19 世纪 40 年代英国霸权的上升时期，还是 20 世纪 40 年代美国霸权的崛起，或是 19 世纪 80 年代至 20 世纪 20 年代英国在国际政治经济中的霸权地位的衰退，或是 20 世纪 70 年代日本、德国经济的崛起，国际经济领域的摩擦都有极为显著的变化。事实上，往往在霸权的上升时期，霸权国家会在很大程度上促进国际政治经济的开放，贸易摩擦相对减少；而当霸权衰落时，国际贸易领域的保护主义抬头，深层次的贸易摩擦就会源源不绝。戈莫里和鲍莫尔（Gomory and Baumol，2000）[②] 的研究指出，在一个以工业制成品、日新月异的技术和从规模经济中获益的大公司占主导地位的世界，国际贸易中存在着固有的利益冲突。这意味着一国生产能力的提高往往以牺牲他国的总体福利为代价。允许贸易伙伴与本国产业进行有效竞争，并以此来提高生产能力有可能使本国全面受损，而不是造福全体公众。更确切地说，一个工业化的国家将从非常落后的贸易伙伴发展新产业从而使生产率获得普遍提高中受益。这一受益过程将一直持续到其贸易伙伴达到在全球市场上占有更重要地位的发展水平为止。但是，当该贸易伙伴的发展一旦超过这一发展水平，其更多的产业将不利于发达国家，就会引起国家利益的冲突。显然，在国家利益冲突的过程中，国际贸易摩擦在所难免。

---

① Katzenstein, Peter (ed.): *Between Power and Plenty*, Madison, The University of Wisconsin Press, 1978, p. 51.

② Gomory, Ralph E. and William J. Baumol: *Global Trade and Conflicting National Interests*, Cambridge, MIT Press, 2000, p. 61.

②从经济学角度研究日美贸易摩擦成因

从经济学角度研究日美贸易摩擦的成因理论分可为两种：一种是国际贸易摩擦成因的微观理论，另一种是国际贸易摩擦成因的宏观理论。

国际贸易摩擦成因的微观理论从完全竞争市场和不完全竞争市场两种不同的假设前提展开研究。首先是以完全竞争市场为前提的理论。该理论认为，如果相互间进行贸易交往的两个国家的市场都是完全竞争市场，那么它们相互之间的贸易交往关系也是在完全竞争市场上进行的。在这种情况下，依照国际经济学理论，这两个国家之间的贸易交往不会形成国际贸易摩擦。但是，如果完全竞争市场受到某种影响，即出现市场失灵问题，就会产生国际贸易摩擦。对于以这种市场失灵为特征的国际贸易摩擦，国际经济学是以建立在赫克歇尔——俄林特定要素模型和国际经济扭曲理论基础之上的贸易和产业调整理论来说明的。当相互交往的两个国家之间出现国际经济扭曲问题时，便会引起国际贸易摩擦。因而要根除国际贸易摩擦，就必须消除国际经济扭曲问题，即进一步完善市场经济体系。

其次是以不完全竞争市场为前提的理论。该理论假设相互进行贸易的两个国家的国内市场是不完全竞争市场，而这种不完全竞争的市场有许多具体的形式，该理论分析视角主要涉及两个领域：第一个领域是假定相互进行贸易的两个国家的企业均为垄断企业；第二个领域是假定相互进行贸易的两个国家的企业生产活动中存在规模经济和外部经济。以下简要地介绍有关这方面的研究成果。

第一个领域研究国际贸易摩擦成因的理论是所谓的战略性贸易理论，战略性贸易理论是由布兰德和斯潘塞（J. A. Brander and Spencer，1985）和克鲁格曼（P. Krugman，1984）等人提出和发展。① 战略性贸易理论涉及内容非常广泛，对国际贸易摩擦问题研究

———————

① James A. Brander and J. Spencer Barbara: "Export Subsidies and International Market Share Rivalry", *NBER Working Paper Series*, Vol. W1464, 1984. Krugman, Paul R: *Strategic Trade Policy and the New International Economics*, Cambridge, MIT Press, 1986.

只是其中的一个组成部分。该理论首先分析在没有国家政策介入的情况下、不完全竞争市场上的自由贸易均衡，以及与此相关的各国参与对外贸易的垄断企业的收益状态；然后分析国家政策介入后国际贸易均衡的变化，以及与此相关的各国企业收益状态的变化，论述国家参与国际贸易后的经济效果。从战略性贸易理论中我们看到，政府以出口补贴和进口保护的方式提高本国企业的国际竞争地位，将利润由国外厂商转移到国内厂商，这是以贸易伙伴的损失为代价而使本国获利的贸易政策，其结果必然会导致国外的报复，从而引发国际贸易争端，使贸易双方受损。因此，该理论认为，由于各国的政策介入能够改变各国参与国际贸易的收益后果，结果便会由于追求收益的重新分配而引起各国之间产生国际贸易摩擦。克鲁格曼对日本在日美半导体贸易中实施的战略性贸易政策进行了实证分析，[①] 得出结论：日本企业在出口市场取得成功的主要原因是因为国内市场受到保护。在保护的市场中国内企业可以获得一系列优势：一是大规模生产获得的规模经济优势；二是大量销售使成本沿着学习曲线下降；三是大量销售收回研究与开发成本；四是可以在国内市场制定较高的价格，在外国市场上进行倾销，最终达到"进口保护扩大出口"的目的。日本实施的这种战略性贸易政策是导致日美半导体贸易摩擦的重要原因。

第二个领域关于存在规模经济和外部经济的国际贸易摩擦问题的研究，包括专门研究外部效应问题和专门研究规模经济问题两个方面，主要学者有帕那格里亚（A. Panagariya，1988）、三边信夫（1990）和后藤纯一（1988）等人，其中帕那格里亚提出了解释外部效应条件下的国际贸易摩擦模型，三边信夫提出了解释规模经济条件下的国际贸易摩擦模型。他们二人的模型有着相似的分析步骤，即先分析存在外部效果和规模经济时国内自给自足的经济均衡，然后探讨对外经济联系条件下的均衡，接着比较两种经济均衡的收益水平，如果某国在自给自足时的收益水平大于转入国际经济联系时的收益水

① ［美］保罗·克鲁格曼：《克鲁格曼国际贸易新理论》，黄胜强译，中国社会科学出版社2001年版，第7页。

平，那么该国一定会返回到自给自足的经济状态，并有可能与相互贸易的国家发生贸易摩擦。① 后藤纯一的模型与他们略有不同，他主要是依据迪克西特和罗曼的效用函数，从产品多样化的角度来建立模型。他在运用经济模型进行分析后认为，即使相互进行贸易的两个国家具有完全相同的生产要素禀赋，但由于市场不完全竞争的程度不同，国际贸易摩擦就有可能通过两国劳动市场的不完全竞争程度的不同所造成的工资差异而形成，这时一些国家在相互贸易中会获得较大的利益，而另一些国家则会遭受相应的损失。②

国际贸易摩擦成因的宏观理论主要是从有关日美贸易收支和经常收支不平衡方面着手解释，该方面的研究成果以美日两国学者为代表。美国学者的成果主要有克鲁格曼的维持可能性理论，布兰查德（Blanchard，O. J.）对经常收支和财政赤字关系的分析，弗兰克等人（Frenkel，J. A. and A. Razin）对税制改革和贸易收支关系的研究，以及 20 世纪 80 年代末期和 90 年代初期美国国内关于日美经常收支不平衡到底是由什么来决定问题的争论。克鲁格曼的维持可能性理论认为，在美国日益增多的对外（如对日本和联邦德国等）贸易和经常收支不平衡中，美元高估是不可能维持下去的，需要实行美元贬值的政策，由此减少对外贸易中经常收支的不平衡。③ 布兰查德在其所谓的生存期间不确定性世代模型中分析得出，美国对外经常收支不平衡的主要原因是其财政收支的不平衡。④ 弗兰克等人利用两国间统一的资本市场模型分析了税制改革和贸易收支关系，其结论是在一定的条件下，从所得税到消费税的改革会增加或减少一国的对外贸易

---

① 三辺信夫：合意的国際分業の一般理論，世界経済評論 1989 年第 5 期，第 44—54 頁。

② 後藤純一：国際労働経済学——貿易問題への新しい視点，東洋経済新報社 1988 年版，第 96—127 頁。

③ Krugman, Paul: "Is the Strong Dollar Sustainable?", *NBER Working Papers*, No. 1644, 1986.

④ Blanchard, O. J.: "Debt, Deficits, and Finite Horizons", *Journal of Political Economy*, Vol. 93, April 1985, pp. 223 – 247.

不平衡。① 20 世纪 80 年代末期和 90 年代初期美国国内关于日美经常收支不平衡问题争论的焦点集中在该不平衡是由什么来决定的问题，主要是在费尔德斯坦（Feldstein）和麦金农（Mckinon）等人之间进行。费尔德斯坦认为，美国贸易不均衡恶化的最重要原因是 1980 年到 1985 年春出现的 70% 的美元升值，这种前所未闻的美元升值使美国制品的价格和外国制品的价格急剧上升，并导致美国的纯出口量减少，而商品进口却增加了将近 50%。影响美国贸易赤字的因素还有许多，这些特殊因素（债务危机、中国的农业政策、原油价格等）全部综合起来，也没有急剧的美元升值重要。而麦金农则认为，美国巨额的贸易赤字只不过反映了源于财政赤字的美国经济的储蓄投资缺口，这两种赤字的金额相似绝不是偶然的。显然，美国学者基本上是从传统宏观经济学的角度来解释日美贸易摩擦问题。②

在日本，从宏观经济学的角度研究日美贸易摩擦成因问题的学者不少，其中以小宫隆太郎提出的理论最有代表性。小宫隆太郎从国民经济核算的角度分析了日美贸易摩擦问题③，其结论是，在国际资本自由流动的条件下，各国长期经常收支是由充分就业条件下的国内总储蓄和总投资的相互关系决定的。如果总储蓄超过国内总投资，则其剩余部分会进行资本输出，导致长期经常收支顺差。如果国内总投资超过总储蓄，则会导致长期经常收支逆差。由于美国的储蓄率和投资率长期处于较低的水平，特别是储蓄率非常低，致使美国国内存在大量的赤字，而日本的储蓄率和投资率很高，导致日本国内存在过量的储蓄，因而在日美两国之间必然形成大量的经常收支黑字，结果必然会引起两国间的贸易摩擦。并且，小宫隆太郎认为，由于从国民经济核算的角度对国际贸易摩擦问题的解释最终归结为各国的国内因素，

① Frenkel, Jacob A. and Razin, Assaf: "International Effects of Tax Reforms", *IMF Working Paper*, No. 88/62, 1988, pp. 1 – 37.

② 高增明、野口旭：国際経済学——理論と現実，京都：ナカニシヤ出版 1997 年版，第 327、328 頁。

③ 小宫隆太郎：貿易黒字・赤字の経済学，東京：東洋経済新報社 1994 年版，第 145 頁。

即各国国内的民间储蓄投资行为方面的因素和政府财政收支行为方面的因素，因而缓和国际贸易摩擦问题必须由各国从其国内因素入手，那种认为通过两国政府之间的经济协商就能解决其贸易摩擦问题的想法和做法（如单方面地实施自愿出口限制等），既未能理解经济运行的结果，也是一种十分愚蠢的行为。在日本除了小宫隆太郎外，还有植田和男、竹中平藏、小川一夫、须田美矢子等许多研究国际金融和国际宏观经济学的学者也提出过类似的观点。

显而易见，小宫隆太郎等日本学者提出的解释日美贸易摩擦问题的宏观经济理论与上述美国学者布兰查德和麦金农等人的解释是相类似的，都是从开放条件下的国民收入恒等式入手，即从对外经常项目收支和国内财政收支等的关系来进行分析，但小宫隆太郎的解释更为具体、更有针对性、更有力和透彻。

③从贸易摩擦的政治经济学角度研究日美贸易摩擦的成因

有很多学者从政治经济学的角度研究贸易摩擦的成因，提出贸易摩擦产生于内生政治过程。早期关于贸易关系的研究，认为政府可以免予政治压力的影响，从而其行动完全为了公共福利而具有慈善性。这方面代表性的学者有：约翰逊（1954）[1]、迈耶（Mayer，1981）[2]和瑞泽曼（Riezman，1982）[3]。这些经济学家应用博弈论方法分析贸易摩擦、政府实施报复、自由化或一个混合战略的目的在于实现本国福利最大化。这些学者尽管强调对外政策制定过程中政府间的互动特征，但将政府视为公共福利的慈善侍者没有任何私利，这不禁让人们怀疑他们是否抓住了现实世界中政府的真正目标。

---

[1]　Harry Johnson: "Optimum Tariffs and Retaliation", *Review of Economic Studies*, Vol. 21, No. 2, 1953, pp. 142 – 153.

[2]　Wolfgang Mayer: "Theoretical Consideration on Negotiated Tariff Adjustments", *Oxford Economic Papers*, Vol. 33, issue1, March1981, pp. 135 – 153.

[3]　Perroni, C. , Whalley, J. : "New Regionalism: Trade Liberalization or Insurance", *NBER Working Paper*, No. 4626, 1994.

与上述观点不同，佩茨曼（Peltzman，1976）① 认为，政府很少追求那些是社会福利最大化的政策，政府追求的是使之政治支持最大化的政策，这些政策通常反映的是那些最有影响力的自利集团的利益。有很多经济学家研究表明利益集团影响政府的贸易政策。这方面最早的文献至少可以追溯到 20 世纪 30 年代沙斯施奈德（Schattschneider，E. E. 1935）② 的《政治学、压力和关税》。在这本书中，沙斯施奈德开创性研究了利益集团对 1929—1930 年的美国斯穆特—霍利法案（Smoot – Hawley）形成的影响。20 世纪 50 年代，金德尔伯格（Kindleberger, C. P., 1951）③ 在发表的"集团行为与国际贸易"一文中指出，在某些情况下，对国际贸易的分析可以从国家层次上的集体行为中找到有用的工具。沙斯施奈德和金德尔伯格对利益集团影响贸易政策的分析主要是借鉴社会学和政治学的研究方法。20 世纪 50—60 年代有些学者从公共选择理论对利益集团影响贸易政策的问题进行了深入分析。

塔洛克（Tullock，1967）④ 明确提出了关税是利益集团游说结果的观点。到 20 世纪 70 年代，特别是 80 年代以后，许多学者研究了贸易保护的内生形成过程，提出了不同的政治经济学模型。这些模型建立在经济学"理性人"假设基础之上，即选民、利益集团和政策制定者都追求自身福利最大化。其中影响较大的内生贸易政策模型有两个：一个是费恩斯特和巴格瓦蒂（Feenstra and Bhagwati，1982）⑤

---

① Peltzman, Sam: "Toward a More General Theory of Regulation", *Journal of Law and Economics*, Vol. 19, August 1976, pp. 211 – 240.

② Schattschneider, E. E. : *Politics, Pressures and the Tariff*, New York, Prentice – Hall, 1935.

③ Kindleberger, C. P. : "Group Behavior and International Trade", *The Journal of Political Economy*, Vol. 59, No. 1, 1951, pp. 30 – 46.

④ Gordon Tullock: "The Welfare Costs of Tariffs, Monopolies, and Theft", *Western Economic Journal*, Vol. 5, No. 3, 1967, pp. 224 – 232.

⑤ Robert C. Feenstra and Jagdish N. Bhagwati: "Tariff Seeking and Efficient Tariff ", in Robert C. Feenstra and Jagdish N. Bhagwati: *Import Competition and Response*, Chicago, The University of Chicago Press, 1982, pp. 245 – 262.

利用赫克歇尔—俄林—萨缪尔森模型（H－O－S模型）构造了一个政府和利益集团之间进行博弈的局部均衡模型。在费恩斯特和巴格瓦蒂的分析中，政府不仅考虑利益集团的福利最大化，而且试图通过政府转移支付降低游说水平和关税水平使社会福利最大化，其目的是要降低经济扭曲的程度。另一个是格罗斯曼和赫尔普曼（Grossman and Helpman，1992）① 提出的"保护待售模型"，该模型分析了国内利益集团在本国贸易政策制定中的重要作用。该模型提出后受到了广泛关注，学者们对其进行了理论扩展和实证检验。格罗斯曼和赫尔普曼利用该模型进行了一系列研究，他们将该模型扩展到国际层面，分析了国家的贸易战、贸易谈判和自由贸易协定等问题，将贸易政策制定的国内政治和国际政治结合起来，既考虑了政府与国内利益集团之间的关系，又考虑了国家之间的关系。这些研究成果加深了我们对贸易摩擦背后的动态政治过程的理解。

（2）关于日美贸易摩擦的福利效应分析

关于贸易摩擦福利效应的研究成果很多，已有的成果可以概括为两类，一类是理论分析，一类是实证分析。理论研究表明：贸易摩擦的福利效应存在两种可能性，即要么所有国家的福利都恶化，要么一国福利的增加以另一国福利的恶化为代价（Lee H. and Roland-Holst D.，1999）。② 格罗斯（Gros，1987）③ 认为，在关税战中没有一个国家能获利；另一种认为贸易摩擦中一国福利的增加以另一国福利的恶化为代价。而约翰逊（1954）④ 认为，在特定的条件下，一国在贸易

---

① ［美］G. M. 格罗斯曼、E. 赫尔普曼：《利益集团与贸易政策》，李增刚译，中国人民大学出版社2002年版，第129—154页。

② Lee H. and Roland－Holst D.："Cooperation or Confrontation in U. S. －Japan Trade? Some General Equilibrium Estimates"，*Journal of Japanese and International Economies*，Vol. 13, 1999, pp. 119 －139.

③ Gros, D.："A Note on the Optimal Tariff, Retaliation and the Welfare Loss from Tariff Wars in a Framework with Intraindustry Trade"，*Journal of International Economies*，Vol. 23, 1987, pp. 357 －367.

④ Harry Johnson："Optimum Tariffs and Retaliation"，*Review of Economic Studies*，Vol. 21, No. 2, 1953, pp. 142 －153.

战中的福利比在自由贸易中的福利更好。而且，根据贸易品的需求和供给的相对价格弹性可以预期关税战中的利得和损失。相对于他国而言，一国的利得是其进口需求价格弹性的正函数、进口供给价格弹性的负函数。如果一国进口需求价格弹性相对较高，而进口供给价格弹性相对较低，那么，即便是在外国报复的情况下，该国仍可以通过实施最优关税而获利。瓦尔莱（1985）[①] 利用一个简单的两国模型描述了最优关税战中的利得和损失。在该模型中，假定每个国家都生产进口品和出口品，在每个国家都实施最优关税的条件下，仅仅考虑不同国家不同进口需求价格弹性下的福利效应。瓦尔莱的研究表明，规模相同的国家（大国与大国、小国与小国）之间的关税战使双方均受损，规模不同的国家间的关税战往往是大国获益而小国受损。

　　很多学者对贸易摩擦的福利效应进行了实证研究。瓦尔莱（1985）在理论分析的基础上，进一步对规模相同国家间的关税战进行了实证研究，得出了与理论分析相同的结论。瓦尔莱发现[②]，如果欧共体（EEC）征收 175% 的关税将使其国民收入增加 1.9%；如果美国征收 160% 的关税将使其国民收入增加 2%；如果日本征收 200% 的关税将使其国民收入增加 1.8%。但是，当所有这些国家或地区（包括世界其他国家）作为一个整体同时征收 178% 的关税时，全球福利将下降 4%。这些数据清楚地表明在关税战中大国之间相互侵害的能力；也表明，如果小国之间不合作报复大国的话，那么很容易在与大国的关税战中被大国剥削而受损。贾斯沃尔（Gasiorer，1989）[③] 等人运用局部均衡模型对汽车产业进行分析，结果表明北美在同欧洲和日本的关税战中获益匪浅。皮诺尼和瓦尔莱（Perroni　C.

　　① John Whalley: *Trade Liberalization among Major World Trading Areas*, Cambridge, MIT Press, 1985, pp. 41 – 144.

　　② John Whalley: *Trade Liberalization among Major World Trading Areas*, Cambridge, MIT Press, 1985, pp. 231 – 250.

　　③ Gasiorek, M., Smith. A., and Venables. A.: "Tariffs, Subsidies and Retaliation", *European Economic Review*, Vol. 33, 1989, pp. 480 – 489.

and Whalley J. ，1994)① 运用 CGE 模型对七国数据进行分析，发现美国和欧盟在全球纳什关税战中福利分别增加了 525 亿美元和 1284 亿美元；而其他五个国家和地区（加拿大、墨西哥、日本和其他西欧国家以及作为一个整体的世界其他地区）福利损失了 1.39 兆美元，从而整个世界总的福利损失为 1.21 兆美元。这些研究基本证实了约翰逊的结论，表明国家大小和最优关税率之间有正的相关性。

中国学者关于日美贸易摩擦的研究成果不少，大致可以概括为两方面：一是构筑日本对外贸易摩擦理论分析和实证研究的基本框架；二是分析日本对外贸易摩擦产生的历史背景、发生的主要原因、摩擦的主要事件、解决的对策等。其代表性的研究成果有：赵瑾 (2002)② 以经济全球化为视野，从理论和实证两方面对日美经济摩擦进行了分析。她将日美经济摩擦划分为五大类型：微观经济摩擦、宏观经济摩擦、投资摩擦、制度摩擦和技术性贸易摩擦，并提出了不同经济摩擦产生的历史背景、发生的主要原因、解决的对策和影响。胡方 (2000)③ 考察了日美经济摩擦的基本原因、内在机制、发展过程和表现形式，提出了分析日美经济摩擦乃至国际经济摩擦的基本理论框架，论述了日美两国贸易摩擦在纺织品、钢铁产品、电信产品、彩电和电子技术、汽车及其零部件、半导体和农产品贸易等方面的表现。赵春明 (1994)④ 在总结日美贸易摩擦基本特点的基础上，阐述了日美贸易摩擦日趋激化的成因，指出这既有客观规律和发展战略等深层次上的原因，也有贸易政策等表象化的因素，具体原因是：资本主义发展不平衡规律的影响，日本经济发展战略和贸易结构特殊性的

---

① Perroni C. and Whalley J.："New Regionalism: Trade Liberalization or Insurance?"，*NBER Working Paper*, No. 4626, 1994.

② 赵瑾：《全球化与经济摩擦——日美经济摩擦的理论与实证分析》，商务印书馆 2002 年版，第 1—368 页。

③ 胡方：《日美经济摩擦的理论与实态》，武汉大学出版社 2000 年版，第 1—270 页。

④ 赵春明：《对日美贸易摩擦的思考》，《国际贸易问题》1994 年第 12 期，第 26—30 页。

作用，日本的低工资成本推动。于永达（1993）① 分析了美日贸易摩擦的主要原因及各自采取的对策，指出美日经济摩擦最终反映在两国之间经济资源分配上的不平衡，即两国之间国际收支的不平衡；从总的历史沿革上分析，美日经济摩擦主要产生机理是：日本采用一些非公正交易做法，获取了较多的国际比较成本收益；美国经济运行机制效率较低，特别是对外经济交流管理效率较低，日本的经济管理体制、企业管理体制、对外贸易、投资管理体制相对保守，引致日本国内市场较为封闭。郑励志、陈建安（1988）② 分析了日美贸易摩擦的原因和日本应对摩擦的对策，指出日美贸易摩擦的发生与发展过程是日本追赶美国经济的发展过程，也是资本主义国家经济发展不平衡的结果。刘力（1996）③ 研究了战略性贸易政策理论与日美贸易摩擦的关系，指出战略性贸易政策理论是日美贸易摩擦的理论基础。益言（2005）④ 分析了日美贸易摩擦的产生背景、主要摩擦事件及日本应对摩擦的对策。

总之，纵观国内外已有的研究成果，国内外学者既为本书提供了很好的研究基础，也为本书留下了足够的研究空间。目前国内外关于日美贸易摩擦与日本产业结构二者之间关系的系统研究较少，已有的相关研究成果绝大部分或者是研究日本产业结构问题，或者是研究日美贸易摩擦问题，把二者结合起来的研究尚显不足，特别是缺乏对日美贸易摩擦如何推动日本产业结构优化的理论探讨和实证分析。

① 于永达、刘志岷：《世界经济摩擦论》，吉林人民出版社1994年版，第113—282页。
② 郑励志、陈建安：《战后日本的对外贸易》，航天工业出版社1988年版，第119—145页。
③ 刘力：《日美贸易摩擦与战略贸易论》，《世界经济研究》1996年第2期，第20—23页。
④ 益言：《日美贸易摩擦的回顾及其启示》，《中国金融》2005年第18期，第58—59页。

三、研究思路、主要内容、
基本框架和研究方法

1. 研究思路

本书从日本特殊的产业结构引发日美贸易摩擦、日美贸易摩擦促进日本产业结构调整的基本观点出发，研究战后日美贸易摩擦与日本产业结构调整的关系。首先探讨日本特殊的产业结构如何引发日美贸易摩擦，然后分析日本化解贸易摩擦的主要对策缓解日美贸易摩擦和促进日本产业结构调整的效果。全书包括导论和正文。正文共九章，可分为三部分，第一部分包括第一、二、三章，探讨日本产业结构如何引发日美贸易摩擦，从阐述战后日本产业结构演变和对外贸易结构演变入手，分别归纳总结出战后日本产业结构的特征和对外贸易结构的特征，在此基础上，从实证和理论两方面探讨日本产业结构如何引发日美贸易摩擦。第二部分包括第四、五、六、七章，探讨日本化解日美贸易摩擦的措施对缓解日美贸易摩擦和促进日本产业结构调整的作用。这四章分别探讨自愿出口限制、对外直接投资、日元升值、扩大内需这四项措施对缓解日美贸易摩擦和促进日本产业结构调整的作用。这四章的研究思路基本相同，都是先阐述具体措施的实施情况，然后从理论和实证两方面分别探讨该措施缓解日美贸易摩擦和促进日本产业结构调整的效果。第三部分包括第八、九章，探讨日美贸易摩擦对中国的启示。第八章概述中美贸易和中美贸易摩擦发展历程和特点，分析比较中美贸易摩擦与日美贸易摩擦的异同；第九章提出对中国应对中美贸易摩擦、促进产业结构优化的启示。

2. 主要内容和基本框架

全书包括导论和正文，正文共九章，可分为三部分。

第一、二、三章为第一部分，探讨日本产业结构如何引发日美贸易摩擦。从阐述战后日本产业结构演变和对外贸易结构演变入手，分别归纳总结出战后日本产业结构的特征和对外贸易结构的特征，在此基础上，探讨日本产业结构如何引发日美贸易摩擦。

第一章从三次产业结构的变迁和制造业结构的演变两方面考察了战后日本产业结构的历史演变，分析了日本三次产业在国民收入中所占比例的变化趋势和就业结构的变化特点。发现日本在不同的经济发展时期呈现不同的产业发展态势。在此基础上，归纳分析了战后日本产业结构的基本特征：全套型产业结构、以机械工业为主体的非均衡产业结构、高度依赖对外贸易尤其是对美国贸易的外向型产业结构。

第二章首先从纵向视角考察了战后日本对外贸易结构的历史演变，认为日本对外贸易结构的演变，反映了日本产业结构的变化特征。然后探讨了战后日本对外贸易结构的基本特征，将其归纳为以下几点：出口收入弹性较高、进口收入弹性较低，产业间贸易发达、产业内贸易落后，出口商品高度集中，对美国贸易顺差迅速扩大。

第三章从日本产业结构的角度分析日美贸易摩擦的原因。从日美贸易摩擦的实际看，日本特殊的产业结构导致日本对美国出口激增，而日本对美国出口产品数量激增是日美贸易摩擦的直接导火索；同时，日本产业结构的升级也导致了日美贸易摩擦的激化，表现在随着产业结构的升级，日美贸易摩擦的范围逐渐扩大，焦点趋向高附加价值化和高技术化、解决手段由进出口调整转向经济制度协调等。从贸易摩擦与产业结构关系的理论分析看，首先，基于结构调整费用理论，日本特殊的产业结构和对外贸易结构，使日本对美国出口产品数量激增，导致美国市场的价格下降，结果引起美国国内经济和产业结构的调整，产生调整费用问题，由此引起日美贸易摩擦。其次，基于戈莫里—鲍莫尔贸易摩擦模型，一国出口的快速增长损害贸易伙伴的利益。建立在特殊的产业结构之上的日本对外贸易结构，具有出口快速增长的特点，这导致美国的市场份额下降，与美国处在摩擦区内，贸易摩擦不可避免。

第四、五、六、七章为第二部分，探讨日本化解日美贸易摩擦主要对策的直接效果与产业结构调整效果。这里需要说明的是，本书日本化解日美贸易摩擦对策的直接效果是指日本化解日美贸易摩擦各项对策对缓解日美贸易摩擦的效果。此外，战后日本采取了诸如自愿出口限制、对外直接投资、日元升值、扩大内需、实施出口多元化、实行规制改革和规制缓和等多项缓解日美贸易摩擦的措施，但本书只探讨自愿出口限制、对外直接投资、日元升值、扩大内需这四项措施对缓解日美贸易摩擦和促进日本产业结构调整的作用。本书第四、五、六、七章的研究思路基本相同，都是先阐述具体措施的实施情况，然后从理论和实证两方面分析该措施缓解日美贸易摩擦和促进日本产业结构调整的作用。

第四章从阐述日本对美国自愿出口限制的基本情况入手，先分析自愿出口限制对缓解日美贸易摩擦的作用。基于卡尔·汉密尔顿（Carl Hanmilton）和 G. V. 里德(G. V. Reed)①提出的简单两国模型和两国扩展模型，指出在只有一个进口国和一个出口国的简单两国模型中，进口国必然会由于实行自愿出口限制而受损，使本国消费者损失超过本国生产者获益，而在一个进口国、两个出口国和两个进口国和一个出口国的两国扩展模型中，进口国可能受益也可能受损。从实际情况来看，自愿出口限制在一定程度上起到了缓解日美贸易摩擦的作用，但美国消费者却承受了很大损失，以日本对美国汽车自愿出口限制为例进行了分析。然后探讨自愿出口限制对日本产业结构调整的促进作用。基于费恩斯特（1984，1988）②提出的自愿出口限制促进出口国出口产品质量升级模型，分析得出，自愿出口限制提高了出口国出口产品质量，促使进口国进口需求转向了高质量产品，从而促进了出口国出口产品质量升级。从实际效果看，日本汽车对美国自愿出口限制促进了日本汽车产业结构的调整，提高了日本对美国出口汽车的附加价值。

第五章从阐述战后日元兑美元汇率的变迁入手，研究日元升值对化解日美贸易摩擦和促进日本产业结构调整的作用。先运用弹性分析理论和 J 曲线效应理论分析了一国汇率波动的贸易收支效应，在此基础上，探讨了日元升值对日美贸易的影响和日元升值缓解日美贸易摩擦的实际效果，指出，日元升值未能达到理论上所预期的缓解日美贸

---

① ［英］大卫·格林纳韦：《国际贸易前沿问题》，冯雷译，中国税务出版社2000年版，第129—158页。

② Feenstra, Robert C.: *Advanced International Trade: Theory and Evidence*, Princeton University Press, 2004, Chapter 8, pp. 21 – 39.

易摩擦的效果，日元升值和日美贸易顺差增加并存，并对此做了经济学解释。然后从理论上分析了一国汇率波动如何导致该国的比较优势发生变化，进而使资源在不同产业间发生调整，导致一国的产业结构发生相应变化，从而有利于该国参与国际分工，提高其要素效率。最后探讨了日元升值促进日本产业结构调整的实际效果，认为日元升值提高了日本产业的竞争力，促使日本进出口商品结构发生了变化，推进了日本第三产业的发展。

第六章从阐述日本为化解贸易摩擦而进行的对外直接投资的基本状况入手，探讨日本对外直接投资缓解日美贸易摩擦和促进日本产业结构调整的作用。首先运用蒙代尔（Mundell，1957）[①] 的贸易与投资的替代模型和小岛清（K. Kojima, 1989）[②] 的贸易与投资的互补模型，分析一国对外直接投资的贸易收支效应和缓解贸易摩擦效应。在此基础上论述日本对外直接投资对日美贸易的影响及其缓解日美贸易摩擦的效果，指出日本对外直接投资缓解了日美贸易摩擦，但对美国直接投资引发了投资摩擦，并对日美投资摩擦的成因进行了分析。然后利用维农的"产品生命周期理论"、小岛清"边际产业扩张理论"及赤松要的"雁行模式"理论，分析对外直接投资的产业结构优化效应。最后探讨日本对外直接投资对日本产业结构的优化效果和空洞化效应，认为日本对外直接投资促进了日本产业结构调整的同时，引起了日本产业结构的空心化。

第七章从阐述日本为化解贸易摩擦所采取的刺激国内消费和投资、增加进口的扩大内需政策入手，研究扩大内需措施对化解日美贸易摩擦和促进日本产业结构调整的作用。首先运用国际收支决定理论中的吸收法，解释扩大内需缓解贸易摩擦的机理。在此基础上，论述日本扩大内需措施对缓解日美贸易摩擦的实际效果。认为扩大内需是化解贸易摩擦的根本途径，日本采取的扩大内需措施起到了缓解日美

---

① R. A. Mundell: "International Trade and Factor Mobility", *American Economic Review*, Vol. 47, No. 3, June 1957, pp. 321–335.

② ［日］小岛清：《对外贸易论》，周宝廉译，南开大学出版社 1987 年版，第437—442 页。

贸易摩擦的作用。然后基于萨克斯（Jeffres Sachs，1992）和拉雷恩（Felipe Larrain，1992）[①] 的可贸易与不可贸易商品的理论模型（TNT模型），指出一国为了减少贸易顺差而采取的扩大内需政策，会促使国内资源从可贸易商品生产部门向不可贸易商品生产部门转移，推动国内产业结构的调整，尤其是第三产业的发展。最后探讨了日本扩大内需措施对其产业结构的优化效应，分析得出，为了缓解贸易摩擦，20世纪80年代日本采取的一系列扩大内需措施，提高了日本制造业产品的附加价值，促进了日本服务业的发展以及内需型新产业群的兴起，加快了日本产业结构的信息化。

第八、九章为第三部分，从阐述中美贸易和中美贸易摩擦发展历程、特点入手，对比分析中美贸易摩擦与日美贸易摩擦的异同，阐述日本化解日美贸易摩擦的经验教训对中国缓解中美贸易摩擦、促进产业结构升级的启示。

第八章阐述中美贸易和日美贸易摩擦发展的过程以及中国加入WTO以来呈现的特点，对比分析中美贸易摩擦与日美贸易摩擦的异同。指出，中国加入WTO以来中美贸易的主要特点表现为：贸易差额不断扩大，贸易严重不平衡；以加工贸易、转口贸易为主；商品贸易由传统产业间贸易转向产业内贸易；同时，中美贸易摩擦呈现出摩擦领域扩大化、摩擦手段多样化、摩擦宏观层面化等特点。中美贸易摩擦与日美贸易摩擦的导火索都是对美国的巨额贸易顺差，中日两国与美国的贸易摩擦无论是在贸易摩擦焦点的变化、贸易摩擦的方式的变化、中美在贸易摩擦处理上处的地位、贸易摩擦对中日两国的经济影响都有相同之处，中日两国与美国的经贸关系都沿着摩擦—协调—再摩擦—再协调的轨迹发展。中美贸易摩擦与日美贸易摩擦也存在着诸如对美国出口商品的结构不同、对美国出口企业的性质不同等许多不同之处。

第九章阐述日本化解日美贸易摩擦的经验教训对中国缓解中美贸易摩擦、促进产业结构升级的启示，从四个方面进行论述：一是产业

[①] ［美］杰弗里·萨克斯、费利普·拉雷恩：《全球视角的宏观经济学》，费方域等译，上海三联出版社、上海人民出版社1997年版，第942—984页。

结构是引发中美贸易摩擦的决定性因素，中美贸易摩擦的深层次决定性因素在于中美两国的产业结构；二是人民币升值有利于中国产业结构优化，人民币升值促进制造业的结构升级，有利于服务业的发展和进出口商品结构的优化；三是扩大内需是化解中美贸易摩擦的根本途径，中国应提高制造业产品的附加价值以满足国内需求，把服务业作为扩大内需的突破口，努力开拓新的消费需求空间，拉动产业升级；四是对外直接投资是缓解中美贸易摩擦、促进中国产业结构优化的有效途径。

综上所述，本书的基本框架和逻辑结构如下图所示：

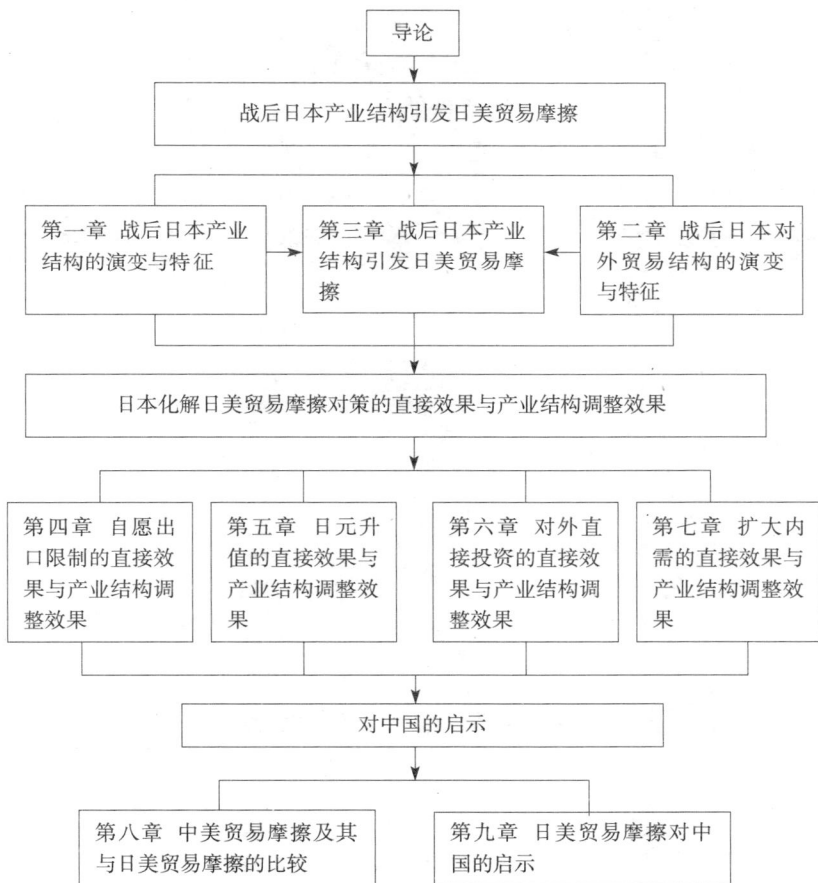

导论

战后日本产业结构引发日美贸易摩擦

第一章 战后日本产业结构的演变与特征

第三章 战后日本产业结构引发日美贸易摩擦

第二章 战后日本对外贸易结构的演变与特征

日本化解日美贸易摩擦对策的直接效果与产业结构调整效果

第四章 自愿出口限制的直接效果与产业结构调整效果

第五章 日元升值的直接效果与产业结构调整效果

第六章 对外直接投资的直接效果与产业结构调整效果

第七章 扩大内需的直接效果与产业结构调整效果

对中国的启示

第八章 中美贸易摩擦及其与日美贸易摩擦的比较

第九章 日美贸易摩擦对中国的启示

本书的基本框架图

3. 研究方法

（1）历史和逻辑相统一的方法。以时间为主线，通过对经济现象的历史事件的回顾和演绎，运用逻辑归纳的方法，找到事物发展的规律性的东西。例如，本书通过对日本产业结构演变和日美贸易摩擦演变分析，找出贯穿其演变的规律，进而揭示日本产业结构演变和日美贸易摩擦的相关性。

（2）理论论证和实际分析相结合的方法。例如，本书对日本化解日美贸易摩擦主要对策的直接效果及其产业结构调整效果的分析，都是首先从理论上论证，然后进行实际效果分析。

（3）实证与规范分析相结合的方法。实证分析与规范分析是经济研究的两种基本方法，实证分析主要对各种经济现象进行客观描述和解释，规范分析则是运用逻辑思维对现象中的规律进行主观总结、归纳，得出结论性的东西。例如，本书从对战后日本产业结构和贸易结构演变的客观描述的基础上，归纳总结出了日本产业结构和贸易结构的基本特征。

（4）定性分析与定量分析相结合的方法。例如，关于自愿出口限制缓解日美贸易摩擦和促进产业结构调整的效果分析，既有从逻辑角度的定性阐述，又有从数据角度的定量分析。

（5）具体与抽象相结合的方法。通过对大量的具体经济现象分析，抽象出经济现象背后的本质。例如，本书通过对日本产业结构演变、日本进出口结构演变和日美贸易摩擦演变的现象分析，揭示出日美贸易摩擦与日本产业结构调整的关系。

四、主要创新点和需要进一步研究的问题

1. 主要创新点

本书的主要创新点包括以下四个方面：

（1）关于日美贸易摩擦的成因，已有的研究成果从国际政治经

济学、经济学、政治经济学角度进行了解释，但本书是从产业结构的角度分析日美贸易摩擦的成因，认为日本特殊的全套型产业结构引发了日美贸易摩擦，且日本产业结构升级导致了日美贸易摩擦激化。

（2）关于贸易摩擦的影响，已有研究多是分析贸易摩擦的负面影响，但本书认为贸易摩擦是一把双刃剑，一方面日美贸易摩擦、中美贸易摩擦对日本和中国两国经济发展产生了诸多负面影响，另一方面如果把贸易摩擦的压力转变为动力，妥善处理贸易摩擦，贸易摩擦就会成为促进产业结构调整和升级、加快国民经济发展的助动力。日本为了缓解日美贸易摩擦，采取的自愿出口限制、对外直接投资、日元升值和扩大内需等对策促进了日本产业结构的调整，日美贸易摩擦成为日本产业结构不断优化升级的外在动力。

（3）从理论和实际两方面深入分析了日本产业结构引发日美贸易摩擦以及日美贸易摩擦促进日本产业结构调整之间的内在关系，使结论更具有理论逻辑性和实践真实性。而已有的相关研究成果对日美贸易摩擦与日本产业结构二者的关系涉及较少，运用理论和实证相结合的方法对此问题的研究更为少见。

（4）关于中美贸易摩擦的成因，国内许多分析把中外贸易摩擦的成因归结于国外的大选因素、政治因素、中外进出口统计误差、香港的转口贸易和对华"非市场经济"国家身份的认定等，但本书认为中外贸易摩擦的根本原因在于中美两国的产业结构。中国应该借鉴日本应对日美贸易摩擦的经验教训，有效地利用贸易摩擦促进中国的产业结构优化。

2. 需要进一步研究的问题

通过本书的研究，对日美贸易摩擦与日本产业结构调整的关系有了深入的了解，但本书关于日本应对日美贸易摩擦对策的直接效果和产业结构调整效果的分析，只是分析了自愿出口限制、对外直接投资、日元升值和扩大内需等四项主要对策缓解日美贸易摩擦和促进日本产业结构调整的作用。实际上除这四项对策外，日本还采取了诸如出口市场多元化、规制改革和规制缓和等措施来化解贸易摩擦，对于这些措施在缓解日美贸易摩擦和促进产日本产业结构调整中的作用是今后需要进一步探讨的问题。此外，美国产业结构调整与日美贸易摩擦的关联性也是作者今后需要深入探讨的问题。

五、本书有关具体问题的说明

1. 关于日美贸易摩擦领域的说明

战后日美贸易摩擦的领域涵盖了第一产业、第二产业和第三产业，包括制造业产品贸易摩擦、农产品贸易摩擦和服务业贸易摩擦，本书主要研究的是日美之间的制造业产品贸易摩擦。

2. 关于产业分类和研究时间范围的说明

关于产业的分类，理论界有多种方法。本书采用日本三次产业分类方法对日本产业结构进行分析，即第一产业包括农林渔业，第二产业包括矿业、建筑业和制造业，第三产业包括水电气、批发零售、金融保险、不动产、通信运输和其他服务业。

本书研究的具体时间范围限定在 20 世纪 50 年代到 90 年代，其原因是本书以日美制造业产品摩擦为研究对象，而这一时期日美贸易摩擦中的制造业产品贸易摩擦非常突出。

3. 关于日美贸易摩擦成因的说明

关于日美贸易摩擦的成因，国内外已有的研究成果从国际政治经济学、经济学、政治经济学的角度进行了解释，本书作者认为日美贸易摩擦的成因是由多种因素共同作用的结果，但其根本原因是在于日美两国的产业结构。因此，本书是从产业结构的角度分析日美贸易摩擦的成因，而且重点分析日本产业结构与日美贸易摩擦的关联性，尚未分析美国产业结构与日美贸易摩擦的关联性。得出的结论是：日本特殊的全套型产业结构引发了日美贸易摩擦，且日本产业结构升级导致了日美贸易摩擦激化。

4. 关于日本产业结构调整因素的说明

产业结构是一个动态的变化过程，引起一国产业结构变动的因素是多方面的。战后日本产业结构调整是多种因素综合影响的结果，其中日美贸易摩擦促进了日本产业结构的调整。从国际贸易的基本理论出发，对外贸易摩擦对一个国家产业结构的影响，主要是通过国家间利益博弈机制实现，而利益博弈机制与国际市场的贸易协调机制密切相关。对外贸易摩擦促使一国国内产业体系重构和该国国际贸易战略的改变，从而促进该国产业结构调整。从产业经济学的角度，影响一国产业结构调整的主要因素包括供给因素、需求因素和对外贸易因素和国际投资因素等。日美贸易摩擦对日本产业结构调整的影响，主要是通过日本对外贸易战略的转变影响产业结构调整的诸因素来实现，主要是通过影响投资结构和消费结构等需求结构、技术进步等供给结构、国际贸易结构、国际投资结构和政府经济政策几方面促进日本产业结构调整。本书主要分析贸易摩擦下日本对外贸易战略的转变对日本产业结构调整的促进作用，并且认为，日本为了缓解日美贸易摩擦采取的自愿出口限制、对外直接投资、日元升值和扩大内需等对策促进了日本产业结构的调整，日美贸易摩擦是日本产业结构不断优化升级的外在动力。

第一章 战后日本产业结构的演变与特征

本书第一、二、三章探讨战后日本产业结构如何引发日美贸易摩擦。众所周知，一国的产业结构是一个动态的演变过程，具有明显的时序性，当前的产业结构是以往产业结构的演变历史的积淀与发展。因此，探讨日本产业结构如何引发日美贸易摩擦，就需要分析战后日本产业结构演变的历史及其特征。本章从阐述战后日本产业结构演变入手，归纳总结出战后日本产业结构的基本特征，认为战后日本经过高速增长时期，形成了以机械工业为主体非均衡发展的、高度依赖对外贸易特别是依赖美国贸易的全套型产业结构特征。

第一节 战后日本产业结构的演变

关于产业的分类，理论界有多种方法。克拉克在《经济进步的条件》一书中提出以经济活动与消费者的关系作为分类标准，把全部经济活动划分为三次产业：第一产业为广义农业；第二产业也称为工业，包括矿业、制造业、建筑业和水电气等工业部门；第三产业或称服务业，包括商业、金融保险业、运输业、政府服务和其他非物资生产部门。

　　克拉克的产业分类方法具有深远的影响，是西方国家后来进行国民经济统计的主要参照标准。1971 年，联合国为了获得可比的统计资料，以克拉克三次产业分类法为基础，颁布了《全部经济活动的国际标准产业分类索引》，它把全部经济活动分成十大类，每个大类再进行细分。这十大类是：（1）广义农业；（2）矿业；（3）制造业；（4）水电气业；（5）建筑业；（6）批发零售、餐饮、旅店业；（7）运输、仓储、邮电业；（8）金融保险、不动产和商业性服务；（9）社团、社会及个人服务业；（10）不能分类的其他经济活动。第（1）类为第一产业，第（2）—（5）类为第二产业，第（6）—（10）类为第三产业。

　　战后日本采用的统计标准与国际标准分类方法十分接近，但也有明显区别。日本的第一产业包括农林渔业，第二产业包括矿业、建筑业和制造业，第三产业包括水电气、批发零售、金融保险、不动产、通信运输和其他服务业。由于数据资料的限制，本书采用日本三次产业分类方法对日本产业结构进行分析。

　　战后在日本经济的发展过程中，日本产业结构进行了几次重大调整，各产业部门在整个国民经济中的地位和作用迅速改变，从而使产业结构发生了质的变化。而产业结构的变化，又必然通过其内部三次产业构成、制造业结构的变化反映出来。

一、三次产业结构的变迁

　　三次产业结构作为产业结构的宏观层次，既包括产出结构，即产值结构，也包括投入结构，如劳动力结构、资产结构和技术结构。因资料所限，本书以产值结构和劳动力结构作为分析三次产业变化的基本指标。

　　1. 国民收入结构的变化

　　第二次世界大战之前，日本走上了工业化的道路。1920 年日本第一、二、三产业在国民收入中所占比例分别为 34.0%、26.7%、39.3%，服务业超过了农林渔业而成为第一大产业；1940 年第一、二、三产业的构成比例变为 18.1%、38.0%、43.9%，工业所占比例已超过农业的 2 倍。① 但是，日本工业在第二次世界大战中受到了毁灭性打击，1946 年第二产业占国民收入的比例下降到 26.3%；工业的损失使服务业失去了依托，第三产业所占比例也降到 34.9%，低于农业的 38.8%。②

战后恢复阶段，日本第二产业迅猛复苏，并带动服务业迅速发展。第三产业占国民收入的比例在 1947 年就超过了第一产业，第二产业在 1949 年也再次超过第一产业。表 1－1 中显示出日本三次产业

表 1－1　日本三次产业在国民收入中所占比例的变化

（单位:%）

年份	第一产业	第二产业	第三产业
1946	38.8	26.3	34.9
1950	26.0	31.8	42.2
1955	22.7	28.9	48.1
1960	14.6	36.3	49.1
1965	11.2	35.9	52.9
1970	5.6	39.1	57.1
1975	5.3	40.2	56.1
1980	3.4	37.1	59.3
1985	3.2	37.3	59.1
1990	2.5	38.6	58.9
1991	2.4	38.5	59.1
1993	2.1	36.5	61.4
1994	2.1	35.5	62.4
1995	1.9	35.3	62.8

资料来源：総務省統計局：日本長期統計総覧，第三卷，第370—371 頁；矢野恒太纪念会：《日本 100 年》，司楚、訾嶚祖译，时事出版社 1984 年版，第 19 頁；日本銀行統計局：日本経済を中心とする国際比較統計，日本銀行 1990 年版第 143 頁，1998 年版第 33 頁。

① 大川一司：長期経済統計（1）推計と分析国民所得，東京：東洋経済新報社 1990 年版，第 235—236 頁。
② 総務省統計局：日本長期統計総覧，第三卷，第 370—371 頁。

的变动趋势和变动强度。第一产业在国民收入中的比例 1946 年为
38.8%，1995 年下降到 1.9%。根据变动的趋势可将 1946—1995 年
第一产业的发展过程分为两个阶段：第一阶段是 1946—1970 年，第
一产业比例快速下降，从 38.8%降到 5.6%，24 年下降了 33.2 个百
分点，平均每年下降 1.38 个百分点。第二阶段是 1970—1995 年，呈
缓慢下降的趋势，由于下降空间不大，第一产业的比例由 5.6%降到
1.9%，25 年下降 3.7 个百分点。

战后日本第二产业在国民收入中的比例在 1973 年以前呈增加
趋势，以后在较小的幅度内波动。1946—1950 年，为了实现经济
复兴，日本实行了"倾斜生产方式"，对煤炭、钢铁、化肥和电
力等产业重点投资，工业生产迅速恢复，使第二产业比例快速上
升。从表 1 - 1 中可以看出，从 1946 年到 1950 年的 5 年间第二产
业所占比例从 26.3%上升到 31.8%，5 年上升了 5.5 个百分点。
在 1955—1973 年的高速增长时期，日本制造业的快速增长，使
第二产业在国民收入中的比例迅速提高，从 1955 年的 28.9%提
高到 1975 年的 40.2%。尔后，第二产业所占比例有所下降，
1995 年下降到 35.3%。

战后日本的第三产业占国民收入的比例上升最多，增加幅度由快
到慢，逐步走向稳定。从 1946 年到 1955 年，第三产业所占比例从
34.9%增加到 48.1%，9 年上升了 13.2 个百分点；从 1955 年到 1980
年，第三产业占国民收入的比例从 48.1%上升到 59.3%，上升了
11.2 个百分点；1980 年以后，第三产业的比例趋于稳定，一直保持
在 59%—62%左右。

2. 就业结构的变化

战后日本第一、二、三产业就业人数的变化反映了产业结构
的变化趋势，只是在时间上稍滞后于产业结构的变化（如表 1 - 2
所示）。

从三次产业就业人数占总就业人数的比例来看，就业比例的变化
特点比较明显。第一产业就业比例在 1975 年之前快速下降，从 1950
年的 48.3%下降到 1975 年的 13.8%，25 年下降了 34.5 个百分点，

表1-2　日本三次产业就业结构的变化

（单位:%）

年份	第一产业	第二产业	第三产业
1950	48.3	21.9	29.8
1955	41.0	23.5	35.5
1960	32.6	29.2	38.2
1965	24.6	32.3	13.1
1970	19.3	34.1	46.6
1975	13.8	34.1	52.1
1980	10.9	33.5	55.6
1985	8.8	34.3	56.9
1990	7.2	33.6	59.2
1993	5.9	33.7	60.4

　　资料来源：根据矢野恒太纪念会：《日本100年》，司楚、訾嘹祖译，时事出版社1984年版，第19页。日本銀行統計局：日本経済を中心とする国際比較統計，日本銀行1990年版，第143頁；1998年版，第131頁。

平均每年下降1.4个百分点。1975年以后依然呈下降趋势，但下降速度明显减慢，到1993年，第一产业就业人数占总就业总人数的5.9%。第二产业就业比例在1975年之前一直呈上升趋势，从1950年的21.9%上升到1975年的36.6%，25年上升了14.7个百分点。1973年以后，由于石油冲击的爆发，而且随着浮动汇率制度的实施，日本高速增长引起的生态环境问题日益突出，诸多因素迫使日本政府不得不进行重大结构调整。第二产业吸纳农业人口的数量虽然有所增加，但其幅度很小，因此第二产业就业比例反而呈缓慢下降趋势。到1993年，第二产业就业比例占33.7%，比1973年下降了2.9个百分点；第三产业的就业比例战后以来呈直线上升趋势，从1950年的29.8%增加到1993年的60.4%。这说明第三产业一直是吸纳农业人口的主力军，而且也是吸纳因结构调整从第二产业退出的劳动力的主要产业。

二、制造业结构的演变

　　战后日本政府采取了一系列措施大力发展工业，提高工业化程度。20世纪50年代和60年代日本工业增长率高于历史上任何一个时期，也高于所有西方发达国家。1950 年至 1955 年，日本工业生产年均增长 13.1%。1955 年至 1973 年，日本的工矿业生产增长 9 倍，制造业生产增长 10 倍，而同期其他西方发达国家工矿业和制造业生产的增长一般都未超过 2 倍。1973 年以后，日本工业增长率放慢，1975—1980 年平均增长率下降到 5.5%，1980—1990 年再降到 4.5%。尽管如此，日本的制造业生产增长速度仍高于其他西方发达国家。制造业的迅速发展，不仅引起了日本产业结构的变化，而且也引起了制造业内部结构的变迁。战后日本制造业结构已成功地实现了三次转换，即以轻工业为中心向重化学工业为中心的转换；由重化学工业中原材料工业为中心向加工组装工业（机械工业）为中心的转换，由一般机械工业向高级机电一体化（机械技术与电子技术的复合化）的机械工业的转换。

1. 经济恢复时期的制造业结构：劳动密集型轻工业占主导地位

第二次世界大战前，为了适应日本军国主义对外侵略的需要，日本形成了极端偏重军需工业的产业结构，结果造成了第一产业和第三产业的比例不断下降，以军需工业为中心的第二产业的比例片面提高。1933—1944 年间，第一产业从 21.4% 下降到 17.8%，第三产业从 50.4% 下降到 41.7%，而第二产业却从 28.1% 上升为 40.5%，即使在第二产业内部，1933—1942 年间在制造业的产值中，食品和纺织工业的比例分别从 12.9% 和 38.5% 下降到 7.7% 和 12.6%，而金属工业和机器器具工业的比例则分别从 12.1% 和 10.4% 上升为 22.7% 和 32.2%。[1]

1945 年 8 月 15 日日本宣布战败投降后，军事工业解体，将近有一半的工业和交通运输业遭到了严重的破坏。1946 年日本工矿业生产降至战前 1934—1936 年平均水平的 30%，农业生产约降至 60%；对外贸易总额只有 4 亿美元，仅为战前 1937 年的 20%。[2] 粮食和工

---

① 内阁府（旧经济企画厅）调查局统计课：日本の经济统计（下），东京：至诚堂 1964 年版，第 192—193 页、291 页。

② 都留重人：现代日本经济，东京：朝日新闻社 1977 版，第 1 页。

业品奇缺，物价飞涨，日本经济陷入了瘫痪和濒临崩溃的边缘。面对如此严重恶化的经济形势，日本重点发展了劳动密集型的轻工业和轻型机械工业。具体来说，一是纤维工业。这是明治维新以来日本工业的代表性部门，具有技术优秀、动力供应方便、工业用水丰富等有利条件。二是杂货工业。包括玩具、装饰品、自行车、橡胶制品、灯泡等杂货，由于价廉、品种多，原来就是日本向东南亚各国输出的主要产品。三是机械工业。如电气机械、通讯机械、矿山机械、车辆、农业机械、光学机械、精密机械等。四是化学工业。如医药、农药、各种化学药品，以及肥料、水泥、玻璃、陶瓷制品等。

为了实现经济的恢复，在大力发展劳动密集型轻工业的同时，日本政府采取了"倾斜式生产方式"，集中力量发展了以煤炭和钢铁为中心的基础工业。但是，在整个经济恢复时期，日本制造业内部劳动密集型轻工业仍占据主导地位。从表1－3来看，1951年轻工业（食

表1－3 1951年日本制造业各部门的产值及比例

（单位：10亿日元；%）

产业部门	产值	比例
食品	887	15.68
纺织	1642	29.02
木制品	195	3.45
造纸、印刷、出版	232	4.10
化工	417	7.37
石油制品	56	0.99
煤炭	114	2.01
窑业、土石制品	149	2.63
钢铁	1025	18.12
金属制品	324	5.73
一般机械	205	3.62
电气机械	128	2.26
运输机械	238	4.21
精密机械	46	0.81
总计	5658	100

资料来源：［日］中央大学经济研究所：《战后日本经济》，盛继勤译，中国社会科学出版社1985年版，第5—6页。

品、纤维制品、木制品以造纸、印刷、出版等）占日本制造业总产值的52%，其中仅食品和纤维制品（即纺织业）两个部门就占44.7%；重工业仅占制造业总产值的48%，其中钢铁部门最大，但其产值仅占制造业总产值的18.1%。到1955年，轻工业产值上升到制造业总产值的54.5%，其中食品和纺织工业提高到45.0%；而重工业部门中的钢铁部门占制造业总产值的比例却下降为13.3%。1950年在出口产品中，轻工业品所占比例为56.0%，而重工业品仅占30.8%。到1955年，这种状况仍未有很大改变。

日本经济恢复时期制造业结构之所以以劳动密集型轻工业占主导地位，原因主要有两个方面：一是经济恢复时期轻工业品有着大量的需求，市场极为广阔；二是战争期间以军需为中心的重工业企业遭受严重损失，设备残缺不全。战后许多重工业企业转向生产民用消费品，也带动了轻工业的发展。

2. 高速增长时期的制造业结构：重化学工业迅猛发展

自1956年开始的战后日本经济高速增长是由重化工业的迅速发展所带动起来的。在重化工业发展过程中，投资总额持续扩大，由此带动了制造业内部结构的根本转变。据统计，1956—1973年日本民间企业设备投资平均增长率为19.3%，其中在1956—1961年的神武景气和岩户景气时期以及1966—1970年的伊奘诺景气时期，设备投资平均增长率分别高达22.6%和22.8%。这一时期，日本极力扩大重化学工业的设备投资，投资重点集中在钢铁、电力、造船、机械等传统的基础性重工业，以及现代化学、汽车、石油精炼等新兴重化学工业部门。1956—1969年，日本全部产业的设备投资总额为215836亿日元，其中钢铁、机械、电力、石油和化学工业在内的重化学工业的设备投资额为164565亿日元，比例高达76%。[①]

经济增长是一个动态过程，投资是经济增长的第一推动力，是影响产业结构变动的主要因素。20世纪50、60年代，在快速增长的设

---

① 三和良一：概说日本经济史（近现代），東京：東京大学出版会1999年版，第191頁。

备投资带动下，日本各产业发展都极为迅速，特别是重化学工业的发展更是引人注目。表 1 - 4 显示了 50 年代、60 年代以及 1951 年到 1970 年的 20 年间制造业各行业产值的年平均增长率。在 20 世纪 50 年代，整个制造业的平均增长率为 14.6%，超过平均增长率的行业从最高者起，依次有电气机械、石油制品、一般机械、运输机械、精密机械、纸·印刷·出版业、化学制品、食品、木制品以及窑业·土石制品制造业等 10 个行业。60 年代，整个制造工业的平均增长率为 15%，超过平均增长率的行业从最高者起，依次有金属制品、电气机械、运输机械、一般机械、精密机械、窑业·土石制品、石油制品、木制品、纸·印刷·出版业、煤炭制造业以及钢铁业等 11 个行业。

表 1 - 4   按行业统计的制造业产值年平均增长率的比较

（单位:%）

产业部门	20 世纪 50 年代	20 世纪 60 年代	1951—1970 年
食品	16.9	10.3	13.4
纺织	4.2	10.1	7.2
木制品	16.8	15.7	16.2
造纸、印刷、出版	18.3	15.5	17.1
化工	18.1	14.3	16.1
石油制品	27.3	17.3	21.3
煤炭	3.3	15.5	9.5
窑业、土石制品	15.0	17.7	16.4
钢铁	11.7	15.1	13.5
金属制品	13.5	18.7	16.2
一般机械	25.3	18.2	21.5
电气机械	30.4	18.5	24.5
运输机械	22.0	18.3	20.1
精密机械	18.7	17.8	18.2
制造业总平均	14.6	15.0	14.8

资料来源：[日] 中央大学经济研究所：《战后日本经济》，盛继勤译，中国社会科学出版社 1985 年版，第 8 页。

从制造业各行业产值构成比的变化情况看，如表1-5所示，食品、纺织品、木制品以及纸、印刷、出版业等轻工业所占的比例，1955年、1960年、1970年分别为54.5%、40.4%、30.31%，呈迅速下降之势。相反，化学制品、石油制品、煤炭、窑业土石制品、钢铁业、金属制品、一般机械、电气机械、运输机械等重化学工业所占比例迅速上升，从1955年的45.5%直线上升到1960年的59.6%和1970年的69.7%；[1] 这就是说，从1955年到1970年的15年间，日本经济发展的推动力正是重化学工业化。

表1-5　制造业产值及比例的变化

（单位：10亿日元；%）

产业部分	1955年		1960年		1965年		1970年	
	产值	比例	产值	比例	产值	比例	产值	比例
食品	1578	19.04	3622	18.60	5739	16.91	9621	12.34
纺织	2147	25.91	2350	12.20	3592	10.59	6135	7.87
木制品	445	5.37	790	4.11	1563	4.61	3399	4.36
造纸、印刷、出版	349	4.21	1055	5.49	2096	6.18	4473	5.74
化工	681	8.22	1856	9.66	3519	10.37	7040	9.03
石油制品	132	1.59	481	2.50	1031	3.04	2373	3.04
煤炭	109	1.32	153	0.80	249	0.73	646	0.83
窑业、土石制品	233	2.81	523	2.72	1024	3.02	2670	3.42
钢铁	1101	13.29	2779	14.40	4186	12.34	11285	14.48
金属制品	468	5.65	1012	5.27	2134	6.29	5633	7.23
一般机械	349	4.21	1564	8.14	2758	8.13	8324	10.68
电气机械	239	2.88	1396	7.27	2378	7.01	7632	9.79
运输机械	353	4.26	1420	7.39	3161	9.32	7624	9.78
精密机械	102	1.23	215	1.12	499	1.47	1103	1.41
总计	8286	100	19216	100	33929	100	77958	100

资料来源：［日］中央大学经济研究所：《战后日本经济》，盛继勤译，中国社会科学出版社1985年版，第5—6页。

---

[1]　小宫隆太郎、奥野正宽、铃村兴太郎：日本の产业政策，东京：东京大学出版会1984版，第97页。

从国际比较来看，重化学工业化程度可以显示一个国家现代化的程度，因此，在工业发达的国家，制造业内部结构中的重化学工业化程度一般都很高。重化学工业化率是重化学工业品的产值占整个制造工业产品产值的比例，它是衡量一个国家产业重化学工业化程度的重要指标。主要发达国家的重化学工业化率情况为：1960年，日本为53.7%，美国、英国、联邦德国、法国分别为53%、58.9%、58.9%、56%；1970年，日本的重化学工业化率上升到68.9%，而美国、英国、联邦德国、法国分别为57.4%、61%、62.4%、65.2%。① 这就是说，日本的重化学工业化率高于美国、英国、联邦德国、法国和意大利，是发达国家最高的。

从重化学工业内部各行业的地位来看，化学制品、石油制品、金属制品、钢铁业等原材料型产业在制造工业总产值中所占的比例，从1951年到1970年，大体上保持在26%—27%左右。同期，一般机械、电气机械、运输机械以及精密机械等各类机械工业所占比例，1950年为14.1%，1960年为25.8%，1970年为32.3%，其比例大幅度上升。② 机械工业是20世纪60年代到70年代日本增长速度最快的产业，所以从这个意义上可以说，日本经济的重化学工业前期是围绕石油、化工、钢铁等原材料型产业展开的，后期则是以机械工业为中心展开的。

从表1-6中可以看出，1951—1960年间，对制造业增长贡献度居前六位的产业依次是食品、钢铁、化工、一般机械、电气机械、运输机械；而在1961—1970年间对制造业增长贡献度居前六位的产业依次是钢铁、一般机械、电气机械、运输机械、食品、化工。由此可以看出，重化学工业化的内涵在20世纪50—60年代和60—70年代有所不同。也就是说，重化学工业部门内部也存在产业间的竞争力转换问题，而且最终影响到产业结构的变动。

① 金明善：《战后日本产业政策》，航空工业出版社1988年版，第53—54页。
② 小宫隆太郎、奥野正宽、铃村兴太郎：日本の産業政策，東京：東京大学出版会1984年版，第47頁。

表1-6　制造业各产业对制造业增长的相对贡献度

（单位：%）

位次	1951—1960 年		1961—1970 年	
	产业部门	相对贡献度	产业部门	相对贡献度
1	食品	20.17	钢铁	14.48
2	钢铁	12.94	一般机械	11.51
3	化工	10.61	电气机械	10.62
4	一般机械	10.02	运输机械	10.56
5	电气机械	9.35	食品	10.21
6	运输机械	8.72	化工	8.83
7	造纸、印刷、出版	6.07	金属制品	7.87
8	纺织	5.22	纺织	6.44
9	金属制品	5.07	造纸、印刷、出版	5.82
10	木制品	4.39	木制品	4.44
11	石油制品	3.13	窑业、土石业	3.65
12	窑业、土石业	2.76	石油制品	3.22
13	精密机械	1.25	精密机械	1.51
14	煤炭	0.29	煤炭	0.84

注：相对贡献度是指制造业内部各产业产值的增加对该年制造业总产值增加的比率。
资料来源：根据表1-5制造业产值及构成比的变化数字计算得出。

3. 低速增长时期的制造业结构：加工组装型产业迅速发展

1973 年第一次石油冲击使战后日本一直持续的重工业化道路遭遇挫折。以此为契机，日本经济进入了低速增长时期，同时日本制造业的内部结构发生了重大变化。由于能源价格的上涨和需求的减退以及发展中国家的竞争，高速增长时期作为产业中心的石油化工、钢铁等原材料型工业迅速衰退，以电子工业为核心的加工组装型产业迅速发展。

制造业有重工业、轻工业之分和原材料型产业和加工型产业之分。原材料产业是指钢铁、有色金属、金属制品、化学、纺织、纸浆等主要生产工业用原料的产业；加工型产业是指作为民用工业用最终产品生产的电气机械、普通机械、运输及精密仪器等制造业。由于石油冲击引发的能源、原材料价格暴涨，使能源消费率大幅度提高。所谓能源消费率是指总成本中燃料、电力费用成本所占的比例。如表

1-7所示，1973年日本制造业各产业中，能源消费率最高的是钢铁，高达26.05%，其次是化工和窑业、土石制品业，分别为15.55%和10.76%，有色金属、金属制品、石油制品、煤制品以及纸和纸浆的能源消费率也相对较高。表1-7中的"（A）/（B）"栏，是能源消费率与附加价值构成比率的比值，该数值等于1的产业，是一般性能源消耗产业；大于1的产业，属耗能产业。从表1-7中可以看出，石

表1-7　1973年日本不同产业的能源消费率

（单位：%）

产业部门	能源消费率（A）	附加价值构成比率（B）	（A）/（B）
食品	4.95	7.76	0.64
纺织	4.43	5.60	0.79
木材及制品	1.41	2.43	0.58
纸和纸浆	5.85	3.13	1.87
出版、印刷	0.83	3.91	0.21
化工	15.55	10.17	1.53
石油制品、煤制品	5.59	1.41	3.96
窑业、土石制品	10.76	4.93	2.18
钢铁	26.05	8.72	2.99
有色金属制品	5.92	3.32	1.78
金属制品	2.71	5.35	0.51
一般机械	3.64	10.35	0.35
电气机械	3.08	12.17	0.25
运输机械	4.86	10.98	0.44
精密机械	0.40	1.65	0.24
其他制造业	2.08	3.71	0.56

资料来源：［日］桥本寿郎：《日本经济论》，复旦日本研究中心译，上海财经大学出版社1997年版，第76页。

油、煤炭产业、金属工业、化学工业、窑业、纸、纸浆等原材料型产业都是耗能产业，而食品工业、纺织产业等轻工业和机械产业都是耗能低的产业，而且机械工业的能源消耗低于轻工业。由此得出，石油价格上涨使耗能低的电气机械、运输机械等加工产业的产品相对价格下降，比较优势上升；而高耗能的石油、煤炭产业、金属工业、化学工业、窑业、纸、纸浆等原材料型产业以及轻工业产品相对价格上

升，丧失了比较优势，成为"结构性萧条产业"。① "所谓结构性萧条"产业是指由于产业外部原因导致设备大量过剩、靠扩大总需求的一般性景气对策无法克服的萧条产业。当然，原材料型产业成为"结构性萧条产业"，不仅仅是受到石油价格上涨的影响，其他因素诸如需求的减退、来自发展中国家的竞争也对其产生了很大影响。总之，日本产业结构调整势在必行。

图 1—1 以 1973 年各产业实际国民生产总值指数为 100，显示了制造业各产业实际国民生产总值的增长情况。从图中可以看出，1973年石油冲击以后，若将制造业分为原材料型产业和加工型产业两类，日本加工型产业实际国民生产总值增长较快；若将制造业分为重工业、轻工业两类，则重工业实际国民生产总值增长较快，尤其是加工型重工业增长十分迅速。

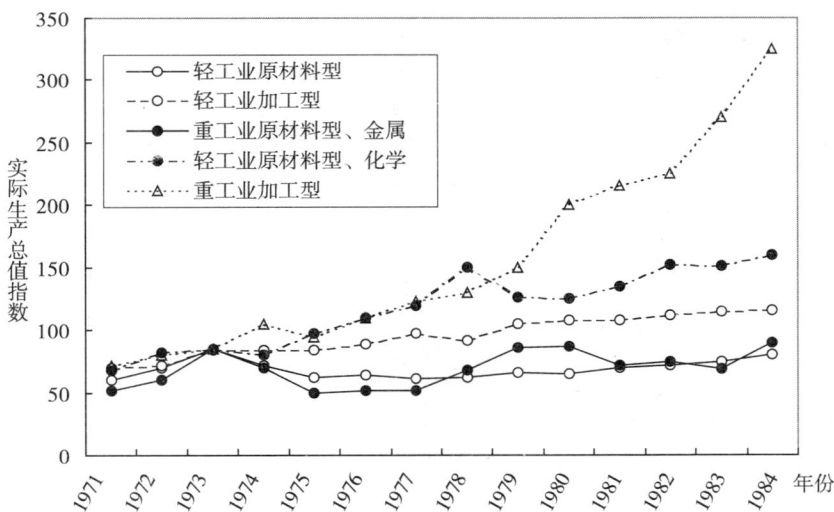

图 1—1　日本不同产业实际生产总值指数的变化

资料来源：［日］桥本寿郎、长谷川信等：《现代日本经济》，戴晓芙译，上海财经大学出版社 2001 年版，第 92 页。

---

①　桥本寿朗、长谷川信等：《现代日本经济》，上海财经大学出版社 2001 年版，第 174—175 页。

　　为了摆脱石油冲击的影响，日本制造业企业积极进行结构调整，以发展技术密集型产业为主要方向。一方面资源、能源耗费多、污染严重的原材料型工业（如钢铁和石油化工），实行了"减量经营"，削减了生产能力；同时，某些耗能多、公害大的劳动密集型企业直接转移到海外投资，尤其是转移到发展中国家。20世纪70年代中期以后，日本企业大幅度缩减了对原材料型重化工业的投资，同时增加了加工产业的设备投资（见表1-8）。从不同产业设备投资占总设备投

表1-8　日本不同产业设备投资的变化（以工程为基数、年平均）

（单位：10亿日元;%）

产业类别\指标	1970—1973 设备投资	比例	1974—1975 设备投资	比例	1976—1979 设备投资	比例	1980—1981 设备投资	比例	1982—1983 设备投资	比例
制造业	3180	67.5	4051	65.3	3385	46.1	4906	47.9	4930	44.8
原材料产业	2192	46.5	3000	48.4	2042	27.8	2342	22.9	2454	22.3
钢铁	718	15.2	1020	16.4	787	10.7	699	6.8	955	8.7
有色金属	152	3.2	176	2.8	94	1.3	147	1.4	138	1.3
化学	518	11.0	829	13.4	463	6.3	610	6	589	5.4
纤维	167	3.5	150	2.4	99	1.3	105	1	106	1
纸、纸浆	145	3.1	204	3.3	169	2.3	150	1.5	185	1.7
窑业	145	3.1	184	3	145	2	233	2.3	182	1.7
石油	347	7.4	437	7	285	3.9	398	3.9	299	2.7
加工产业	958	20.3	1007	16.2	1312	17.9	2569	25.1	2485	22.6
机械	856	18.2	919	14.8	1227	16.7	2434	23.8	2375	21.6
电子、电机	231	4.9	218	3.5	328	4.5	818	8.0	964	8.8
汽车	364	7.7	406	6.5	593	8.1	1136	11.1	939	7.6
非制造业	1535	32.6	2152	34.7	3130	42.6	4155	40.5	4270	38.8
电力	1090	23.1	1510	24.3	2462	33.5	3342	32.6	3420	31.1
批发、零售	220	—	320	5.2	331	4.5	420	4.1	390	3.5
合计	4714	100.0	6203	100.0	7348	100.0	10247	100.0	11007	100.0

　　注：原材料产业为上述7种原料之和，加工产业在上述机械之外，还要加上建材、杂货。1976—1979年度以后，租赁业列出，故这里不包括在内。因此，制造业和非制造业之和同合计的差为租赁业的数据。

　　资料来源：［日］桥本寿郎、长谷川信等：《现代日本经济》，戴晓芙译，上海财经大学出版社1997年版，第82页。

资的构成比来看，原材料型产业设备投资占设备总投资的构成比从
1970—1973 年的年平均 46.5% 下降到 1980—1981 年的年平均
22.9%，其中钢铁和化学产业的该构成比同期分别从 15.2%、
11.0% 下降到 6.8%、6.0%；与此同时，加工产业设备投资占设
备总投资的构成比从 1970—1973 年的年平均 20.3% 上升到 1980—
1981 年的年平均 25.1%，其中机械产业中的电子与电机、汽车的该
构成比同期分别从 4.9% 和 7.7% 上升到 8.0% 和 11.1%。另一方面，
那些资源、能源耗费少，需要高度技术知识，能够形成高附加价值
的技术和知识密集型产业（如电子工业和高精度机械工业），开始
得到重点的发展。结果以电子工业为中心的技术和知识密集型产业
的附加价值在制造业总附加价值中所占的比例不断上升，如表 1-9
所示，一般机械、电气机械、输送机械、精密机械各产业附加价值在
制造业总附加价值中的比例分别从 1973 年的 7.7%、4.6%、
10.2%、1.1% 上升到 1980 年的 10.7%、8.5%、11.9%、1.8%；与
此同时，原材料产业的比例则呈下降趋势，如石油制品、窑业·土石
制品、金属制品各产业附加价值在制造业总附加价值中的比例分别从
1973 年的 5.4%、6.0%、7.2% 下 降 到 1980 年的 4.1%、
3.8%、4.7%。

在 20 世纪 70 年代，日本产业结构虽然发生了"能源节约化"、
"高度加工化"等明显变化，但这些结构变化基本上仍然属于工业化
阶段或工业化后期的结构变化。进入 20 世纪 80 年代，特别是 1982
年对第二次石油冲击的调整完成以后，日本经济进入了一个新的结构
转换时期，即现代化阶段的结构转换时期。1980 年，日本政府提出
"科技立国"的方针，对工业结构进行全面调整，其特征是：资本密
集型的传统产业部门迅速让位于技术密集型的新兴工业部门。从制造
业总附加价值的构成来看（见表 1-9），食品、纺织在制造业总附加
价值中所占的比例分别从 1980 年的 14.4%、3.8% 下降到 1985 年的
11.8%、2.7%；与此同时，一次金属该比例从 1980 年的 11.6% 下降
到 1985 年的 8.3%。这样，日本劳动密集型产业、资源密集型产业
在制造业总附加价值中的比例大幅度下降。相反，以一般机械、电气

表1-9　日本国内生产总值中的制造业附加值构成

（单位:%）

产业类别 ＼ 年份	1970	1973	1975	1980	1985
制造业	100	100	100	100	100
食品	15.5	16.1	17.0	14.4	11.8
纤维	5.4	4.4	5.3	3.8	2.7
纸和纸浆	3.0	3.2	3.0	2.7	2.5
化学	4.1	4.8	5.0	5.9	7.4
石油制品、煤制品	6.2	5.4	6.6	4.1	4.1
窑业、土石制品	5.4	6.0	5.0	3.8	3.6
一次金属	10.2	11.5	10.8	11.6	8.3
金属制品	6.4	7.2	5.0	4.7	4.9
一般机械	8.8	7.7	7.8	10.7	12.5
电气机械	3.2	4.6	4.3	8.5	14.8
运输机械	10.8	10.2	11.7	11.9	10.6
精密机械	0.9	1.1	1.0	1.8	2.0
其他制造业	20.0	17.7	17.5	16.1	14.8
素材型产业	26.1	29.5	25.8	26.0	24.2
加工组装型产业	23.7	23.6	25.0	32.9	39.9

注：1985年以前按1985年的价格计算，1985年以后按1990年的价格计算；加工组装型产业是指一般机械、电器机械、运输机械、精密机械4种产业；素材型产业是指化学、窑业·土石制品、一次金属、金属制品4种产业。

资料来源：青木健：日本の産業構造変化とその対外的発現，季刊国際貿易と投資Winter2003／No.54。

机械、输送机械、精密机械等为代表的加工组装产业在制造业总附加价值中的比例继续呈上升趋势，1985年一般机械、电气机械、输送机械、精密机械在制造业总附加价值中所占比例分别达到12.5%、14.8%、10.6%、2.0%。

4."广场协议"后的制造业结构：电气机械产业增长迅速

1985年"广场协议"后，日元升值导致以美元计价的制造业劳动成本大大提高，20世纪80年代以前相对低廉的劳动力成本优势迅速丧失。国内劳动成本上升，促使日本制造业加快了海外直接投资步伐。80 年代后期，作为日本经济支柱的制造业内部发生了变化，从表 1 – 10 中可以看出，食品、纺织、石油制品和煤炭制品和其他制造业在制造业实际 GDP 中所占比例明显下降。长期以来作为日本"衰退产业"代表的纺织产业的下降速度最为明显，由 1984 年的 3% 下降到 1990 年的 2%，同精密机械（1990 年占 1.8%）一样，成为制造业中规模最小的产业。另外，食品、石油制品和煤炭制品、其他制造业所占比例的下降幅度也比较大。1984—1990 年占制造业实际 GDP 的比例有所下降，但并不显著的产业是纸浆和纸、窑业和土石制品；同期，一般机械、电气机械占制造业的比例分别由 1984 年的 11.8%、8.9% 上升到 1990 年的 13% 和 16%，可见，电气机械占制造业实际 GDP 的比例增长非常迅速。

表 1 – 10　日本制造业内部各产业占制造业实际 GDP 比例的变化

（单位:%）

产业类别＼年份	1984	1985	1986	1987	1988	1989	1990
食品	14.3	13.3	13	11.9	11.1	10.4	10
纺织	3	2.8	2.8	2.7	2.5	2	2
纸浆、纸	2.8	2.7	2.6	2.7	2.7	2.9	2.8
化学	6.7	6.7	7.6	7.6	7.5	7.8	7.7
石油制品、煤炭制品	5.9	5.6	3.9	4.6	3.8	3.8	3.4
窑业、土石制品	3.8	3.9	3.8	3.9	3.9	3.8	3.6
钢铁	7.1	6.8	6	6.3	6.4	6.2	5.8
非铁金属	2.2	1.8	1.7	1.8	1.8	1.9	2
金属制品	5.4	5.7	6.2	6	6	5.7	6
一般机械	11.8	12.7	12.4	11.6	12.5	12.9	13
电气机械	8.9	10.2	11.3	12	13.7	15	16
运输机械	9.5	9.6	9.8	10.2	9.9	9.9	9.9
精密机械	1.7	1.9	1.9	1.7	1.7	1.9	1.8
其他制造业	17	16.3	16.9	17	16.6	16	15.8

资料来源：日本銀行統計局：日本経済を中心とする国際比較統計，日本銀行 1999 年版，第 39 頁。

第二节　战后日本产业结构的主要特征

战后随着经济的快速增长和产业结构的不断调整，日本不仅实现了产业结构的升级，而且形成了有别于欧美发达国家的典型产业结构特征。

一、全套型产业结构

全套型产业结构是战后日本产业结构的基本特征。所谓全套型产业结构是指在一国拥有各具优势的所有产业和技术部门。[1] 日本学者关满博认为，日本作为亚洲唯一率先进入现代先进工业国行列的国家，成功的关键在于：从明治维新开始，根据当时的客观环境，按着建立独立、完整的工业体系的思想，经过多年努力，成功地形成了全套型的产业结构，即经过第二次世界大战后的经济高速增长，在国内拥有诸如钢铁、化工、汽车、电机、纤维等几乎所有的产业部门，并均保持在一定的技术水平上。

作为后起的发达国家，日本在工业现代化的道路上起步较晚，从明治维新开始就树立了建立独立、完整的全套型产业结构的思想。第二次世界大战结束以后，经过战后重建和恢复时期，到 20 世纪 50 年代中期日本经济进入高速增长阶段，为了尽快建立现代化工业体系，实现赶超欧美的目标，在"全套型产业结构"思想指导下，日本确立了独立生产所有的工业品，进口仅限于生产过程中必不可少的中间投入品和资本品的基本方针，把"贸易立国"作为经济发展的基本国策。为此，明确提出了实现全套型产业结构的两个基准，即"收入弹性基准"和"生产率基准"。"收入弹性基准"是从社会需求角度规划产业结构的原则。收入弹性或者需求的收入弹性是指某一社会产品需求增长率和国民收入增长率之比，它表示需求增长对收入增长

---

[1] ［日］关满博：《东亚新时代的日本经济——超越"全套型"产业结构》，陈生保、张青平译，上海译文出版社 1997 年版，第 3 页。

的依存程度。所谓"收入弹性基准"，就是要分析各种产业、产品在国际市场上的收入弹性，并在此基础上，把收入弹性高的产业和产品列为优先发展对象，提高它们在产业结构中的比例。"生产率基准"是从供给方面规划全套型产业结构的原则。要素生产率是指总产出与资本、技术、劳动、管理等各种投入要素之比，通常用要素边际生产力表示要素生产率。"生产率基准"就是要优先发展那些生产率上升可能性较大的产业，使这些产业在产业结构中占有较高的比例。

战后经济高速增长时期，日本依据"收入弹性基准"和"生产率上升率基准"，大力发展了重化学工业，把扶持发展重化工业产品作为贸易立国的长期方向。因为当时国内外对重化工业产品的需求日益增长，且这些部门具有较高的劳动生产率和附加价值率。重化工业的快速发展，使之在产业结构中的比例迅速提高，实现了产业结构和出口结构的升级，出口规模不断扩大。到 20 世纪 70 年代经济高速增长时期结束时，日本基本实现了全套型产业结构的夙愿。到 1973 年，日本许多产品的产量在世界总产量中名列前茅（见表1－11），其中

表 1－11　1973 年日本主要产品产量、占世界比例、居西方国家中的位次

品名	产量	占世界比例（%）	在西方国家中的位次
铁及合金钢（千吨）	92043	18	2
粗钢（千吨）	119322	17.4	2
锌（千吨）	933.6	17	1
电力（亿千瓦时）	4665.2	7.8	1
水泥（千吨）	78118	11.5	1
收音机（千台）	24485	30.1	1
电视机（千台）	14414	27.9	1
乘用汽车（千辆）	4476	15	2
商用汽车（千辆）	2617.2	29.7	2
船舶载位（千吨）	15730	49.9	1
人造纤维（千吨）	410.8	17.8	1
鱼虾类（千吨）	10701.9	16.3	1

资料来源：[日] 林直道：《现代日本经济》，色文译，北京大学出版社 1995 年版，第 50 页。

锌、电力、水泥、收音机、电视机、船舶载位、人造纤维等产品的产量均居西方世界第一位；铁及合金钢、粗钢、乘用汽车、商用汽车等产品的产量均居西方世界第二位。

二、以机械工业为主体的非均衡产业结构

战后日本以机械工业为中心的重化工业发展非常迅速，不仅在规模上而且在技术水平上都赶上和超过欧美国家，而且重化工业又高度集中于机械工业部门，这一点在日本产业结构中的制造业结构和出口贸易结构中反映得很明显。日本制造业结构中机械工业所占比例，1955 年为 14.6%；经过高速增长时期，到 1970 年达到 32.3%；之后受石油冲击的影响，该比例曾一度出现下降，1975 年下降到 29.8%；摆脱石油冲击影响后，机械产业进入稳定增长时期，1980 年该比例恢复到 31.8%，1983 年上升到 35.9%。[1] 日本机械工业在其制造业结构中所占比例上升的同时，出口贸易结构中机械工业品所占比例也迅速增加。在 1990 年，日本制造业结构中机械工业所占比例达到 43.2%，在出口贸易结构中机械工业品占出口总额的 75.0%；而同期美国制造业结构中机械工业比例为 38.5%，在出口贸易结构中机械工业品占 46.4%。[2] 也就是说，日本比美国要分别高出近 5 个和 28 个百分点。日本由于制造业部门结构的高度集中，相应地，在出口贸易结构上高度集中于机械、汽车等某些种类工业产品，必然在国际分工中处于有利的垂直型结构中，从而不仅使贸易顺差日益扩大，而且打击了进口国的相关产业，这是日本与欧美发达国家，特别是与美国发生贸易摩擦的重要原因之一。

但是，在以机械工业为中心的重化工业迅速发展的同时，有些产业部门，如农业和服务业等则落后于欧美国家。这一点与美国相比更为明显。在农业上，1993 年美国农业（农林水产业）部门的就业人

---

[1] 日本通商产业大臣官房调查统计部：日本产业の现状，财团法人通商产业调查会 1986 年版，第 16 页。

[2] 日本银行调查统计局：日本经济を中心とする国际比较统计，日本银行 1995 年版，第 151、152 页。

员为 310 万人，占总就业人数的 2.6%，农业部门创造的产值占实际 GDP 的 2.2% 左右；而同期日本在农业部门的就业人数为 550 万人，占总就业人数比例为 5.9%，可是其产值只占实际 GDP 的 2.1%；用农业产值占实际 GDP 中的比例去除以农业就业人数占总就业人数的比例，得出农业的相对附加价值生产率，美国是 0.84，日本仅为 0.35，表明日本农业的劳动生产率要大大低于美国农业劳动生产率。在第三产业上，尤其在社会公益事业上，日本在道路、上下水道系统、居民住宅、城市公园建设、社会保险等方面与欧美发达国家相比相对落后，因而日本国民普遍感到与其超级经济大国的地位不相符。例如，日本的人均 GNP 在 1989 年达到 23472 美元，超过同期美国的 20907 美元，居世界第一；但据测算，1988 年的恩格尔系数，日本为 20.2%，美国为 13.0%，日本远高于美国，与日本的人均收入增加并不相称。[1]

总之，日本以机械工业为主体的非均衡的产业结构，既反映了日本作为后起的资本主义经济大国的后进性，也是为实现赶超目的而在产业成长上采取非均衡的发展战略的结果。

三、高度依赖对外贸易的外向型产业结构

1. 对外贸易依存度高的产业结构

日本是一个资源贫乏的岛国，这一国情决定了日本在发展产业时，离不开国际资源和国际市场，需要靠进口资源在国内加工、然后出口产品换取外汇和生产资源这样一种途径发展本国产业和经济。高度依赖对外贸易特别是依赖美国贸易是战后日本产业结构的一个突出特点。一方面，日本对能源和原材料的进口依存度很高，如 1989 年，日本能源进口依存度为 87.0%，石油进口依存度为 99.5%，并且石油进口的 70% 以上来自中东地区；另外，日本消费品、中间产品和原材料的进口，占其进口总额的比例，在 1970 年为 71%，1980 年上

---

① 日本経済研究センター：日本経済の基礎知識《日本经济的基础知识》，日本経済新聞社 1992 年版，第 113、116、119、215 页。

升到 80%，到 1990 年仍占 69.5%。① 另一方面，日本生产的工业品大量外销，特别是进入高速增长阶段后，随着出口产业实力的增强，日本出口产品由纺织、手表、计算器等低附加价值产品，向家电、半导体、工作机械、汽车等高附加价值产品转换，出口数量大增，出口依存度提高。以汽车为例，1965 年产量为 191.8 万台，出口为 19.6 万台；1970 年产量为 530.3 万台，出口为 109.4 万台，出口依存度超过 20%；1980 年产量为 1104.3 万台，出口为 596.7 万台，出口依存度超过 50%。②

2. 对美国依存度高的产业结构

战后日本产业结构对美国依存度高表现在，日本的进口和出口对美国依存度都很高。进口对美国依存度高是指日本从美国的进口额在其总进口额中所占比例较大。表 1 - 12 显示了日本进出口的地区结构

表 1 - 12　1950—1990 年日本进出口的地区结构变化

（单位：%）

年份	美国		西欧		亚洲新兴经济体		东盟	
	出口	进口	出口	进口	出口	进口	出口	进口
1950	21.6	43.2	12.1	4.0	14.9	5.5	13.9	12.6
1955	22.7	31.3	10.3	7.2	12.5	4.6	9.6	14.1
1960	27.2	34.6	11.8	8.8	11.0	2.6	10.3	12.8
1965	29.3	29.0	12.9	8.9	9.6	3.3	8.7	9.7
1970	30.7	29.4	15.0	10.4	13.7	3.5	7.2	9.4
1975	20.0	17.9	14.6	7.6	12.5	4.8	8.0	12.1
1980	24.2	17.4	16.6	7.4	14.8	5.2	7.1	16.3
1985	37.2	19.9	14.3	9.5	12.8	7.6	4.2	14.4
1990	31.5	18.3	18.7	12.2	19.7	9.0	7.8	9.0

备注：表中没有列入所有进出口对象国家和地区的统计，所以横向相加不等于100%。
资料来源：内阁府（旧经济企画厅）综合计画局：日本の経済構造，東京：東洋経済新報社，1997 年版，第 19 頁。

————————

① 日本経済研究センター：日本経済の基礎知識《日本经济的基础知识》，日本経済新聞社 1992 年版，第 35 頁。
② 日本矢野恒太記念会：日本的 100 年，国勢社 1991 年版，第 264 頁。

变化，从中可以看出，1950—1990 年日本主要进口对象国家和地区是美国、西欧、亚洲新兴经济体和东盟，而从美国的进口占进口总额的比例最大，1950 年日本从美国、西欧、亚洲新兴经济体、东盟的进口占日本进口总额的比例依次为 43.2%、4.0%、5.5%、12.6%；尔后，日本从美国的进口占其进口总额的比例呈现下降趋势，但到 1990 年，日本从美国的进口比例（18.3%）仍然高出西欧（12.2%）和亚洲的新兴经济体（9.0%）和东盟（9.0%）。

日本出口对美国依存度高指日本对美国的出口额在其出口总额中所占比例较大。如表 1-12 所示，1950 年到 1990 年日本对美国的出口在其出口总额中一直占有最大比例，1950 年为 21.6%，而同期对西欧、亚洲新兴经济体、东盟的出口在其出口总额中的比例分别为 12.1%、14.9%、13.9%；在 1970 年以前，日本对美国出口比例一直处于上升趋势，1960 年对美国的出口比例上升到 27.2%，1970 年上升到 30.7%，1970 年以后出现下降，1975 年和 1980 年分别为 20.0% 和 24.2%；但 20 世纪 80 年代又快速上升，到 1985 年，日本对美国的出口在其出口总额中的比例高达 37.2%，而同年对西欧、亚洲新兴经济体、东盟的出口在其出口总额中的比例分别为 14.3%、12.8%、4.2%；1990 年，日本对美国、西欧、亚洲新兴经济体、东盟的出口在其出口总额中的比例分别为 31.5%、18.7%、19.7%、7.8%。特别值得注意的是，1965 年日本对美国进出口的比例出现了关键性变化，即在 20 世纪 50 年代和 60 年代前期，日本从美国的进口比例远远高于出口比例，而到了 1965 年，日本对美国出口和进口比例已经大体相同，分别为 29.3% 和 29.0%，尔后，日本从美国的进口比例高于对美国的出口比例。这意味着日本产业的生产能力和技术实力大大增强，对美国进口的需求开始减弱，对美国出口的依存性逐渐增强。

第二章　战后日本对外贸易
结构的演变与特征

　　产业结构决定贸易结构，贸易结构影响产业结构，二者之间相互影响、相互促进。战后随着产业结构的演变，日本对外贸易结构也随之变化。日本对外贸易结构的变化反映了日本产业结构变化的一般特点和趋势。本章在阐述战后日本对外贸易结构演变的基础上，分析总结日本对外贸易结构的基本特征，指出建立在日本特殊产业结构基础之上的日本对外贸易结构的典型特征是：出口收入弹性远高于进口收入弹性、产业间贸易发达而产业内贸易落后、出口商品高度集中、对美国贸易顺差迅速扩大。

第一节　战后日本对外贸易结构的演变

　　战后以加工贸易立国的日本，对出口和进口的依赖程度很大。随着日本经济的发展，贸易规模迅速扩大。由于对外贸易规模的扩大，日本在世界贸易中的地位逐步提高，1955年日本出口和进口占世界总出口和总进口的比例分别是2.3%和2.6%，1987年分别上升为9.8%和6.2%，仅次于美国和联邦德国的对外贸易规模。日本对外贸易的发展，不仅反映在量的方面，还表现在其进出口商品结构的变化。日本进出口商品结构的变化反映了日本产业结构的变化，图2－1和图2－2分别显示了日本进出口商品结构的变化。

（单位：%）

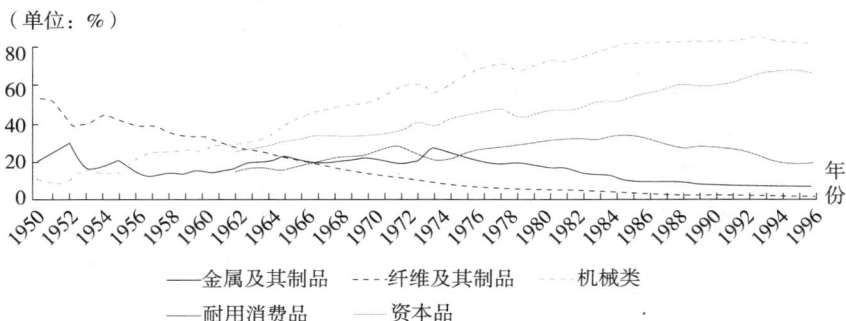

金属及其制品　　纤维及其制品　　机械类
耐用消费品　　资本品

图2－1　日本出口商品结构的变化

资料来源：根据财务省（旧大藏省）通关统计算出。

（单位：%）

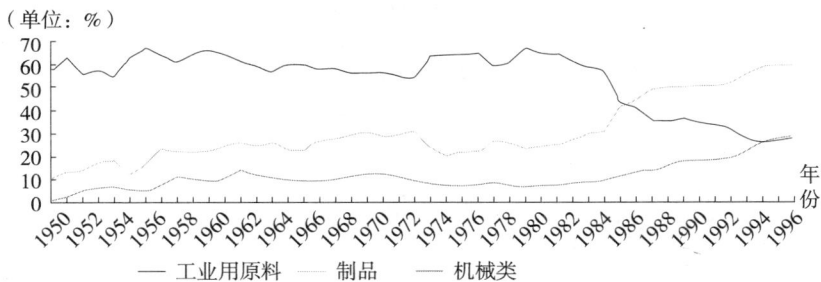

工业用原料　　制品　　机械类

图2－2　日本进口商品结构的变化

资料来源：根据财务省（旧大藏省）通关统计算出。

一、出口商品结构的演变

1. 战后经济恢复时期的出口商品结构：劳动密集型的轻纺工业品占主导地位

战后初期至1955年，日本工业结构以劳动密集型产业为主体，反映在出口结构上也是以劳动密集型商品为主，如表2－1和表2－2所示。以美元计价，1950年日本出口的水产品、纺织品、玩具等水产、轻工产品占日本出口总值的63.3%。1955年以后，随着重工业、化学工业的发展，出口结构也逐步发生变化，水产、轻工产品的出口比例出现下降趋势，1955年该比例下降为57.0%，其中尤以纺织品出口下降得最多，从1950年占出口总额的48.6%急剧下降至1955年的37.3%。与此同时，机械及钢铁、化学品等重工业、化学工业产品的出口比例有所提高。如机械类产品所占的出口比例从1950年的10.0%上升至1955年的12.4%。① 尽管如此，整个20世纪50年代轻纺工业品的出口始终占主导地位。

表2-1 日本出口商品结构变化

（单位:%）

商品类别＼年份	1950	1955	1960	1965	1970	1975	1980	1985	1990
食品	6.3	6.8	6.3	4.1	3.4	1.4	1.2	0.8	0.6
纤维、纤维制品	48.6	37.3	30.2	18.7	12.5	6.7	4.9	3.6	2.5
化学制品	1.9	5.1	4.5	6.5	6.4	7	5.2	4.4	5.5
金属、金属制品	18.5	19.2	14	20.3	19.7	22.4	16.4	10.5	6.8
钢铁	8.4	—	9.6	—	14.7	18.3	11.9	7.8	4.4
机械	10	12.4	25.5	35.2	46.3	53.8	62.8	71.8	74.9
一般机械	—	—	—	—	10.4	12.1	13.9	16.8	22.1
电气机械	—	—	—	—	14.8	12.4	17.5	22.1	22.9
运输机械	—	—	—	—	17.8	26.1	26.5	28	25.1
汽车	—	—	—	—	6.9	11.1	17.9	19.5	17.8
船舶	3.6	—	7.1	—	7.5	10.8	3.6	3.4	1.9
精密机械	—	—	—	—	3.3	3.3	4.8	4.9	4.8
其他	14.7	—	19.5	15.2	11.8	8.7	9.5	8.9	9.7

资料来源：日本经济产业省（旧通商产业省）：通商白書，東京：大藏省印刷局1961、1968、1973、1983、1986、1991年版，根据有关数字计算而得。

---

① 日本经济产业省（旧通商产业省）：通商白書，東京：大藏省印刷局1961年版，第520頁。

表 2 - 2 日本前十位出口商品的变化

（单位：亿美元；%）

	1950 年			1960 年			1970 年			1980 年		
	商品名	金额	比例	商品名	金额	比例	商品名	金额	比例	商品名	金额	比例
1	棉织品	2.1	25.3	钢铁	3.9	9.6	钢铁	28.4	14.7	汽车	233.7	17.9
2	钢铁	0.7	8.4	棉织品	3.5	8.6	船舶	11.4	7.5	钢铁	154.5	11.9
3	生丝	0.4	4.8	船舶	2.9	7.1	汽车	10.9	6.9	船舶	46.8	3.6
4	船舶	0.8	3.6	服装	2.2	5.1	金属制品	7.1	3.7	光学仪器	45.3	3.5
5	丝织品	0.2	2.7	鱼贝类	1.8	1.1	收音机	7.0	3.6	金属制品	39.6	3.0
6	陶瓷品	0.2	2.2	金属制品	1.5	3.7	光学仪器	6.3	3.3	磁带录音机	33.1	2.6
7	棉纱	0.2	2.1	非金属制品	1.5	3.7	合成纤维织品	6.3	3.3	收音机	30.1	2.3
8	玩具	0.1	1.5	收音机	1.5	3.7	服装	4.6	2.4	摩托车	28.0	2.2
9	纺织机械	0.1	1.2	人造丝织品	1.2	3.0	磁带录音机	4.5	2.3	发动机	23.5	2.0
10	鱼油鲸油	0.07	0.8	汽车、摩托车	1.1	2.7	塑料	4.3	2.2	电子管等	23.1	1.8

资料来源：中国社会科学院工业经济研究所、日本总合研究所：《现代日本经济事典》，中译本，中国社会科学出版社 1982 年版，第 661 页。

2. 高速增长时期的出口商品结构：以机械工业为主的资本密集型产品成为主力

20 世纪 50 年代中期以后，日本经济步入高速增长时期，随着工业结构向重工业、化学工业化方向发展，与此相对应的出口结构也趋于重化工业化，表 2 - 1 和表 2 - 2 显示出日本出口结构这一变化特征。1970 年日本重化工业品出口在总出口中的比例达到 72.4%，而作为 50 年代主要出口商品的纺织品所占的出口比例下降到 12.5%。1960 年到 1970 年 10 年间，日本的钢铁、船舶、化学品、汽车等资本密集型产品的出口大量增加。如 1970 年与 1960 年相比，钢铁出口增长 6.3 倍，从 1960 年的 3.9 亿美元增长到 1970 年的 28.4 亿美元，钢铁出口在总出口中的比例从 9.6% 上升至 14.7%；汽车出口增长了 9 倍多，1960 年汽车及摩托车出口为 1.1 亿美元，占总出口中的比例为 1.1%，1970 年汽车出口为 10.9 亿美元，占总出口的比例为 6.9%；同期机械类产品的出口比例从 25.5% 上升至 46.3%。由此可见，日本以机械工业为主的资本密集型产品替代了以轻工业品为主的劳动密集型产品，成为出口商品的主力。

3. "石油冲击"后的出口商品结构：知识与技术密集型的机械产品迅速增加

1973 年的第一次"石油冲击"后，日本的产业结构产生了很大变化，随着产业结构呈现"能源节约化"、"高度加工化"，日本的出口商品结构也发生了重大变化。

从统计上看，第一次"石油冲击"以后的日本出口商品结构仍然朝着重化学工业品化的方向发展。如表 2－1 和表 2－2 所示，重化学工业品在日本出口总额中的比例由 1970 年的 72.4% 升至 1980 年的 84.4% 后；但是其内容却发生了巨大变化，即：较多消耗进口资源的钢铁和化学产品所占比例下降，而知识与技术密集型的机械产品的比例大幅度提高。例如，在 1970 年，日本最大的出口商品钢铁，其在出口总额中所占比例为 14.7%；但到 1980 年降至 11.9%，1990 年更降至 4.4%。同期，日本机械产品出口在总出口商品构成中的比例由 1970 年的 46.3% 提高到 1980 年的 62.8%，1990 年达到 74.9%。从商品看，一般机械、电气机械和运输机械的出口都有较大幅度增加，其中办公机械与汽车出口的增幅尤其大，其中汽车出口在日本总出口中所占比例从 1970 年的 6.9% 上升到 1985 年的 19.5%。可以说，正是机械产品出口的增加在相当程度上起到了弥补其他商品出口的不振，才保持了日本整个出口规模不断扩大的趋势。

1978 年第二次"石油冲击"之后，日本机械产品出口发生的一个重要变化是所谓"信息机械"（包括办公机械、通讯机械、录像机和半导体等电子元件）的出口迅速增加。据统计，在 1978 年至 1984 年 6 年期间，日本的上述"信息机械"出口增加 6 倍，其在日本出口商品构成中的比例由 1978 年的 3% 猛增至 14%。[1]"信息机械"出口的猛增，一方面是因为日本企业在第二次"石油冲击"后以电子

---

[1] 马成三：《日本对外贸易概论》，中国对外经济贸易出版社 1991 年版，第 39 页。

技术为中心积极推进技术革新，由此大大提高了"信息机械"的国际竞争力；另一方面还与在世界范围内出现的"信息革命"有密切的关系。

4. "广场协议"后的出口商品结构：附加价值高的高技术机械产品增长迅猛

1985 年"广场协议"以后，由于日元升值和贸易摩擦加剧，一部分失去比较优势的重化学工业迅速向国外转移，日本总的出口增长率趋于下降，出口商品结构发生变化。从表 2 - 1 可知，食品、纤维及制品和钢铁的出口占总出口的比例下降，到 1990 年食品仅占 0.6%，纤维产品仅占 2.5%，钢铁从 1985 年的 7.8% 下降到 1990 年的 4.4%。与此相反，机械工业产品出口则进一步大幅度上升，占总出口的比例从 1985 年的 71.8% 上升到 1990 年的 74.9%。在机械工业出口产品中，作为高技术产品的办公自动化机械、半导体电子产品、科学光学仪器、家电和汽车等显示出强大的竞争力，增长势头十分猛烈，其增长率超过出口总额的增长幅度。

二、进口商品结构的演变

1. 战后经济恢复期：大量进口粮食食品和纺织原料

战后初期，日本面临的最重要课题是稳定国民生活和恢复经济、发展出口。为此，这一时期日本进口的重点是维持国民正常生活所不可缺少的粮食和为恢复经济、发展出口所需要的以纺织原料为中心的工业原材料。1950 年日本进口的纺织原料占进口总额的 37.2%，粮食、食品的进口占 42.1%，这两大类商品的进口占当年进口总额的 79.3%。20 世纪 50 年代中期以后该比例有所下降，1955 年这两大类商品的进口比例下降到 49.6%，1959 年下降到 32%。[①] 尽管如此，日本仍保持着以纺织原料、食品类商品进口为主的特征。

---

① 日本经济产业省（旧通商产业省）：通商白書各论，大藏省印刷局 1961 年版，第 672—673 頁。

2. 经济高速增长期：能源和金属原料进口急剧增加，纺织原料进口萎缩

在 20 世纪 50 年代下半期至 1973 年第一次石油冲击发生之前的"高速增长"时期，日本的产业结构迅速向重化学工业化转变，从而引起了对钢铁原料和石油等能源的巨大需求，能源和金属原料进口急剧增加。日本能源进口在进口商品构成中的比例由 1955 年的 11.7% 升至 1960 年的 16.5%，1972 年则达 24.4%。其中石油所占比例由 1955 年的 6% 猛升至 1972 年的 16.7%，进口数量则由 850 万千公升增至 2.49 亿千公升，即在 17 年期间增加 28 倍。从 50 年代末期起，石油就成为了日本最大宗的进口商品。以铁矿石为中心的金属原料在高速增长时期以年均 20% 以上的速度增加，其在日本进口商品构成中的比例亦由 1955 年的 12% 提高到了 1970 年的 25.5%。与此相反，随着纺织业的相对萎缩，棉花等纺织原料进口在日本进口商品构成中所占的比例下降，1955 年纺织原料在日本工业原料（包括能源）进口中占 37.8%，1970 年降至占 9.1%，其中棉花由占 24.7% 降至占 4.5%。[①] 作为战后经济恢复期的主要进口商品粮食食品在进口商品构成中所占比例从 60 年代初期起开始明显下降，60 年代下半期至 70 年代初期大致保持在 13%—15% 的水平上。粮食食品所占比例的下降，在相当程度上是由日本进口总规模的急剧扩大引起的，若从进口数量看，其增幅还是相当大的。这主要因为日本国民生活水平随着经济的高速增长而有较快提高，国内粮食食品供应的能力远远赶不上需求的增加。反映在商品构成上就是作为主食用的大米及食品所占比例下降，相反，饲料、肉类、海产品（鱼贝类）和水果等所占比例明显提高。

经济高速增长时期日本进口结构的另一个显著变化，是机械类进口的大幅度增加。战后初期，机械类进口在日本进口商品构成中所占比例极低（不到 1%），但从 20 世纪 50 年代中期起开始逐渐提高，

[①] 小松勇五郎：新版日本貿易図説，東京：東洋経済新報社 1971 年版，第 90 頁。

50 年代末期以后升至 10% 以上。机械类进口的迅速增加,主要由于日本企业旺盛的设备投资意愿增加了对机械设备的需求。在上述期间,日本机械进口的内容也发生了明显变化,即由 50 年代初期的以运输机械为主转为以一般机械为主。在 50 年代后半期至 60 年代中期,一般机械进口约占日本机械类进口的 60%—70%。其中金属加工机械和纺织机械更属于重点。在 60 年代初期,上述两类机械的进口约占日本同类机械供应总量的 20%。①

3. "石油冲击"后:石油进口价值膨胀而进口数量减少

1973 年秋季爆发的第一次"石油冲击"不但使日本经济由高速增长进入低速和中速增长,而且促进了其产业结构的调整。在这一过程中,日本的进口商品结构也发生了巨大的变化,如表 2-3 所示。

表 2-3　石油冲击后日本进口商品结构变化

(单位:%)

年份 商品类别	1973	1975	1980	1985
食品类	15.4	15.2	10.4	12.0
纺织原料	5.7	2.6	1.7	1.7
金属原料	10.6	7.6	6.0	4.8
其他原料	14.3	9.9	9.2	7.5
矿物燃料	21.7	44.3	49.8	43.1
其中石油	15.7	33.9	37.5	26.7
化学品	4.9	3.6	4.4	6.2
机械类	11.0	7.4	7.0	9.6
杂货品	10.8	9.3	11.4	15.2
总额	100.0	100.0	100.0	100.0

资料来源:日本经济产业省(旧通商产业省):通商白書,東京:大藏省印刷局 1974—1986 年版,根据有关数字计算而得。

---

① 马成三:《日本对外贸易概论》,中国对外经济贸易出版社 1991 年版,第 67 页。

由于日本的石油供应严重依赖海外市场（1973 年其对海外石油的依赖度为 99.7%），因此，第一次"石油冲击"油价暴涨，从 1973 年 10 月到 1974 年 1 月，油价从每桶 3.11 美元上升到 11.65 美元，致使日本的原油进口价值猛增，由 1973 年的 60 亿美元增至 1974 年的 189 亿美元，其在进口商品构成中的比例由 15.7% 猛升至 30.4%。同一期间，包括石油、煤炭和天然气在内的矿物燃料的进口价值则由 83 亿美元猛增至 249 亿美元，其在进口商品构成中的比例由 21.7% 猛升至 40.1%。

1978 年年底的第二次"石油冲击"又使石油价格从每桶 1978 年的 12.7 美元涨至 1979 年的 32 美元。为此，1979 年日本的矿物燃料进口价值比上年猛增 54.6%，达到 527 亿美元，其在进口商品构成中的比例将近 50%。其后由于油价趋稳和进口数量减少，矿物燃料进口占进口价值的比例有所下降，但在 1985 年仍占 43.1%（其中原油占 26.7%）。石油进口价值的急剧膨胀及其在日本进口商品构成中比例的提高，完全由价格因素所致，而其实际进口数量在上述期间则又明显减少。"石油冲击"使日本的产业结构迅速由"大量消费能源型"向"节省能源型"转变。据统计，在"石油冲击"爆发前的 1965 年至 1973 年期间，日本的经济规模扩大 1.1 倍，原油进口量增加 2.4 倍，而在 1974 年至 1985 年期间，日本的实际国民生产总值增长近 60%，原油进口量却大约减少 1/3，即由 1973 年的 2.9 亿千升减至 1985 年的 1.96 亿千升。①

第一次"石油冲击"后日本产业结构的改变和经济增长率的降低使日本减少了对其他原材料的消费。从第一次"石油冲击"到 1985 年期间，日本的各类原材料进口数量几乎没有增加，其中纺织原料的进口量甚至明显出现减少，进口数量萎缩，加之价格的涨幅小于石油等能源的涨幅，所以，纺织原料、金属原料、其他原料在日本进口中所占比例分别从 1973 年的 5.7%、10.6%、14.3% 快速降至 1985 年的 1.7%、4.8%、7.5%（见表 2-3）。

---

① 马成三：《日本对外贸易概论》，中国对外经济贸易出版社 1991 年版，第 68 页。

石油等矿物燃料进口价值的急剧膨胀使其他商品特别是食品类和制成品在整个进口构成中的比例明显下降。从表2－3可知，1973年食品类和制成品（包括化学品、机械类和杂货品）在日本进口总值中所占比例分别为15.4%和26.7%，1980年分别降至10.4%和22.8%。但是，若从进口数量来看，上述两类商品的进口在"石油冲击"后亦呈现增加趋势。从表2－4石油冲击后日本进口数量指数的变化可以看出，1985年日本的食品类进口量比1973年增加41.7%，工业制成品进口量增加87.2%，这些与矿物燃料和其他工业原料进口量的减少形成鲜明的对比。上述期间进口量增加较快的食品主要有肉类、鱼贝类以及咖啡、可可等，这一点反映出日本国民收入水平的提高和饮食生活向多样化的发展。另外，在制成品进口中增加较多的则主要为半成品和劳动密集型的非耐用消费品，这一点反映了日本产业结构的变化和企业力求节省能源资源的趋势。

表2－4　石油冲击后日本进口数量指数的变化（1980年为100）

（单位:%）

商品类别 \ 年份	1973	1975	1980	1985
综合	91.1	79.4	100.0	109.5
食品类	88.9	77.3	100.0	126.0
原料品	101.7	82.7	100.0	99.0
矿物燃料	98.7	93.4	100.0	93.7
工业制成品	75.9	61.2	100.0	142.1

资料来源：财务省（旧大藏省）税関部関税研究会：外国贸易概况，日本関税协会1987年，第12期。

4. "广场协议"以后：制成品进口迅速增加

1985年"广场协议"以后，日元大幅度升值，迫使日本调整产业结构，在此基础上，日本的进口商品结构发生了重大变化。其最大变化表现在工业制成品进口的急剧增加及其在进口商品构成中所占比例的空前提高。从表2－5可知，1985年至1989年期间，日本的工业制成品（包括轻工业品、重化学工业品和其他工业品）进口额从

401.6亿美元猛增1061.1亿美元，4年期间增加1.6倍多，年均增加率达27.5%，相当于同期日本进口总额年均增加率的2.1倍。其结果是工业制成品进口在日本进口商品构成中的比例（制成品进口比率）由1985年的31.0%猛升至1989年的50.3%，达战后最高水平。相反，工业原料和燃料的进口在上述期间里不但没有增加，反而稍有下降，其中矿物燃料进口额的降幅达22.8%（由1985年的557.9亿美元降至1989年的430.53亿美元）。工业原料和燃料在日本进口商品构成中的比例由1985年的57%降至1989年的34.9%，其中矿物燃料所占比例由43.1%猛降至20.4%。

表2－5　广场协议后日本进口商品结构的变化

（单位：百万美元）

商品类别＼年份	1985	1986	1987	1988	1989
总额	129539（100.0）	126408（100.0）	149515（100.0）	187354（100.0）	210847（100.0）
食品类	15547（12.0）	19186（15.2）	22395（15.0）	29120（15.5）	31012（14.7）
原料燃料	73834（57.0）	54423（43.1）	61122（40.9）	66330（35.4）	73649（34.9）
其中矿物燃料	55790（43.1）	36904（29.2）	39137（26.2）	38359（20.5）	43053（20.4）
轻工业品	9937（7.7）	13553（10.7）	20582（13.8）	28939（15.4）	35543（16.9）
重化学工业品	26477（20.4）	30486（24.1）	39978（26.7）	56688（30.3）	64815（30.7）
其他工业品	3744（2.9）	8759（6.9）	5438（3.6）	6277（3.4）	5828（2.8）

注：括号内数字为所占比例（%）。

资料来源：马成三：《日本对外贸易概论》，中国对外经济贸易出版社1991年版，第70页。

从制成品进口的商品构成来看，广场协议以后日本进口最多的制成品仍是加工型材料（半成品），1989年加工型材料占日本制成品进口总额的42.7%，其次是消费品和资本品，分别占日本制成品进口总额的 27.4% 和 25.0%。在 1985 年到 1989 年期间，进口增幅最大的是消费品，特别是耐用消费品，在这 4 年期间里，日本的消费品进口额增加了 3.6 倍，由 1985 年的 63 亿美元增至 1989 年的 291 亿美元；其中耐用消费品则增加 4 倍多，由 30 亿美元增至 154 亿美元。从 1987 年起，日本的耐用消费的进口额已超过非耐用消费品的进口额。①

第二节　战后日本对外贸易结构的基本特征

战后随着日本产业结构的演变，日本的对外贸易结构随之变化，形成了独具特色的对外贸易结构特征。

一、出口收入弹性远高于进口收入弹性

日本进出口商品结构的典型特征之一是出口收入弹性较高、进口收入弹性较低，而且出口收入弹性远远高于进口收入弹性，这在对美国贸易中尤其突出。所谓出口收入弹性是指出口国的出口增长率与进口国的收入增长率的比率；进口收入弹性则是指进口国的进口增长率与其收入增长率的比率。在 1966 年到 1987 年间，日本对美国的出口收入弹性为 3.77，对其他国家的出口收入弹性则为 1.63，可见日本对美国的出口收入弹性远大于对其他国家的出口收入弹性。在 1973 年到 1979 年，以及 1980 年到 1987 年间日本制成品的进口收入弹性分别为 1.37 和 1.44，均远远低于出口收入弹性。就国际比较来看，在 1975 年到 1984 年间，美国对世界的出口收入弹性为 1.14，联邦德国为 1.17，日本则为 1.72。② 可见日本的出口收入弹性要高得多。

从经济学角度，工业制成品的收入需求弹性大，原料、燃料和食品的收入需求弹性小。日本出口收入弹性高于进口收入弹性就意味着，一方面当美国随着经济增长而使国民收入提高时，日本把出口集

---

① 根据日本财务省（旧大藏省）通关统计计算得出。
② ［日］日本经济新闻社：《东洋奇迹——日本经济奥秘剖析》，王革凡等译，经济日报出版社 1993 年版，第 337—338 页。

中于某些工业制成品，这些工业制成品的出口数额会很大，对美国出口增长很快；另一方面日本随着经济增长、国民收入提高时，不仅从美国进口的工业制成品数额则相当低下，而且从美国进口的原料、燃料和食品增长缓慢。

二、产业间贸易发达而产业内贸易落后

日本对外贸易结构具有典型的垂直分工贸易特点，即产业间贸易发达、产业内贸易落后。产业间贸易状况可以用纯出口构成比（出口构成比－进口构成比）来表示。如果是正数，说明这个产业是出口型产业；如果是负数，说明是进口型产业；如果是零或接近于零，说明出口和进口几乎差不多，或既没有出口，也没有进口。从表2－6和表2－7出口、进口商品构成的国际比较可以看出，日本工业制成品的纯出口构成比为正数，其中机械和运输机械的正数较大，1980年为0.54。而粮食、原料、燃料的纯出口构成比为负数，其中原料、燃料的纯出口构成特别低，1980年为－0.61。所以说，日本在汽车、电器机械、一般机械、钢铁、精密机械等工业制成品方面属于出口型，而粮食、原料、燃料等方面属于进口型的国家。联邦德国、意大利与日本相似，是工业制成品的纯出口国和第一产业产品的纯进口国，但不像日本那样偏重于工业制成品出口和原料进口。另外，美国、法国、英国等国在粮食、原料、燃料中至少有一种是纯出口产业，而工业制成品则相对接近于零。日本是发达国家中比较特殊的加工贸易型国家，产业间贸易的纯出口构成比正、负差距很大，是一个产业间贸易极其发达的国家。从表2－6可以看出，在出口方面，1980年在日本、美国、意大利、联邦德国几个国家中，日本的机械和运输机械、化学制品、纤维和钢铁等工业制成品占的比例最高，达96.1%。从表2－7可以看出，在进口方面，1980年日本的原料、燃料和食品占的比例高达78.3%，工业制成品占的比例仅为21%；而美国、英国、意大利、联邦德国和法国进口中工业制成品占的比例分别为52.7%、65.4%、48.4%、55.8%和57.2%。

表 2 – 6　1980 年出口商品品种构成的国际比较

(单位:%)

商品类别	日本	美国	英国	意大利	联邦德国	法国
食品	1.2	14.2	6.6	6.7	4.8	15.5
原料、燃料	1.6	15.9	15.9	7.4	6.3	8.4
化学制品	5.1	10.5	10.8	7.0	12.7	12.0
机械、运输机械	58.6	38.9	34.6	32.2	44.6	33.2
纤维	4.0	1.7	2.8	5.3	3.3	3.3
钢铁	11.9	1.5	2.0	4.8	6.0	6.0
其他工业品	16.5	15.1	25.1	34.6	20.5	20.7

资料来源:日本銀行統計局:日本経済を中心とする国際比較統計,日本銀行 1990 年版,第 118 頁。

表 2 – 7　1980 年进口商品品种构成的国际比较

(单位:%)

商品类别	日本	美国	英国	意大利	联邦德国	法国
食品	10.5	8.0	12.2	12.2	10.9	9.4
原料	17.7	4.8	7.6	11.0	8.3	6.5
燃料	50.1	32.9	13.6	27.9	22.6	26.7
化学制品	4.2	3.6	6.2	8.1	7.2	9.1
机械、运输机械	6.0	25.5	25.7	20.4	18.8	21.5
其他工业品	10.8	23.6	33.5	19.9	29.8	26.6

资料来源:日本銀行統計局:日本経済を中心とする国際比較統計,日本銀行 1982 年版,第 120 頁。

日本的产业内贸易水平落后。按照 Greenaway（1987）的观点，"产业内贸易是指一定时期内某一产业内产品同时发生的输入和输出的活动"。由于对"产业"的界定会影响产业内贸易水平的高低，理论研究中一般是把国际贸易标准分类中前三位数相同的产品，即至少属于同类、同章、同组的商品归属于同一个产业。国际上常用的衡量产业内贸易水平的指标是 1975 年由 Grubel 和 Lloyd 给出的产业内贸易指数，表 2 – 8 制造业产品的非加权平均产业内贸易指数国际比较是根据 Grubel – Lloyd 指数公式计算。计算公式为：m 产业内贸易指数 = 100 × [1 – (Ma – Mb) / (Ma + Mb)]；其中，Ma 为 m 产业的出口额，Mb 为 m 产业的进口额。如果某产业的对外贸易完全是产业间贸易，即该产业只对外出口或只从国外进口，则该产业的产业内贸易指数为零；如果某产业的对外贸易完全是产业内贸易，即该产业的出口和进口正好相等，则该产业的产业内贸易指数为 100。由此可见，某产业的产业内贸易越发达，其产业内贸易指数就越接近于100。由表 2 - 8 可知，1970 年以来，美国、法国与联邦德国的制造业产业内指数值均在 50 以上，1985 年美国、法国与联邦德国的制造业产业内指数分别为 61、82、67，日本的制造业产业内贸易指数1985 年只有 26，远远低于美国、法国及联邦德国，甚至低于韩国的 49。

表 2 - 8　制造业产品的非加权平均产业内贸易指数国际比较

国家	1970 年	1975 年	1980 年	1985 年
日本	32	26	28	26
美国	57	62	62	61
法国	78	78	82	82
联邦德国	60	58	66	67
韩国	19	36	40	49

资料来源：Edward Lincoln: *Japan's Unequal Trade*, Washington, Brookings Institution Press, 1990, p. 47. 依据三位数的国际标准分类表计算（SITC）。

三、出口商品高度集中

战后日本出口商品过度集中于某些特定产品，少数大宗商品所占比例特别大。如表 2 - 2 所示，1950 年，日本前十位的出口商品占出口总值的 52.6%，其中前三位即棉织品、钢铁、人造丝织物即占38.5%；1960 年前十位所占比例为 48.3%，其中前三位所占比例为25.3%；到 1970 年和 1980 年前十位所占比例分别为 49.9% 和50.8%，其中前三位所占比例分别为 29.1% 和 33.4%。1986 年以后，日本调整产业结构，力求分散出口商品结构，但收效甚微；到 1989年，前十位所占比例分别仍高达到 53%，比 1985 年的 54% 仅下降一个百分点,其中前三位商品即汽车、办公机械、钢铁占30%。

四、对美国贸易顺差迅速扩大

从第二次世界大战结束至20世纪60年代中期的近20年间,日本对外贸易一直处于逆差状态。1965年日本战后首次出现23.27亿美元的对外贸易顺差,其中,对美国首次出现1.13亿美元的贸易顺差。其后,除1967、1968年和1973、1974、1975年日本对外出现贸易逆差外,其他年份日本对外均为贸易顺差(日本对美国除1967年和1975年出现贸易逆差外,其他年份对美国均为贸易顺差),而且增长得非常迅速,从1976年的24.2536亿美元上升到1986年的827.4588亿美元,对美国贸易顺差从1976年的38.8亿美元上升到1986年的514亿美元。[①]

与日本相反,在日本对外贸易顺差快速增加的同时,美国的对外贸易逆差迅速扩大,在美国的全部对外贸易逆差中日本首当其冲。自1982年到1990年,美国对全世界的贸易赤字都在增加,但其中对日本的贸易逆差规模最大、增长速度也较快。从表2-9可知,1982年美国对外贸易收支赤字总额为427亿美元,其中190亿美元来自日本,大约占44.6%,1986年美国对外贸易收支赤字上升到1687.4亿美元,其中588.2亿美元来自日本,大约占28.7%。在这一时期里,日本一直是对美国贸易赤字最大的国家。

表2-9 美国对外贸易差额表

(单位:亿美元)

年份	全部差额	对日本差额	年份	全部差额	对日本差额
1946	52.9	0.2	1976	-154.9	-53.6
1950	13.0	2.4	1977	-266.5	-81.0
1960	53.1	1.9	1978	-284.5	-115.7
1961	60.6	6.8	1979	-246.5	-86.6
1962	51.3	0.6	1980	-364.0	-124.0

---

① 财务省(旧大藏省):财政金融统计月报,第472号,第12表。

年份	全部差额	对日本差额	年份	全部差额	对日本差额
1963	60.3	2.2	1981	-379.0	-86.0
1964	76.3	2.5	1982	-427.0	-112.0
1965	58.3	-5.9	1983	-694.0	-216.0
1966	46.6	-5.9	1984	-1233.0	-368.0
1967	44.3	-3.0	1985	-1485.0	-497.0
1968	11.3	-11.0	1986	-1687.4	-588.2
1969	16.0	-14.0	1987	-1595.0	-570.0
1970	28.3	32.0	1988	-1270.0	-526.0
1971	-20.3	-32.0	1989	-1149.9	-498.0
1972	-61.3	-41.0	1990	-1090.3	-379.5
1973	15.6	-13.6	1991	-738.0	-382.2
1974	-99.7	-16.6	1992	-961.4	-435.6
1975	31.8	-17.1	1993	-1157.0	-593.0

资料来源：于永达：《世界经济摩擦论》，吉林人民出版社 1994 年版，第 136 页。

第三章　战后日本产业结构
引发日美贸易摩擦

　　战后日本作为后起的发达国家，在经济崛起过程中，随着产业结构快速升级，出口商品结构随之变化，其经济增长速度远远超过美国等其他发达国家，出口能力迅速增强，在世界出口中的比例不断上升，开始与美国等主要贸易国家产生贸易摩擦。特别是在20世纪70、80年代，随着日本产业结构的升级，日本对美国加工组装产品的出口激增，对美国贸易收支顺差快速持续增加，导致日美贸易摩擦化。引起日美贸易摩擦的原因有很多，但深层次的决定性因素在于日本特殊的产业结构。本章在第一、二节分析战后日本产业结构和对外贸易结构演变及其特征的基础上，首先从实证方面探讨日本产业结构如何引发日美贸易摩擦，认为日本特殊的产业结构导致的对美国出口产品激增，是引发日美贸易摩擦的导火索，而且伴随着日本产业结构的升级，日美贸易摩擦不断激化；然后通过建立结构调整费用贸易模型和运用拉尔夫·戈莫里、威廉·鲍莫尔的贸易摩擦模型，探讨源于特殊产业结构的日本对美国出口产品激增引发日美贸易摩擦的机理。

第一节　战后日美贸易摩擦的演变

战后随着日本产业结构的升级，日本的对外贸易结构不断发生变化，在此基础上，日本对外贸易摩擦也呈现出明显的阶段性。

一、20世纪50—60年代：以纺织品和钢铁等原材料型产业为主的贸易摩擦

战后日美贸易摩擦的起点是发生于20世纪50年代中期的棉纺织品贸易摩擦。第二次世界大战后，美国为了推销过剩棉花，曾把扶植日本的棉纺织业作为提供经济援助的内容之一。援助方式是，日本企业向美国政府借款购买美国的机器设备，然后向美国出口棉纺织品，用所得外汇偿还债务。日本的纺织业因此而得到迅速恢复。1950年日本即与印度并列为世界最大的棉织品出口国。战后日本棉纺织品迎来的第一个需求高潮是朝鲜战争带来的特需，但是，朝鲜战争结束后需求趋于减少，从而库存急剧增加，这导致国内市场上价格暴跌。当时日本的棉织品厂家以低价拼命扩大对美国出口，1955年其棉纺织品对美国出口额比上年增长了1.9倍，其中二次棉纺制品出口增加3.9倍，女棉衬衫出口增加20倍。日本棉织品在美国棉织品进口市场中所占比例从1951年的17.4%猛升至1995年的54.7%，1956年则达60%以上。① 1955年春天，在美国纽约市场上，出现了日本生产的每件售价为1美元的廉价衬衫。虽然受到美国消费者的欢迎，但是招致美国纺织工业界的指责，美国的有关工会组织掀起了反倾销等限制进口运动，这就是所谓"1美元女衬衫事件"，也是日美贸易摩擦的起点。这次摩擦最后由日本政府和纺织业界实行"自愿出口限制（VER）"（1956年）以及签订"日美棉制品协定"（1962年）而得到缓解。

进入20世纪60年代以后，随着日本出口商品结构急剧向重化学

---

① 胡方：《日美经济摩擦的理论与实态》，武汉大学出版社2000年版，第116页。

工业品转变，日本对美国贸易摩擦也出现了新的变化，表现在涉及的对象商品范围扩大，即由以轻纺工业品为中心转为以钢铁等重化学工业品为中心；贸易摩擦的焦点发展为钢铁、黑白电视机和以合成纤维为中心的纺织品。钢铁是 20 世纪 60 年代日本出口的主力商品，1970 年其在出口商品构成中所占比例达 28.4%（1960 年为 9.6%）。1963 年，日本的钢铁出口超过联邦德国和苏联而跃居世界首位。60 年代之前，日本的钢铁出口主要面向东南亚和大洋洲、拉美；60 年代以后则迅速转为以美国市场为主。1955 年，美国在日本钢铁出口的市场构成中仅占 6.1%，1965 年即升至 43.9%，1968 年则超过 50%。60 年代中期以后，日本输出美国的钢铁约占美国进口总量的 40%—50%。①

日本对美国钢铁出口的迅速增加引起了美国钢铁厂家的不满，由于钢铁产业是美国的重点产业，为了阻止日本产品的大量流入，1963 年美国的有关厂家指控日本对美国搞"倾销"。为了防止美国采取限制进口措施，日本政府和钢铁厂家从 1968 年 7 月起实行钢铁产品的对美国自愿出口限制，即依据"进出口贸易法"组织"出口卡特尔"来维持对美国"出口秩序"。面对美国国内保护主义的抬头，1969 年日本政府和钢铁厂家又决定延长自愿出口限制的期限，并强化了有关限制内容。

20 世纪 50 年代中期以后，日本出现"家庭电气化"热，为此，日本以黑白电视机为中心的民用电子产品的生产急剧扩大。由于内需旺盛，日本的电子厂家积极引进外国先进技术、扩大设备投资、确立量产化体制，从而使日本电视机的国际竞争力迅速增强，出口不断扩大。1965 年日本黑白电视机的出口比率（出口量与生产量之比）高达 34.8%。从 1965 年起，日本又开始出口彩色电视机，该年出口 4.8 万台，翌年增加到 25 万台，1969 年则达 100 万台。美国是日本电视机出口的主要市场，在 1966 年至 1988 年期间，在日本电视机出

---

① 日本通产省通商产业政策史编纂委员会：《通产省通商产业政策史》（第 9 卷），中译本，中国青年出版社 1996 年版，第 364 页。

口市场构成中美国所占比例平均为 3/4，其中彩色电视机则达 90% 以上。[①] 1968 年 3 月美国有关厂家指控日本电视机厂家对美国搞"倾销"，这就拉开了 70 年代日美彩电贸易战的序幕。

围绕纺织品贸易所发生的摩擦是战后日美间历时最久的贸易摩擦，但不同时期有不同的摩擦对象商品。如果说 20 世纪 50 年代中期日美纺织品摩擦集中在棉纺织品的话，那么 60 年代则转为以合成纤维为主了。

进入 20 世纪 60 年代以后，日本的化学合成纤维工业迅速发展起来，对美国的出口也随着大幅度地增加。1962 年日本的合成纤维出口开始超过毛、棉以及人造棉而居纺织品出口之首，其在"四大纤维"（合成纤维、人造棉、棉、毛）出口总量中所占比例由 1962 年的 14% 升至 1965 年的 31%，1970 年则达到 51%。日本在合成纤维出口增加的过程中，对美国合成纤维出口也急剧增加，1968 年超过棉织品和毛织品而居其对美国纺织品出口的首位，并且在日本合成纤维对美国出口急剧增加的同时，其毛织品及人造棉等纺织品对美国出口也保持着较高水平，从而使日美间的纺织品贸易摩擦对象商品由棉织品扩大到包括合成纤维和毛织品在内的所有纺织品。

为了解决日益广泛的纺织品贸易摩擦，日美间在 20 世纪 60 年代先后举行了多次纺织品贸易谈判，并缔结了数个贸易协议，其中主要有：根据"国际棉纺织品贸易短期协定"（STA）而缔结的"日美棉纺织品贸易短期协定"（1962 年 1 月）、根据"国际棉制品贸易长期协定"（LTA）而缔结的"日美棉纺织品长期协定"（1963 年 1 月）、根据"国际纺织品贸易协定"（MFA）而缔结的"日美纺织品临时协定"（1968 年 1 月）等。上述协定的主要内容是设定日本对美国出口额度（包括增加率）以及日方实行自愿出口限制等。

[①] 马成三：《日本对外贸易概论》，中国对外经济贸易出版社 1991 年版，第 226 页。

二、20 世纪 70—80 年代前半期：以彩电、汽车、机床为代表的加工组装型产业为主的贸易摩擦

20 世纪 70 年代日美贸易摩擦进一步激化。70 年代初，日美贸易摩擦的焦点是纺织品摩擦。60 年代以后，随着日本及亚洲新兴工业化国家（地区）对美国纺织品出口的急剧增加，美国的纺织业处境越来越困难，许多中小企业相继倒闭。1968 年尼克松在竞选总统时为争取南方的选票许诺要保护国内的纺织产业。1969 年尼克松就任总统不久就要求日本及亚洲其他国家和地区实行对美国出口"自主限制"。

对于美国的要求，尽管日本的产业界反应不积极，但日本政府为顺利实现归还冲绳而决定让步。1971 年 10 月，日美间正式签订"日美纺织品协定"，该协定规定了日本在 1971 年以后的 3 年内对美国纺织品出口的主要限制，即：把毛纺织品和合成纤维制品的年平均出口增长率分别控制在 1% 和 5.2% 以内，并将商品划分 7 个部类，具体确定了限制出口的目标。

进入 20 世纪 70 年代后半期，日美贸易摩擦明显加剧，并于 1977 和 1978 年期间达到高潮。其经济背景：一是"石油冲击"的发生使西方国家经济陷入战后最严重的萧条，贸易保护主义明显抬头；二是日本以扩大出口为杠杆比其他主要发达国家较快地摆脱了"石油冲击"的影响，其国际收支较快地由逆差转为盈余。

20 世纪 70 年代后半期日美贸易摩擦主要是围绕钢铁、彩色电视机和机床等商品激化起来的。70 年代中期美国钢铁业的贸易保护主义再次出现高潮，1977 年以后连续多次指控日本厂家对美国搞"倾销"，要求美国政府采取措施以"纠正不公平竞争"。为此，当时的美国卡特政府在 1978 年 12 月制定了有关外国对美国钢铁出口的"最低限价"制度（又称扣扳机价格制度），并于 1978 年 1 月开始实施。最低限价制度是以当时世界上生产能力最强的日本钢铁产业为标准，计算出各类钢铁产品生产上的具体成本指标，并由此来计算一个标准销售价格。如果外国厂家以低于这种价格在美国市场上销售产品，则

可以不等待产业界的倾销提诉，而由美国国际贸易委员会（ITC）进行倾销调查，若情况属实，便予以限制。由于这种最低限价的制定和随时可行的倾销报复，使美国在钢铁产品贸易中掌握了主动权。美国政府之所以采取上述强硬态度与日本对美国出口的激增及美国钢铁业的困境密切相关。1976年日本对美国钢铁出口量由1974年的470万吨增至近800万吨，在美国钢铁进口数量中占高达55.9%的份额。而此时期恰好是美国钢铁业面临严重困难的时期，不少钢铁厂因销售不振而倒闭，其钢铁业失业人数多，美国钢铁行业的税后利润率从70年代上半期的63%左右下降到1977年的0.06%。①

20世纪70年代上半期，由于美国采取了较严厉的进口限制措施，日本彩电的对美国出口一直徘徊在100万台左右的水平上。但是，在美国建国200周年和举行总统选举的1976年，日本彩电的对美国出口一跃增至283.6万台，比1975年增加1.33倍，其在美国进口市场构成中的比例亦升到30.9%，详见表3-1。为此，美国"保

表3-1 美国彩电销售情况

（单位：千台）

	1972年	1973年	1974年	1975年	1976年	1977年
美国国产品	7514 (85.2)	8672 (86.1)	7129 (84.8)	5004 (80.8)	5360 (65.4)	6802 (72.8)
美国进口品	1318 (14.9)	1399 (13.9)	1282 (15.2)	1215 (19.5)	2836 (34.6)	2539 (27.2)
日本品	1094 (12.4)	1059 (10.5)	916 (10.9)	1043 (16.8)	2530 (30.9)	2.29 (21.7)
其他	224 (2.5)	340 (3.4)	366 (4.3)	172 (2.7)	304 (3.7)	510 (5.5)
总计	8832 (100.0)	10071 (100.0)	8411 (100.0)	6219 (100.0)	8194 (100.0)	9341 (100.0)

注：括号内数字为所占比例（%）。

资料来源：内閣府（旧经济企画厅）：经济白书，東京，大藏省印刷局1978年版，第78页。

———————

① 胡方：《日美经济摩擦的理论与实态》，武汉大学出版社2000年版，第125页。

护彩电产业委员会"于同年向国际贸易委员会提出对日本实行制裁的申请。翌年国际贸易委员会做出判决,认为日本彩电的"急风暴雨式"出口使美国彩电行业遭受损失,建议卡特总统强化关税等进口管制措施,同时决定就日本的"不公平贸易习惯"问题(指倾销、政府提供出口补贴等)进行调查。

在美国的压力下,日本政府于 1977 年与美国签订了维持出口市场秩序的"日美彩电协定"。根据该协定,从 1977 年 7 月开始的 3 年期间内日本对美国彩电出口每年必须控制在 175 万台以内,其中成品彩电在 156 万台之内,半成品彩电在 19 万台之内,从而使日美彩电摩擦告一段落。后来随着日本彩电厂家对美国直接投资的增加,日本彩电对美国出口急剧减少,上述协定未到期便自动失效了,日美彩电摩擦也随之结束。

20 世纪 70 年代后半期,日美之间发生贸易摩擦的商品扩展到了数控机床,同时美国开始强烈要求日本开放牛肉、柑橘和政府采购市场。前者以 1978 年 3 月日本决定实行机床出口"最低价格限制"而缓解,而后者则成为日美间的长期"悬案"。

20 世纪 70 年代末、80 年代初期日美贸易摩擦的焦点是汽车贸易摩擦。第一次"石油冲击"后日本的汽车凭借其小型、节能、设计与性能好等优势大举进入美国市场,1976 年和 1977 年对美国出口分别比上年增加 47.6% 和 27.4%。① 1978 年对美国出口增加率暂时出现下降,但 1979 年和 1980 年又恢复了大幅度增加的势头。1980 年 1 月,日本汽车在美国市场上的占有率达 22%。

汽车产业是美国的传统战略性产业,它在世界范围内曾拥有很强的优势。日本汽车在美国市场上占有率的急剧扩大使美国的汽车厂家深感震骇。由于当时美国的汽车行业严重不景气,临时解雇人员超过 20 万人,因此在美国看来,日本的出口攻势即等于"失业出口"。

为了缓解贸易摩擦,日美两国政府从 1979 年起开始汽车贸易问题谈判,美国强烈要求日本实行对美国自愿出口限制、日本汽车厂家

① 内阁府(旧经济企画厅):经济白书,大藏省印刷局 1978 年版,表第 3-1-8。

到美国投资设厂以及开放日本的汽车市场等。1980 年 5 月，日本决定采取开放市场措施，取消了零配件的关税，简化了进口检查手续。翌年 5 月，日美两国政府又就日本对美国汽车自愿出口限制问题达成协议，协议规定：在 1981 年度至 1983 年度期间，日本每年对美国汽车出口控制在 168 万辆以内，从 1984 年 4 月起扩大到 185 万辆。与此同时，本田、日产和丰田等日本汽车厂家相继决定在美国国投资设厂生产小汽车。

三、20 世纪 80 年代中后期：以半导体等高技术产品和通讯、金融、服务业等第三产业为主的贸易摩擦

20 世纪 80 年代中期以后，日美贸易摩擦发展到一个新的阶段。这个阶段日美贸易摩擦的特点表现在以下两个方面：一是发生摩擦的对象领域扩大到半导体等高技术产品和通讯、金融、服务业等第三产业；二是由个别商品出口剧增引起的摩擦发展到以纠正日本巨额对外顺差为内容的"经济摩擦"和包括经济、政策制度和文化在内的"复合摩擦"。

针对该阶段贸易摩擦的特点，日本化解贸易摩擦的对策由"自愿出口限制"发展到开放市场，进而到调整经济结构。1985 年 7 月，日本政府根据"对外经济咨询委员会"的建议决定实施"开放市场行动计划"。1986 年 4 月，中曾根首相的咨询机构——"实现国际协调经济调整研究会"提出一份影响颇大的"前川报告"。如果说"前川报告"所主张的"结构调整"偏重于宏观经济政策和宏观经济结构的话，那么 1989 年开始的"日美结构问题协商"则深入到微观经济政策与微观经济结构。

第二节　战后日本产业结构引发日美
贸易摩擦的实证分析

一、日本产业结构导致的出口激增引发日美贸易摩擦

战后日本以机械工业为主体非均衡发展的、高度依赖出口尤其是

对美国出口的产业结构，导致日本制成品出口增长迅速，在短期内某
一种或几种商品对美国出口激增。表3－2列举了日美的贸易商品结
构，从中可以看出，1979年与1960年相比，日本对美国出口的汽车
从216.4万美元增长到824572.7万美元，增加了3809.4倍；钟表、
电视机、录音机、台式计算机、摩托车、科学工学机械、金属制品、
合成纤维、钢铁分别增加了322.3倍、133.8倍、124.8倍、93.8
倍、88.5倍、69.1倍、56.4倍、42.0倍、37.2倍；而同期日本从
美国进口的木材、玉米、铁矿石、飞机、办公用机械、高粱、大豆、
煤炭、小麦、纸浆分别增加了124.3倍、90.0倍、18.9倍、16.5
倍、16.3倍、13.0倍、10.4倍、10.2倍、8.7倍、7.1倍。

表3－2　日美贸易的商品结构比较

（单位：千美元；倍）

		1960 年	1970 年	1979 年	1979/1960
对美国出口	汽车	2164	536039	8245727	3810.4
	钟表	584	22124	188814	323.3
	电视机	（1961 年）1721	264838	232025	134.8
	录音机	6068	256171	763375	125.8
	台式计算机	—	（1967 年）2561	（1978 年）242827	94.8
	摩托车	9928	280076	888104	89.5
	科学工学机械	18923	—	1327093	70.1
	金属制品	68624	323834	910775	57.4
	合成纤维	（1962 年）3542	2135447	152444	43.0
	钢铁	71684	899037	2739243	38.2
从美国进口	木材	18337	517791	2297108	125.3
	玉米	1119	75006	1018537	91
	铁矿石	1276	48859	254059	19.9
	飞机	40904	245174	716189	17.5
	办公用机械	30597	—	530131	17.3
	高粱	（1962 年）18566	133514	259086	14.0
	大豆	102997	32961	1169288	11.4
	煤炭	91561	623012	1021376	11.2
	小麦	62982	173698	612599	9.7
	纸浆	（1961 年）27779	64197	224082	8.1

资料来源：小宫隆太郎、奥野正宽、铃村兴太：日本の産業政策，東京：東京大学出
版1984年版，第151頁。

在 20 世纪 70—80 年代，由于日本产业结构从重化工业化转向技术集约化，对美国机械制品出口迅速增加，其中机械机器的主要品种是小汽车和与微电子（ME）技术相关的机器。机械制品在日本对美国出口总额中所占的比率快速增长，1965 年为 28.5%，1970 年为 47.8%，1980 年为 73.4%，1988 年高达 82.5%；与此同时，日本从美国进口机械机器数额则相当低下，机械制品在日本从美国进口总额中所占的比率增长缓慢，1970 年为 25.4%，1980 年为 20.5%，1990 年为 34.2%。① 日本这种产业间贸易发达而产业内贸易落后的对外贸易结构特征，致使 20 世纪 80 年代前半期，日本对美国的贸易顺差急剧扩大，1980 年为 69.59 亿美元，1985 年达到 394.85 亿美元，5 年时间里增长了 5 倍。② 其中，对美国机械机器制品贸易顺差 1980 年为 180.06 亿美元，1985 年达到 449.17 亿美元；按照美国商务部关于高技术产品 DOC3 的定义③，日本对美国高技术产品贸易顺差从 1981 年的 58.78 亿美元，迅速增加到 1987 年的 219.22 亿美元。④

纵观战后日美贸易摩擦的历史可以看出，日本对美国出口产品数量激增是日美贸易摩擦的直接导火索。20 世纪 50 年代的纺织品贸易摩擦、60 年代的钢铁贸易摩擦、70 和 80 年代前期彩电贸易摩擦和汽车贸易摩擦、80 年代后期和 90 年代的半导体贸易摩擦都是由于这些商品日本对美国出口激增而引发的。由于日本对美国出口产品数量激增，导致美国市场这些产品价格下降，加速了美国国内产业的衰退，弱化了美国的国际竞争力，迫使美国进行产业结构调整，但是由于存

---

① 日本经済産業省（旧通商産業省）：通商白書，大蔵省印刷局，相关年版。

② 日本経済産業省（旧通商産業省）：通商白書，大蔵省印刷局 1988 年版，第 272 页。

③ 美国商务部关于高技术产品的定义有 DOC1、DOC2、DOC3 三种。其中，DOC3 是以直接或间接支出的研究开发费在出厂额中占的比率为基准，其比率（技术集成度）高的为高技术产业。具体有：弹导导弹·宇宙机器、通信机器？电子零部件、飞机及零部件、事务机器·计算机、武器、医药品、工业用无机化学品、精密机器、发动机及涡轮、塑料产品。

④ U.S. Dept. of Commerce: United States Trade Performance in 1988, United States Government Printing, pp. 110－111.

在工资收入向下刚性和产业间要素转移障碍，产业调整不能够顺利进行，结果导致美国出现失业增加等经济问题。已有研究显示，在日本商品对美国出口在美国进口中的比例超过20%的时候，美国国内就会出现经济问题，日美之间在该产品上便会出现严重的贸易摩擦。例如，在1955年日本对美国的棉纺织品出口达到美国同类商品进口的54.7%，结果引起日美棉纺织品贸易摩擦；在1968年，日本对美国的合成纤维出口达到美国同类产品进口的33.6%，结果引起日美纺织品贸易摩擦；1976年，日本对美国的钢铁产品出口占美国同类产品进口的55.9%，结果引起日美钢铁产品贸易摩擦。类似的还有彩电、汽车、半导体这三种商品，日本对美国出口在美国进口中的比例分别在1977年达到22.7%，1981年达到20.8%，1982年达到60%，结果都引起日美之间在这些产品上的贸易摩擦。①

二、日本产业结构升级导致日美贸易摩擦激化

从战后日美贸易摩擦的历史演变可以看出，日美贸易摩擦的演变与日本产业结构升级有很强的相关性，可以说，日本产业结构的升级，即从劳动密集型→资本（资源）密集型→技术密集型→知识密集型的转变，导致了日美贸易摩擦的激化。具体表现在以下几个方面。

1. 贸易摩擦的范围逐渐扩大，摩擦的焦点趋向高附加价值化和高技术化

随着日本产业结构的升级，日美贸易摩擦的范围逐渐扩大，从原材料型产业逐渐扩展到加工组装产业、高新技术产业和服务业；贸易摩擦的焦点趋向高附加价值化和高技术化，如图3-1所示。日美贸易摩擦从20世纪50年代的纺织品开始；60年代，日本产业结构由轻工业转向重化工业化，贸易摩擦的焦点由纺织品转向合成纤维和钢铁；70—80年代,日本产业结构由重化工业化转向技术集约化,贸

---

① 胡方：《日美经济摩擦的理论与实态》，武汉大学出版社2001年版，第108页。

图 3-1 中各栏按年份（65 70 75 80 85 86 87 88 89 90 91 92 93 94 95）排列：

纤维
62.1 日美RTA达成｜63.1 日美协议｜66.1 根据LT达成临时协议｜68.1 根据临时协议的LT｜71.1 临时延长｜72.1 延长｜73.1 根据GATT延长｜74.9 LTA最终延长｜74.10 根据MFA协议达成｜78.1 延长｜79.1 延长｜82.1 延长｜86.1 日美协议｜91.2 失效

钢铁
66.6 出口限制｜69.1 延续内容｜72.1 强化内容协议｜74.12 延长内容失效｜76.1 第二次口自愿限制｜80.2 失效｜84.10 二次征收第限制｜92.3 失效｜93.7 对表面处理钢板征收AD税
76.6 行对特殊钢实愿出口第一次自实｜79.6 延长｜80.2 失效｜83.7 行对特殊钢实愿出口第二次自｜87.7 延长｜89.10 限制统一钢铁第二次出口｜93.12 起诉不锈钢管的倾销｜95.1 对不锈钢管征收AD税
72.1 出口限制｜74.12 失效｜76.1 口第二次限制愿出制｜90.12 失效｜94.5 对方向性电磁钢板征收AD税｜95.7 对油井用管征收AD税
78.2 引入价格制度对钢铁｜82.4 停止

电视机
68.3 对出口起诉｜71.3 征收AD税｜77.7 出口限制｜80.6 失效

机床
78.3 限制价最低制格｜87.1 失效｜88.1 限制自口愿｜93.12 失效
82.1 价制格最低限｜93.12 失效

汽车
82.5 发表对美国自愿出口限制｜94.3 撤销

VTR·DAD
82.10 限定VTR进口波瓦契埃｜83.4 解除手续对VTR进口的限制｜83.12 提高日本DAD手续对进口｜90.1 关税和AD税征收DAD和关税｜93.8 失效

半导体
86.9 协议美次半缔第结一日协议｜91.8 协导美次半缔体新日结
87.4 制裁对日提高关税实行｜87.5 解除关税制裁部分实行｜87.11 关税解除制裁部分｜91.8 全面解除关税制裁
87.4 在GATT成立专家小组｜88.5 调整措施GATT｜90.1 对DRAM实行价格约束(AD)｜价格修正对约DRAM束(AD)｜95.6 修正对EPROM
90.1 约束EPROM的(AD)｜90.1 对EPROM约束(AD)｜95.7 修正对EPROM约束(AD)

MOSS：日美综合协议·日美综合经济协议
85.1 MOSS：日美综合协议决定开始进行运输机械、电子、电讯、医疗器械产品四个领域的综合谈判｜86.1 制定电子、药品、医疗器械林产品的市场导向型、不同领域选择开始领域综合协议的开始｜86.5 决定开始MOSS领域谈判｜87.8 最终报告完成｜90.4 中间报告｜90.9 日美首脑会谈｜90.6 日美结构会谈第一次跟踪年度报告｜91.5 决定开始结构协议谈判第二次跟踪年度报告｜92.7 决定开始日美综合经济协议谈判｜93.7 日美综合经济协议结构协议结束｜93.9 达成电讯、医疗技术领域政府采购11月交换文件，保险10月交换文件各项协议｜94.9 日美综合经济文件，医疗、玻璃（95年1月交换文件）｜95.6 达成汽车、零部件协议（95年8月交换文件）

凡例：
------→ 和美国贸易有问题
——→ 和欧洲贸易有问题
——→ 和其他国家贸易有问题

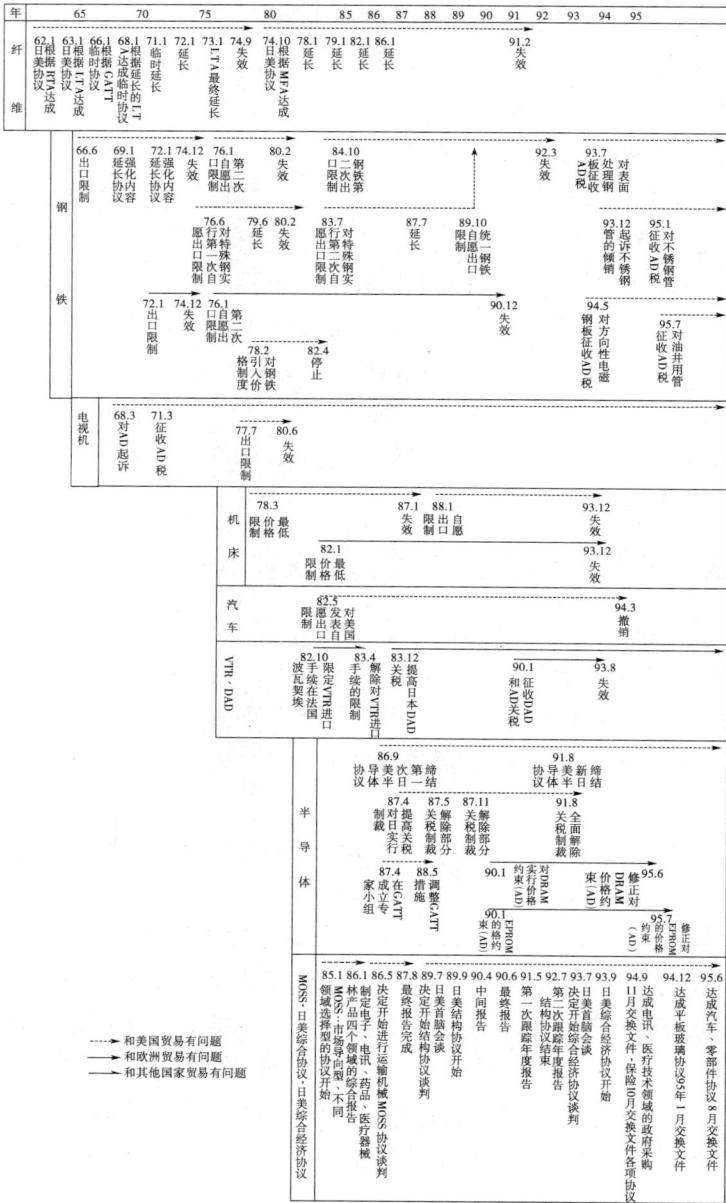

图 3-1 日美贸易摩擦的演变

资料来源：青木健、馬田啓一：日米経済関係——新たな枠組みと日本の選択，東京：到草書房 1996 版，第 175 頁。

易摩擦的焦点转向彩电、汽车、机床和半导体；90 年代，日本产业结构由技术集约化转向信息化，贸易摩擦的焦点转向了金融、通信等领域。

2. 贸易摩擦的方式从微观经济摩擦→宏观经济摩擦→制度摩擦

战后在产业结构升级过程中，日本不断推出对美国出口快速增长的产品，导致日美贸易摩擦。贸易摩擦的形式开始表现为微观经济摩擦，即某一（些）产业的某一（些）产品的摩擦，如 20 世纪 50 年代的纺织品摩擦，60 年代的钢铁摩擦，70 和 80 年代中期的彩电、汽车和机床摩擦等。但是，随着日本产业结构从重化工业化转向技术集约化，日本对美国出口激增，20 世纪 80 年代日本对美国出现了巨额贸易顺差，且贸易顺差急剧增加，从 1980 年的 69.59 亿美元，增加到 1985 年的 394.85 亿美元。[①] 结果 20 世纪 80 年代中期日美贸易摩擦的形式从微观经济摩擦转向宏观经济摩擦，美国要求日元升值，两国进行宏观经济政策协调。20 世纪 90 年代随着日本产业结构的信息化和服务化趋势加强，日美两国服务贸易扩大，两国贸易摩擦由货物贸易转向了服务贸易。由于形成服务贸易的障碍不是货物贸易的关税和数量限制，而是一国的法律制度、经济惯例和竞争政策等，所以日美贸易摩擦的形式由宏观经济摩擦转向了制度摩擦，制度摩擦凸现。

3. 贸易摩擦的解决手段由进出口调整转向经济制度协调

随着产业结构的升级，日美贸易摩擦的范围由原材料型产业→加工组装产业→高新技术产业，贸易摩擦涉及的产品由货物贸易→服务贸易，日本解决贸易摩擦的手段也由自愿出口限制→开放市场→规制缓和及规制改革，即由进出口调整转向经济制度的协调。20 世纪 50—60 年代，以纤维、钢铁为代表的原材料型产业是摩擦的焦点，其主要成因是由于日本对美国出口激增，为此，当时采取的主要对策是日本实行自愿出口限制；70—80 年代前半期发生的以彩电、汽车、机床为代表的加工组装产业摩擦，其主要成因是由于日本对美国大量

---

① 日本经济产业省（旧通商产业省）：通商白书，大藏省印刷局 1988 年版，第272 頁。

出口给美国产业造成了冲击，为此，当时采取的主要对策是，初期实行自愿出口限制，后期进行对外直接投资向海外转移生产。例如日美汽车贸易摩擦，日本首先从 1981 年开始对美国汽车出口实行自愿出口限制（1981—1983 年 168 万辆，1984 年 185 万辆，1985—1991 年 230 万辆，1992—1993 年 165 万辆），1982 年以后通过直接投资向海外转移生产，在海外建立生产基地，当地生产当地销售；80 年代后期到 90 年代，贸易摩擦由货物贸易转向服务贸易，农产品、建筑业、金融、通信成为摩擦的焦点，此时解决摩擦的手段由自愿出口限制转向了市场开放，实行内需主导型经济发展战略。特别是随着日美两国服务贸易的扩大，解决贸易摩擦的手段逐渐由贸易领域的市场开放转向结构调整、规制缓和及规制改革等制度的协调，制度协调成为解决贸易摩擦的关键手段。

第三节　战后日本产业结构引发日美贸易摩擦的理论分析

本节通过建立结构调整费用贸易模型和运用拉尔夫·戈莫里、威廉·鲍莫尔的贸易摩擦模型，从理论上探究日本产业结构引发日美贸易摩擦的机理。

一、结构调整费用模型

有关调整费用对国际贸易的影响在国际经济学理论中多有研究，本书在传统的国际贸易理论的基础上，结合调整费用理论，建立模型来解释日本产业结构引发日美贸易摩擦的机理，且将模型称做结构调整费用模型。

1. 模型的假设条件

本书结构调整费用模型的基础是：一个简单的两国两产品贸易模型。根据两国两产品贸易模型，给出如下基本假设条件：

（1）世界上仅有美国和日本两个国家，且均为贸易理论中的大国。同时美日两国只生产产品 1 和产品 2 两种类型产品。

（2）对于美日两国的生产者或企业来说，生产产品 1 和产品 2 的生产技术是既定不变的，在生产中所需的劳动、资本等生产要素的种类是有限和一定的，且只有劳动要素是可变的。对于两国的消费者来说，对产品 1 和产品 2 的偏好是既定不变的。

（3）美日两国的产品市场和生产要素市场都是完全竞争市场。

（4）不管是在哪种经济主体（生产者、企业、消费者）之间，都不存在不以市场为媒介的直接相互依存关系，即不存在外部经济与不经济。产品不计运输费在国内外自由移动，而生产要素在两国之间不流动，只在一国范围内自由地流动。

（5）假设美国企业的生产和经营目的是为了利润最大化。

2. 理论的基本框架

由于美日两国均为贸易理论中的大国，随着日本企业对世界市场，即对分析框架中的美国市场出口产品数量的增加，世界市场的价格即美国市场的价格会趋于下降，由此导致美国国内经济和产业结构的调整，产生调整费用问题，并通过这种调整费用，引起美日两国在贸易上出现摩擦。下面由图 3 - 2 来说明。

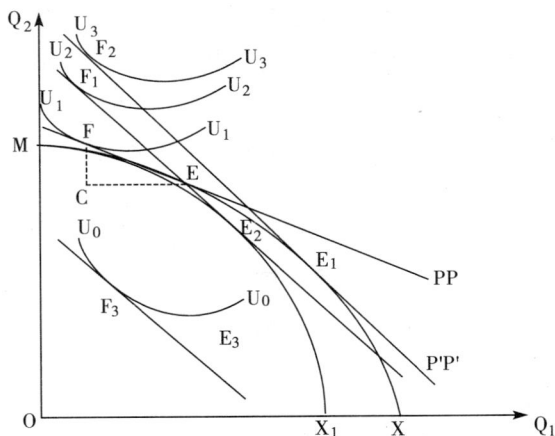

图 3 - 2　调整费用理论

图 3 - 2 中，横轴产品 1 表示美国的出口产品，纵轴产品 2 表示美国的进口产品。当国际价格为 PP，美国的生产在 E 点进行，消费

在 F 处进行，贸易三角形为 FCE，美国出口 CE 的产品 1 交换日本生产的 CF 的产品 2。当日本对美国的出口数量增大，并导致国际价格变动，比如从 PP 变为 P′P′时，美国的生产点和消费点均将发生变动。美国的生产点将从 E 移向 E_1，消费点将从 F 移向 F_2，从而需要在两种产业中进行调整。如果没有任何约束条件，该调整比较顺利，那么如图 3－2 中的无差异曲线 U_3U_3 位于 U_1U_1 之上，美国消费者将享受比 F 高的效用，因为资源在两类产业中得以更有效地配置，实现了更高的贸易利益。但是，在实际调整过程中，该模型会出现两个约束条件：一是企业经营目的的变动和特定要素的转移困难。美国企业生产和经营的目的是利润极大化，它很难在较短时间内改变它的生产和经营目并形成一种新的生产和经营目的，这种调整显然需要花费一定的代价和时间。另外，不同的生产经营目使得两个产业间生产要素转移困难，在生产产品 2 的产业中所形成的一些特定的劳动投入要素并不能立即适用生产产品 1 的产业，存在特定要素移动的障碍；二是工资收入存在向下刚性。从企业的劳动投入来看，如果生产产品 1 的产业劳动者的工资低于生产产品 2 的产业劳动者的工资，生产产品 2 的产业中的劳动者在调整的过程中很难用较低的工资率进行再雇用，因为存在着工资的向下刚性。因而，对于产业调整来说，由于以上约束，其调整并不可能顺利地进行。在调整过程中，常常会出现矛盾和纠纷，因而美国的生产和消费均衡地从 E、F 顺利过渡到 E_1、F_2 具有较大的困难。

下面分别分析两种约束对美国产业结构调整的影响。在只有第一种约束发生作用的情况下，由于美国进行产业调整，劳动者将在产业间进行转移，依美国企业的生产目的，当利润最大时，在生产产品 1 和产品 2 的两个产业中，有下列等式：

$$W_1 = P_1 MP_{L1} \tag{3-1}$$

$$W_2 = P_2 MP_{L2} \tag{3-2}$$

在国际市场价格 PP 下，$W_1 = W_2$；但是由于日本对美大量出口产品 2，在国际市场上产品 2 的价格趋于下降，从而在美国国内将会出现 $W_1 > W_2$ 的状况，即生产产品 1 的产业的劳动者的工资收入将大于生产产品 2 的产业的劳动者的工资收入。由于这种工资收入的差距，劳动者将从生产 2 的产业向生产产品 1 的产业流动。如公式(3 - 3)：

$$dL_1/dt = \varphi(W_1 - W_2) \qquad\qquad (3-3)$$

其中 L_1 为流向产品 1 产业中的劳动数量，t 为时间。受这种流动的影响，生产产品 2 的产业的资本劳动比率将上升，而生产产品 1 的产业的资本劳动比率会下降。与此同时，两个产业的劳动的边际生产量也将调整，直到 $P_1/P_2 = MP_{L1}/MP_{L2}$ 成立时，劳动流动才会停止，新的生产均衡才会建立。在这一过程中，产品 2 的产量将减少，而产品 1 的产量将增加。但是，由于生产产品 2 的一些特殊的技能和特殊的熟练能力并不能直接用于生产产品 1，结果在产品 1 的增加中便会出现一些潜在的损失。这样，美国的生产可能性曲线就会缩减到图 3 - 2 中原生产可能性曲线 MEE_1X 之内，假设缩减成 ME_2X_1 的形状。新生产可能性曲线 ME_2X_1 除一部分和原生产可能性曲线 MEE_1X 重合外，另一部分将在原生产可能性曲线的内部，以新生产可能性曲线为基础，美国的生产和消费均衡只能达到（E_2，F_1）处，那么美国消费者所获取的效用将小于均衡（E_1，F_2）处的水平。

当第二种约束发生作用时，由于工资收入向下刚性的作用，通过工资变动来调整劳动投入数量将是困难的，劳动这种生产要素将不可能在产业间顺利地流动，由于工资水平被维持在一定的高度，结果较高的工资水平只能是导致更少量的劳动者被雇用，从而在生产产品 2 的产业中，有一部分劳动者流出后将较难找到工作，出现失业问题，由于不能完全利用既存的生产要素，产品 2 的生产在减少的同时，产品 1 的生产也难以增加。如果产品 1 的产量没有相应地增加，那么美国国内的生产和消费均衡将在（E_3，F_3）处。这时美国消费者只能忍受更低的效用水平。

不论是在第一种约束还是在第二种约束的条件下，只要当日本对美国出口产品急剧增加导致美国市场该进口商品价格下降时，美国国内的经济都会出现一些损失，表现为失业增加，工人收入下降，这种损失便是调整费用。当这种损失过于巨大时，就会引起美国国内一部分人对进口的日本产品的反感，由此导致美国、日本两国之间出现贸易摩擦。因此，美日两国贸易摩擦的源头在于日本对美国出口产品激增，而日本对美国出口产品激增是由日本产业结构特点所决定的。正如第二章和本章所论述的，日本建立在"收入弹性原则"和"生产率原则"之上对美国高度依存的产业结构，随着日本和美国经济的发展，必然导致日本对美国出口的激增，迫使美国进行结构调整，出现调整费用问题。所以，本书认为，日本的产业结构引发了日美贸易摩擦，虽然引起日美贸易摩擦的原因是多方面，但其源头在日本特殊的产业结构。

二、戈莫里—鲍莫尔贸易摩擦模型

1. 模型的假设条件

戈莫里—鲍莫尔贸易摩擦模型是指拉尔夫·戈莫里和威廉·鲍莫尔分析贸易摩擦的模型[①]，本书简称为戈莫里—鲍莫尔模型。该贸易摩擦模型探讨了贸易摩擦的经济根源。

其基本假设条件是，一国产业存在规模经济或高启动成本。也就是说，一个产业中存在规模收益递增，且存在产业进入壁垒。这种产业在戈莫里—鲍莫尔模型中被称为保留产业（retainable industry）。比如汽车、电脑、计算机芯片等产业，小规模进入几乎是不可能的。保留产业的新进入者需要长期的经营，才能获得与现有竞争对手一样有效生产的技术和经验。这样，保留产业为现有生产者提供了很高程度的保护，使之长期免于竞争性进入的威胁。

本书借助戈莫里—鲍莫尔贸易摩擦模型的分析框架来解释日本产业结构是如何引发日美贸易摩擦的。本书假设全球只有美国和日本两个国家，而且只有 10 个行业。在这个小世界里，由国家和产业的不同组合形成的均衡有 1000 多个，每个均衡都是以两国之间的不同分工为特征。

---

① ［美］拉尔夫·戈莫里、威廉·鲍莫尔：《全球贸易和国际利益冲突》，文爽、乔羽译，中信出版社 2003 年版，第 14—61 页。

2. 模型的推导

（1）世界收入曲线

美国、日本两国的国民收入等于各国的商品数量乘以每种商品的价格。假设以美元计价。若美国的国民收入是 12 万亿美元，日本的国民收入是 8 万亿美元，则世界收入为 20 万亿美元，美国的国民收入占世界收入的比例为 60%，日本的国民收入占世界收入的比例为 40%。这个均衡点用图 3 - 3 中的 A 点表示。在图 3 - 3 中的横轴同时表示日本和美国两国占的世界收入份额，日本所占的世界收入份额从左端的零点向右端的 100% 点移动，美国所占的世界收入份额从 100% 点向左端移动，即用 100% 减去日本所占的世界收入份额。

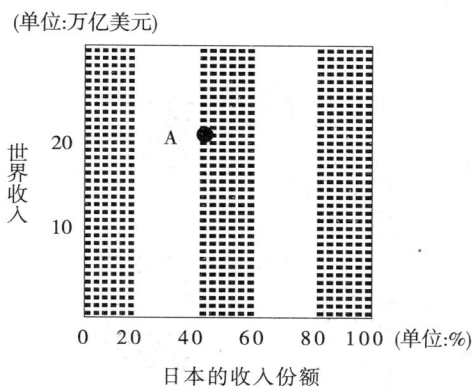

图 3 - 3　世界收入

类似地，可以把这 1000 多个均衡点通过计算机描绘出来。如图 3 - 4 所示。

图 3 - 4 中，上边界曲线表示最高水平的世界收入。图形两端下陷，表明两国中的一国几乎生产 10 个产业中的所有产品，世界经济被无效率地组织起来，其收入几乎占世界收入的 100%。图形中间凸起，表明两国只生产自己最适合生产的产品，实现了规模经济。

（2）一国收入曲线

如图 3 - 5 所示。横轴表示美国的收入占世界收入的份额，纵轴表示美国的国民收入。将图 3 - 4 中每个均衡点转化成图 3 - 5 中的均

(单位:万亿美元)

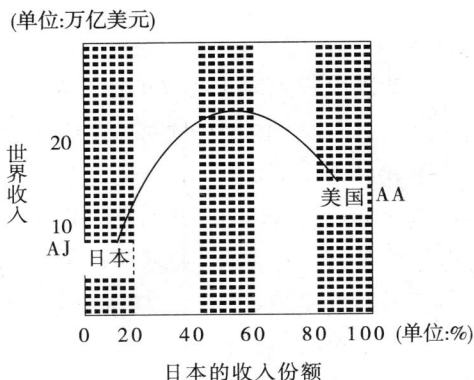

图3-4 世界均衡区域的上边界

(单位:万亿美元)

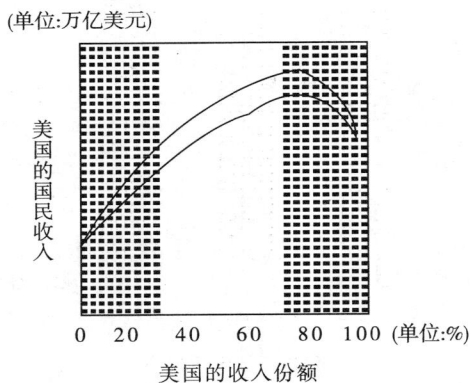

图3-5 美国的最优生产率区域

衡点，均衡点对应横轴的位置不变，图3-4中的纵轴乘以美国的收入份额，得到图3-5中的纵轴，即美国的国民收入。这就得到了美国的最优生产率区域。

随着美国份额的不断上升，美国的收入也相应上升；美国份额越过世界收入的顶点时，世界总产出下降。最终，美国边界线在世界边界线最高点右边某个点达到最高，然后开始下降。同样地，可以得到日本国的最优生产率区域。如图3-6所示。

(单位:万亿美元)

日本的国民收入

0　20　40　60　80　100　(单位:%)

日本的收入份额

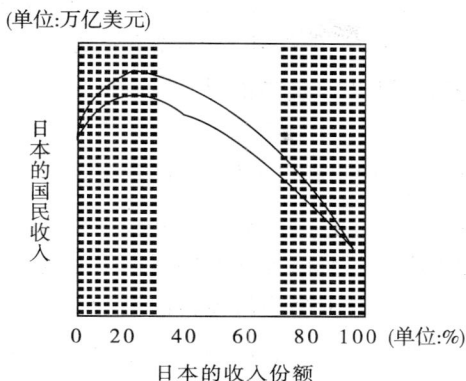

图 3 - 6　日本的最优生产率区域

（3）两国最优生产率区域的合并图——贸易摩擦模型

将图 3 - 5、图 3 - 6 合并，形成图 3 - 7。

(单位:万亿美元)

互利区　摩擦区　互利区

日本的最优生产区域

AJ　　　　　　　　　　AA

美国的最优生产区域

0　20　40　60　80　100　(单位:%)

日本的收入份额

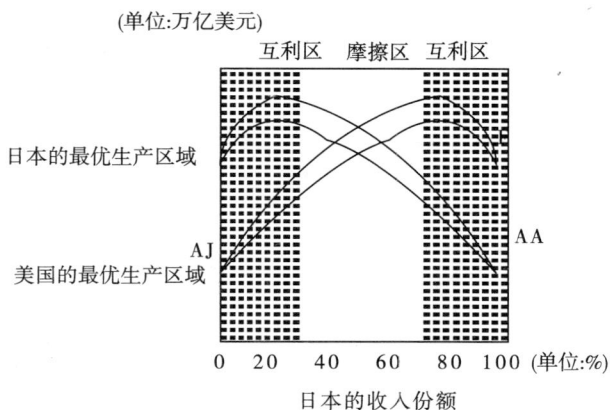

图 3 - 7　贸易摩擦模型

　　互利区。如图 3 - 7 所示区域内，若美国在位置 E 上，份额为 90％，则日本的份额为 10％；若美国让出部分份额，美国在位置 F 上，份额为 80％，这时，美国份额虽下降但国民收入却上升，日本份额和国民收入均上升。日本份额上升没有给美国带来损害，两国的贸易处在互利区内。

摩擦区。在区域内，当美国份额上升时，日本份额就下降；日本份额上升时，美国份额就下降。即一国贸易的改善导致另一国贸易状况的恶化。这是贸易摩擦的重要根源。

3. 模型的结论

戈莫里—鲍莫尔模型的结论是：一国出口的快速增长将损害贸易伙伴的利益。战后日本特殊的产业结构导致日本出口快速增长，致使美国的市场份额下降，与美国处在摩擦区内，贸易摩擦不可避免；在比较优势行业，一国出口的适当减少也能增加本国的利益。这个结论的意义在于，日本适当减少对美国的出口，使出口量回落到互利区以内，将有利于减少日美贸易摩擦，促进日本外贸的健康持续发展。

第四章　自愿出口限制的直接效果与产业结构调整效果

　　本书第四、五、六、七章通过探讨日本化解日美贸易摩擦主要对策的直接效果与产业结构调整效果，揭示日美贸易摩擦如何促进日本产业结构调整。这里需要说明的是，本书日本化解日美贸易摩擦对策的直接效果是指日本化解日美贸易摩擦各项对策对缓解日美贸易摩擦的效果。此外，战后日本采取了诸如自愿出口限制、对外直接投资、日元升值、扩大内需、实施出口多元化战略、实行规制改革和规制缓和等多项缓解日美贸易摩擦的措施，但本书只探讨自愿出口限制、对外直接投资、日元升值、扩大内需这四项措施对缓解日美贸易摩擦和促进日本产业结构调整的作用。本书第四、五、六、七章的研究思路基本相同，都是首先阐述具体措施的实施情况，然后从理论和实证两方面分别分析该措施缓解日美贸易摩擦和促进日本产业结构调整的作用。本章分析日本对美国自愿出口限制的直接效果与产业结构调整效果。

　　自愿出口限制是战后日本化解日美贸易摩擦的主要对策之一。本章从理论和实际效果两个方面研究分析自愿出口限制措施对化解日美贸易摩擦的效果和促进日本产业结构调整的效果，共分三节。第一节概述日本对美国实施自愿出口限制的基本情况。第二节分析自愿出口限制的直接效果。首先运用卡尔·汉密尔顿（Carl Hanmilton）和 G. V. 里德(G. V. Reed) 提出的两国模型和两国扩展模型，从理论上分析自愿出口限制对进口国和出口国的影响，探讨自愿出口限制化解贸易摩擦的机理；然后以汽车自愿出口限制为例，分析日本自愿出口限制措施对解决日美汽车贸易摩擦的实际效果。第三节首先运用费恩斯特（1984，1988）提出的自愿出口限制促进出口国出口产品质量升级模型，从理论上分析自愿出口限制对一国产业结构升级的促进作用；然后以汽车自愿出口限制为例，论述日本自愿出口限制促进其产业结构调整的实际效果。

第一节　日本对美国自愿出口限制概述

自愿出口限制（VER）是指出口国为了防止其他形式的贸易限制，应进口国要求对本国出口产品的限制，也称自愿限制协议（VRA）和有计划的出口安排（OMA）。自愿出口限制是配额的一种特殊形式，它不是由进口国对进口产品实行的配额，而是由出口国对出口产品实行的配额。战后为了缓解日美贸易摩擦，日本最常使用的手段就是自愿出口限制措施，即日本按照日美贸易谈判所达成的协议，对某些商品进行自主限制出口。这些协议包括“日美纺织品协议”、“日美钢铁产品协议”、“日美半导体协议”、“日美彩电协议”、“日美汽车及零部件协议”等。按照这些协议，日本通过自愿出口限制方式减少对美国的出口，从而使贸易摩擦得到缓解。事实上从 20 世纪 50 年中期开始直至 80 年代中期，日美贸易摩擦大多都使用了这种解决方式，如 20 世纪 50 年代纺织品的 VER、1981 年汽车的 VER、1984 年钢铁的 VER、1985 年机床的 VER 等。20 世纪 90 年代，在世界上 300 多项自愿出口限制措施中，日本是使用最多的国家。在日本对美国实行的各项自愿出口限制措施中，以汽车自愿出口限制实施的时间最长，对日本产业结构影响最大。下面就日本对美国汽车自愿出口限制做进一步的阐述。

　　日本于 1981 年开始对美国实施汽车自愿出口限制措施。在 20 世纪 70 年代后期，日本对美国的汽车出口不仅数量巨大，而且急剧增加。1978 年为 152 万辆，1979 年达到 164 万辆，1980 年进一步上升为 192 万辆，日本在美国进口汽车中所占的比例达到 80% 左右。而与此同时，美国汽车工业正处于不景气之中，汽车产量连年下降，失业人数增加。在这一背景下，1980 年 2 月 12 日，美国三大汽车公司的总裁在全美汽车协会的总会上正式要求美国政府对外国汽车的进口实行限制，并在国会展开游说活动。在这种情况下，美国国会相继提出了许多保护主义的法案，例如，1980 年 3 月在众议院税收委员会的贸易小委员会召开的有关汽车贸易的听证会上，众议院议员特拉斯那提出了以 35% 的比率削减汽车进口的提案；1980 年 6 月参议院以 90 票对 4 票的优势通过了具有保护主义色彩的"汽车问题决议案"；1981 年 1 月在国会中也出现了针对日本汽车的限制提案；同时，在议会中还成立了"汽车议员联盟"，共同开展保护主义的活动，并迫使政府采取行动。

　　在这种形势下，美国国际贸易委员会提出了紧急进口限制措施。以此为基础，美国卡特政府贸易代表布鲁克访问日本，在东京与日本通产大臣田中六造举行会谈，在会谈中，布鲁克要求日本实施对美国汽车出口的自主限制。由于害怕美国议会的保护主义立法和美国政府的进口限制政策，日本政府同意实施自愿出口限制。这样，在 1981 年 5 月 1 日，日本政府以通商产业大臣声明的形式发表对美国出口轿车的限制措施，同意自愿限制对美国汽车出口。《对美国出口轿车的措施》的主要内容如下：（1）到 1984 年 3 月底止，根据外汇及外国贸易管理法对汽车对美国出口进行审查并做出报告；（2）第一年（1981 年 4 月—1982 年 3 月）自愿将出口限制在 168 万辆以内；（3）第二年（1982 年 4 月—1983 年 3 月）的限制额，是在原有基础上再加上市场扩大量的 16.5%；（4）根据需要，对汽车出口实行出口认可制；（5）第三年（1983 年 4 月—1984 年 3 月）根据美国轿车市场动态，研究第三年是否继续实行数量限制；（6）以上措施的截止日期为 1984 年 3 月。①

根据《对美国出口轿车的措施》的内容，日本承诺，从 1981 年 4 月—1982 年 3 月将对美国出口的轿车控制在 168 万辆以内。由于在这一年间美国汽车产业的状况仍没有好转，结果上述协议在 1982 年到 1983 年又自动延长，日本对美国汽车出口仍限制在 168 万辆以内。1983 年上述协定又延期，但其限额上升为 185 万辆以内，并规定以后每年日本对美国的汽车出口可在上年的实际出口数量上增加 16.5%。

事实上，由于美国汽车产业不景气，日美贸易收支的不平衡，虽然开始实施自愿出口限制时计划在 3 年结束，但实际上，直到 1994 年汽车的自愿出口限制才最终取消。日本对美国汽车自愿出口限制的时间长达 13 年，具体情况如表 4-1 所示。

表 4-1　日本对美汽车自愿出口限制的数量

（单位：万辆）

年份	自愿出口限制数量
1980	180
1981	168
1982	168
1983	168
1984	185
1985	230
1986	230
1987	221
1988	218
1989	195
1990	185
1991	185
1992	165
1993	165
1994	165

资料来源：行天豊雄、黒田真：日米経済問題 100 のキーワード，京都：有斐閣 1992 年版，第 103 页。

———————————

① ［日］日本通商产业政策编纂委员会：《通商产业政策史》（第 12 卷），中译本，中国青年出版社 1996 年版，第 413 页。

第二节　自愿出口限制的直接效果分析

一、自愿出口限制缓解贸易摩擦的理论分析

自愿出口限制是战后日本解决日美贸易摩擦的重要手段。那么，自愿出口限制缓解贸易摩擦的效果如何？两国达成自愿出口限制协议后的贸易利益又如何分配？本节利用卡尔·汉密尔顿（Carl Hanmilton）和 G. V. 里德（G. V. Reed）的简单两国模型和扩展两国模型对此进行理论上的分析。[①]

1. 简单的两国模型

（1）自愿出口限制对进口国的影响

假设只有一个进口国和一个出口国，进口国是 M，其供给曲线是 Sm，需求曲线是 Dm；出口国是 X，其剩余供给曲线是 S_x。图 4 – 1 是一个简单的两国模型。在自由贸易条件下，世界市场的价格是 P_0，进口国 M 的消费数量为 OQ_0，$OQ_0 = OQ_1 + Q_1 Q_0$，其中 OQ_1 由国内生产，$Q_1 Q_0$ 从国外进口。假设两国实行自愿出口限制，把进口量限制到 $Q_2 Q_3$。对进口国来说，由于 $Q_2 Q_3 < Q_1 Q_0$，商品短缺，导致国内价格上升，由 P_0 上升到 P_1，生产数量增加，由 OQ_1 增加到 OQ_2。对出口国来说，由于出口数量减少，生产能力过剩，导致供给超过需求，价格下降，由 P_0 降低到 P_2。那么，在实行自愿出口限制的过程中，贸易利益如何转化呢？

如图 4 – 1 所示，对进口国来说，自愿出口限制与进口关税的效果一样，都会使生产者剩余增加，消费者剩余减少。所不同的是，在关税条件下，进口国征收关税限制进口的关税收入转移到进口国政府手中；而在自愿出口限制条件下，由于进口国进口价格的提高，进口

---

① ［英］大卫·格林纳韦：《国际贸易前沿问题》，冯雷译，中国税务出版社 2000 年版，第 129—158 页。

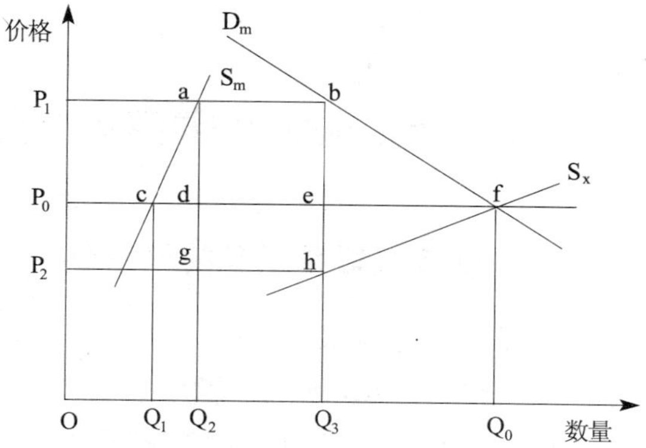

图 4-1 自愿出口限制对进口国的影响

国消费者增加的支出转变为出口国的收入，或者成为出口国政府的收入，或者成为出口商的收入。

假设出口企业以价格 P_1 向进口国销售其产品，那么出口国得到的租金收入为面积 abhg。出口国从出口产品价格上升中获租金收入的大小取决于进口国进口该产品的供求弹性。如果进口国的供给弹性小（S_m 曲线较陡），则进口产品价格的提高对国内产量增加的影响小，要弥补进口的减少势必导致进口国国内价格较大幅度地提高，出口国的租金收入 abhg 较大；反之，进口国的供给曲线弹性较大（S_m 曲线平缓），则出口国的租金收入 abhg 较小。如果进口国的需求弹性较小（D_m 曲线较陡），则自愿出口限制使价格保持较高的水平，出口国的租金收入 abhg 较大；反之，如果进口国的需求弹性较大（D_m 曲线较平缓），出口国的租金收入 abhg 较小。

（2）自愿出口限制对出口国的影响

如图 4-2 所示，进口国是 M；出口国是 X，其剩余供给曲线是 ES_x，出口需求曲线是 ED_m。在自由贸易条件下，世界市场价格是 P_0，出口的数量是 OR（等于图 4-1 中的 Q_1Q_0）。假定两国实行自愿出口限制，把出口的数量限制在 OQ（等于图 4-1 中的 Q_2Q_3），则出口供给曲线由原来的 ES_x 变成 ES_x'，新的出口供给曲线 ES_x' 沿原来的 ES_x 上升到点 b，然后变成一条垂直的曲线，进出口的均衡点由 e 移到 g，在新的均衡点 g 上，进口国的价格由 P_0 上升到 P_1，出口国的供给价格由 P_0 下降到 P_2，单位差价是 $P_1 - P_2$，出口国获得的租金收入（贸易利益）是 abgf。

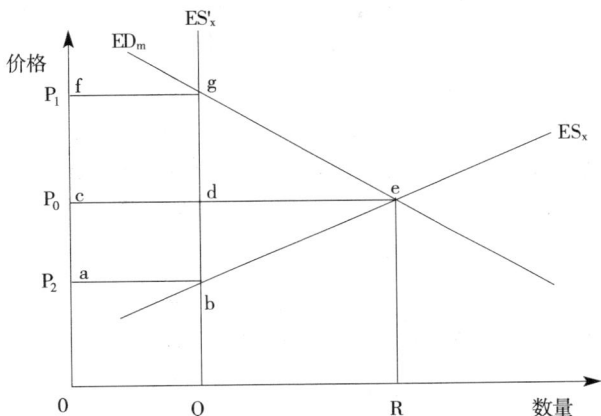

图 4 - 2　自愿出口限制对出口国的影响

对出口国的福利影响取决于租金收入的相对规模（abgf）与生产者净损失（bde）和生产者剩余损失（abdc），对出口国的福利效应 = abgf - bde + abdc。由于面积 abdc 是两者共有的部分，所以，如果面积 cdgf（可以把它看做是限制出口数量造成净收入的转移）大于面积 bde（减少出口引起的损失），则出口国会从自愿出口限制中受益。

由国际经济学知识可知，如果一个出口大国征收相当于价格 $P_1 - P_2$ 的出口税，可以达到与自愿出口限制同样的效果。所不同的是，出口的关税收入以财政收入的方式归出口国政府所有，而自愿出口限制的租金收入归出口国的生产者所有。

（3）自愿出口限制与关税和配额之间的区别

由上述分析可知，在自愿出口限制的条件下，收益从关税或配额条件下的进口国方所得转向了出口方，贸易条件向不利于进口国方向转化。那么，进口国为了限制进口为什么愿意使用自愿出口限制，而不使用征收关税或进口配额措施呢？原因主要有以下几个方面：

①由于 GATT 禁止提高关税实行数量限制，所以，自愿出口限制

可以在不违反 GATT 规则的条件下达到减少进口的目的。

②自愿出口限制一般仅限于特定的国家和特定的产品，而关税和进口配额通常要适用于所有的出口国。

③自愿出口限制虽然是出口国限制出口，但一般都是经过双方协商，或迫于进口国的压力实行的，这样可以避免进口国采取单方面进口限制导致的贸易摩擦。

④自愿出口限制是限制供给，进口配额和进口关税则是限制需求。由于供给和需求对市场供求状况和价格的影响不同，因而对进出口国会产生不同的经济效果。

2. 简单两国模型的扩展

上述的简单两国模型说明了在只有一个进口国和一个出口国的情况下，自愿出口限制的租金是如何从关税条件下的进口国转向出口国，以及进口国必然的损失和出口国可能的收益。但是，如果当自愿出口限制是在几个出口国中的一个或几个进口国中的一个之间签订的，为了回避贸易摩擦，出口国会向不受限制的国家出口，进口国会从不受限制的国家进口，此时自愿出口限制带来的这种进出口替代又会对进出口国产生什么样的影响呢？为了解释该问题，卡尔·汉密尔顿和 G. V. 里德对简单两国模型进行了扩展，分成了以下两种情况。

（1）一个进口国、两个出口国

在有一个进口国、两个出口国的模型中，假定进口国为 M，出口国为 U 和 R。其中出口国 R 与进口国 M 签订了自愿出口限制协议，出口国 U 没有与进口国 M 签订自愿出口限制，产品可以自由进入 M 国市场，与 M 国进行自由贸易，则三国之间的国际贸易状况如图 4－3 所示。

图 4－3 的左半部分是没有实行自愿出口限制的出口国 U 和进口国 M 的贸易情况。其中，ED_m 是进口国 M 的需求曲线，ES_u 是出口国 U 的剩余供给曲线。右半部分是实行自愿出口限制的出口国 R 和进口国 M 的交易情况。其中，ES_r 是出口国 R 的剩余供给曲线，ED_{m-u} 是进口国 M 和出口国 U 的净剩余需求曲线。

在自由贸易条件下，世界价格是 P_0，进口国 M 的进口数量为

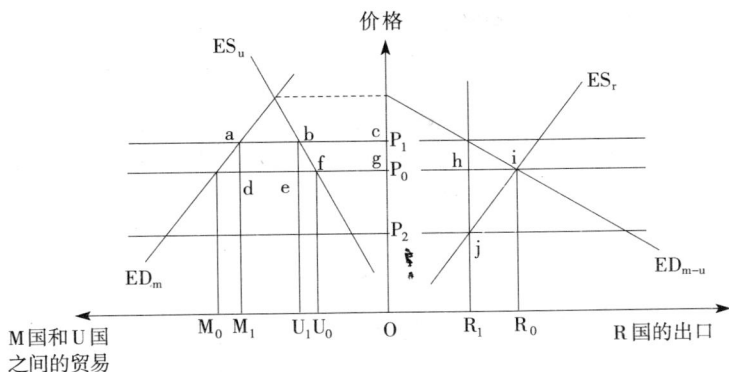

图 4 - 3　只与一出口国实施自愿出口限制的影响

OM_0，其中，OU_0 来自 U 国，M_0U_0 来自 R 国，$OR_0 = OM_0 - OU_0 = M_0U_0$。在出口国 R 和进口国 M 实行自愿出口限制的条件下，R 国把出口量控制在 R_1，M 国的价格将提高到 P_1，进口数量下降到 OM_1。实行自由贸易的出口国 U 可以较高的价格在 M 国销售产品，使产品的出口量由 OU_0 增加到 OU_1，$OU_1 = OM_1 - U_1M_1 = OR_1$。这样自愿出口限制协议使实行自由贸易的国家替代了实行自愿出口限制协议国家的出口。实行自由贸易的出口商得到一个净收益（面积为 bcgf）。对于实行自愿出口限制的出口商，如果从 M 国转移来的净租金（等于面积 abed）大于因出口量下降所带来的损失（面积为 hij），则实行自愿出口限制的出口商就会得到一个净收益。

对于进口国 M 来说，在只有一个进口国和一个出口国的简单两国模型中，M 国必然会由于实行自愿出口限制而受损，使本国消费者损失超过本国生产者获益，进口支付的价格从 P_0 提高到 P_1。但在这种一个进口国、两个出口国的情况下，如果进口国 M 采取多边的进口配额政策，即根据 U 国和 R 国以前的出口数量结构进行多边进口配额，使进口量达到 OM_1，进口价格达到 P_2，如果贸易条件的影响超过了由于实施配额所带来的净损失，进口国 M 就会获得收益，而两个出口国则会由于配额的使用而受到损失（因为没有租金收入）。

（2）一个出口国、两个进口国

在一个出口国、两个进口国的模型中，假定进口国为 R 和 U，出口国为 X；其中出口国 X 与进口国 R 签订了自愿出口限制协议，而与进口国 U 实行自由贸易，产品可以自由进入 U 市场。三国之间的国际贸易状况如图 4－4 所示。

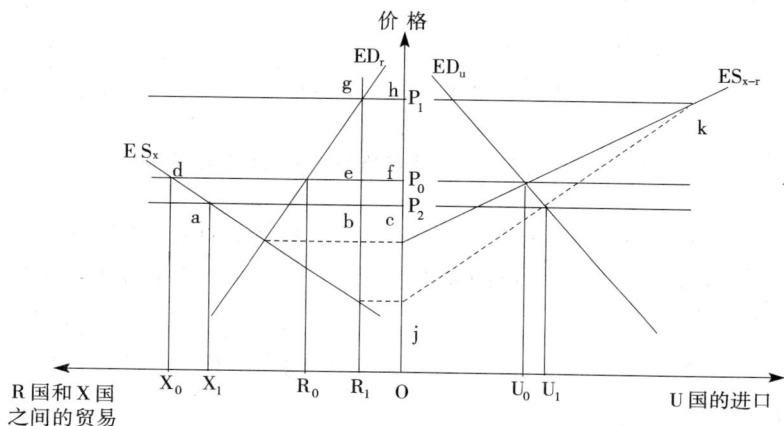

图 4－4　两个进口国之一实施的自愿出口限制

图 4－4 左半部分是签订自愿出口限制的进口国 R 和出口国 X 的贸易情况。其中，ES_x 是出口国 X 的剩余供给曲线，ED_r 是进口国 R 的剩余需求曲线；右半部分是实行自由贸易的进口国 U 和出口国 X 的贸易情况。其中，ES_{x-r} 是出口到 R 国的出口国 X 的净剩余供给量，ED_u 是进口国 U 的剩余需求曲线。在自由贸易的条件下，世界市场价格是 P_0，X 国的出口量是 OX_0，其中出口到 R 国的数量是 OR_0，出口到 U 国的数量是 OU_0。

在进口国 R 与出口国 X 实行自愿出口限制的条件下，X 国出口到 R 国的数量由 OR_0 到 OR_1，这样在价格低于 P_1 时，出口国 X 面对进口国 R 一个完全没有需求弹性的需求，此时出口国 X 出口到进口国 U 的（实行自由贸易）剩余供给曲线移到了虚线 jk，其后它沿原来的剩余供给曲线 ES_{x-r}，使世界价格下降到 P_2。这样，与出口国 X 签订自愿出口限制协议的进口国 R 满足了它的进口目标，而实行自由贸易的进口国 U 增加了进口量，所以 X 国的总出口量并没有因为向 R 国的出口总量减少而下降。

通常情况下，对实行自愿出口限制的进口国来说，由于进口下降，贸易条件恶化，福利水平下降；而实行自由贸易的进口国，因为价格下降扩大了进口，其福利水平上升。对出口国来说，实行自愿出口限制是获益还是受损，取决于它从与签订自愿出口限制协议的进口国所得租金收入（为面积 bchg），与它以较低的价格出口较少数量的净损失（为面积 acfd）的差额，如果它的净租金收入（面积 ehag）大于超过自愿出口限制部分的损失（面积 abed），则出口国从实行自愿出口限制中获益。

二、自愿出口限制缓解日美贸易摩擦的效果分析——以汽车贸易摩擦为例

上面从理论上分析了自愿出口限制化解贸易摩擦的有效性问题，以及两国达成自愿出口限制后的贸易利益分配情况。实际上，自愿出口限制措施是战后日本为了缓解日美贸易摩擦最常使用的手段，日本在纺织品、钢铁、半导体、彩电、汽车及零部件等多种产品的对美国贸易中都使用过自愿出口限制措施。本节以汽车自愿出口限制为例，从自愿出口限制对美国国内的汽车价格、就业、生产者利益和消费者利益的影响等几方面，阐述自愿出口限制措施对化解日美贸易摩擦的具体效果。

美国学者费恩斯特、赫夫鲍尔（Hufbauer）、伯林纳（Berliner）、埃利奥特（Elliott）、威利格（Willig）、杜茨（Dutz）、温斯顿（Winston）等对汽车自愿出口限制对日美两国经济的影响做了实证研究，其研究结果如表 4 - 2 所示。下面根据他们的研究结果，以日本汽车对美国自愿出口限制的直接效果进行具体分析。

1. 对美国国内汽车价格的影响

从上一节的理论分析可知，由于日本实行自愿出口限制减少了对美国的出口，美国汽车市场会出现需求超过供给，供给不足的现象，供需不平衡会引起美国汽车价格上涨；而日本国内由于汽车出口的减

少,供给大于需求引起价格下降。但是,从已有的研究结果来看

表4－2　自愿出口限制的影响

研究者	价格上升		就业增加	企业的利益		消费者损失(亿美元)	美国损失(亿美元)
	美国车	日本车		美国企业(亿美元)	日本企业(亿美元)		
费恩斯特	—	3.1%(1981)	5600—11100(1981)	—	—	—	3.27—3.32(1981)
赫夫鲍尔、伯林纳、埃利奥特	4.4%(1981—1984年平均)	11.0%(1981—1984年平均)	55000(1984)	26(1984)	22(1984)	58(1984)	32(1984)
威利格、杜茨	—	15%—26%(1985)	20000—35000(1985)	9.2(1985)	—	32.5—50(1985)	23.3—40.8(1985)
温斯顿	8.0%(1984)	20.0%(1984)	32000(1984)	90(1984)	30(1984)	140(1985)	50(1984)

资料来源:伊藤元重:通商摩擦はなぜ起きるのか——保護主義の政治経済学,東京:NTT出版社2000年版,第205頁。

(见表4－2),自愿出口限制使美国和日本的汽车价格都上涨了,而且是日本的汽车价格上涨幅度超过了美国的汽车价格上涨幅度。如表4－2所示,根据赫夫鲍尔、伯林纳、埃利奥特的研究,从1981—1984年平均来看,日本汽车价格上升的幅度是美国的2.2倍;根据温斯顿的研究,1984年日本汽车上涨的幅度是美国的2.5倍。在美国市场上,无论是日本车还是美国车,价格普遍上涨,这样虽然日本作为出口国实行了自愿出口限制,但因为价格水平没有降低,还得到相当大的经济利益;同时,作为进口国美国的生产商由于国内价格水平上涨,也得到更多的利益,而且由于国内价格水平的上涨带动了生产要素价格的上涨,由此消除了产生结构性失业的根源。从这个角度讲,在发生因结构性失业造成的贸易摩擦时,自主限制出口措施不失为一种短期性的较好的政策。

2. 对美国就业的影响

由于日本对美国的汽车出口实行自愿出口限制,导致美国汽车市场供不应求,美国国内汽车价格上升,这会促进美国国内的汽车生

产，增加美国的就业。但从现有的研究成果来看，如表4-2所示，美国汽车产业的就业，1984年最多增加5.5万人，1985年最多增加3.5万人。这两个数值与1982年美国汽车产业失业人口20万相比，效果并不理想。此外，温斯顿的研究表明，由于日本对美国汽车出口减少，对美国国内企业的竞争压力减少，美国国内汽车产业出现了垄断，不仅没有增加生产，相反汽车生产减少，导致就业减少。

3. 对美国生产者和消费者利益的影响

从总体上看，自愿出口限制给消费者造成的损失大于给生产者带来的利益。从表4-2可知，根据赫夫鲍尔、伯林纳、埃利奥特的研究，1984年消费者损失58亿美元，生产者获益26亿美元，消费者的损失比生产者的利益高出1倍还多；根据威利格和杜茨的研究，1985年消费者损失在32.5亿—50亿美元，生产者获益9.2亿美元，消费者的损失比生产者的利益高出3—5倍之多。而从生产者的利益上看，无论是作为出口国的日本还是进口国的美国都获得了利益，其中美国的利益大于日本的利益。但从总体上看，日本对美国汽车出口实行自愿出口限制的结果使美国遭受了很大的损失，1981年损失在3.27亿—3.32亿美元，1984年损失在32亿—50亿美元之间，1985年损失在23.3亿—40.8亿美元之间。因此，实行自愿出口限制虽然表面上对日本不利，实际上对美国也不利。

4. 美国所付出的代价

如上所述，在自愿出口限制过程中，美国厂家获利，消费者受损。表4-3显示了创造1个人就业消费者所需成本和生产者获得1

表4-3 自愿出口限制下美国付出的代价

研究者	创造1个人就业消费者负担的金额	企业利润增加1美元消费者负担的金额
赫夫鲍尔、伯林纳、埃利奥特	105000美元（1984）	2.2美元（1984）
威利格和杜茨	93000—250000美元（1985）	3.3—5.5美元（1985）
温斯顿	—	1.6美元（1984）

资料来源：伊藤元重：通商摩擦はなぜ起きるのか——保護主義の政治経済学，東京：NTT出版社2000年版，第205頁。

美元利润消费者所负担的金额。根据赫夫鲍尔、伯林纳、埃利奥特计算，1984年，前者所负担的成本是10.5万美元，后者所负担的金额是2.2美元。根据威利格和杜茨计算，1985年，前者所负担的成本是9.3万—25万美元，后者所负担的金额是3.3—5.5美元。由此可见，生产者的利润是建立在消费者的损失基础之上。从经济学角度来看，自愿出口限制是不经济的。

综上所述，在日本对美国实行自愿出口限制的过程中，由于美国国内价格水平上涨，使美国的生产企业获得了利益，所以自愿出口限制在一定程度上起到了缓解日美贸易摩擦的作用。但是，美国消费者承受了很大损失，如果将生产者的获益与消费者承受的损失做比较，从整体上看，自愿出口限制对美国极其不利，同时助长了美国的垄断。此外，需要注意的是，由于以下三个方面原因在一定意义上也抵消了自愿出口限制缓解贸易摩擦的效果。

一是自愿出口限制所限制的是数量而非金额，所以在出口数量相同的条件下，日本通过提高出口汽车的附加价值可以弥补因出口数量减少而遭受的损失。出口限制导致的日本汽车价格上涨幅度大于美国汽车价格上涨幅度，这一方面是由于人们对日本汽车的需求大于供给，另一方面是由于日本提高了向美国出口汽车的附加价值。

二是自愿出口限制是日美两国之间的协议，对第三国没有约束力。正如卡尔·汉密尔顿和G.V.里德的自愿出口限制两国扩展模型所显示的那样，日本对美国实行自愿出口限制发生了从第三国进口的替代效应，即美国的进口市场增加了没有和美国进行自愿出口限制的第三国产品的进口。从当时美国汽车进口来看，由于日本汽车出口受到了限制，韩国的汽车开始进入美国市场，而韩国汽车的主要零部件来自日本，实际上日本以迂回的方式扩大了对美国的出口。

三是自愿出口限制的是汽车成品而非零部件，所以，日本可以向美国出口汽车零部件，然后在美国当地组装后销售。实际上，随着日本在美国当地生产的汽车增加，日本对美国出口的汽车零部件增加，这样就抵消了一般意义上的自愿出口限制的效果。

第三节 自愿出口限制的产业结构调整效果分析

一、自愿出口限制促进产业结构调整的理论分析

费恩斯特（1984，1988）[①] 对自愿出口限制对出口国的产品升级作用进行了理论分析。本节通过阐述费恩斯特的研究结果，从理论上分析自愿出口限制对出口国产业结构调整的促进作用。费恩斯特认为，自愿出口限制所限制的是每类商品的总数量，但每一类商品有不同的等级和质量，以及与之相应的世界市场价格。这样在自愿出口限制引起的价格提升中，对同类中的所有商品来说，不论其等级高低，都应该是相等的。结果是，同类商品中高成本（高质量）的品种比低成本（低质量）的品种有一个较低的从价自愿出口限制——关税等值物。因此，从出口商的角度来看，在自愿出口限制下，出口高附加值的产品可以为其带来更多的利润，这就会导致相关出口产品在整体上出现质量提升。从进口国的进口需求来看，由于自愿出口限制引起的同一类不同质量等级的商品价格提升相同，这就意味着同一类中的高质量商品的价格相对下降，所以，进口国的进口需求转向了高质量产品。总之，自愿出口限制通过提高出口企业出口产品质量和进口需求转向高质量产品两方面促进了出口国出口产品质量升级，从而促进出口国的产业升级。

1. 自愿出口限制提高出口企业的产品质量

假设有两个国家，一个是外国，一个是国内，外国对向国内出口的商品实行自愿出口限制。

假设进口产品和国内产品是不完全替代品，进口产品和国内产品的价格分别用 p 和 q 表示，外国厂商出口额是 x，国内厂商销售额为

---

① Feenstra, Robert C. : *Advanced International Trade: Theory and Evidence*, Princeton University Press, 2004, Chapter 8, pp. 21 – 39.

y。假设每一种产品的需求价格弹性随着该产品的相对价格增加而递增，反应曲线 $p = r^*(q,\tau)$ 和 $q = r(p)$ 都向上倾斜，如图 4-5（a）所示。随着竞争产品的相对价格上升，需求价格弹性下降，每一个厂商将提高价格。而且，由于每种产品价格对竞争产品价格的抑制反映，$\dfrac{dp}{dq}\dfrac{q}{p} = r_q^*(q,\tau)\dfrac{q}{p} < 1$ 和 $\dfrac{dp}{dq}\dfrac{q}{p} = r_p(p)\dfrac{q}{p} < 1$。另外，在弱附加条件下，每个产品的需求沿着它自己的反映曲线增加，可用图 4-5（a）证明。

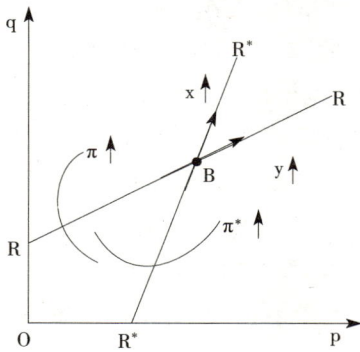

图 4-5（a）自由贸易均衡　　图 4-5（b）自愿出口限制均衡

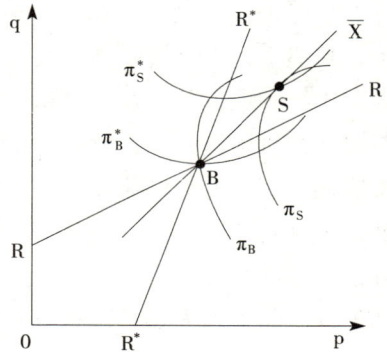

在自由贸易时，Bertrand 均衡出现在图 4-5（a）中的 B 点。假设外国出口商面临自愿出口限制，在国内市场销售，其数额为 $x(p,q) \leq \bar{x}$，并且假设自愿出口限制额 x 限定在出口商的自由贸易水平上，由 Bertrand 均衡 B 点得到，那么国内厂商和外国厂商对这个自愿出口限制的反应是什么？如果沿外国反应曲线 R^*R^* 向上移动，外国出口销售额 X 增加，于是约束条件 $x(p,q) \leq \bar{x}$ 不成立。因此，在价格比 p 更低的值时，约束条件将成立，正如图 4-5（b）中 $B\bar{x}$ 线所示。

外国厂商在自愿出口限制下仅能销售 $x(p,q) \leq \bar{x}$，这一事实是所在企业的共同信息（common knowledge）。在这种情况，再假设厂商从事 Bertrand 竞争（即将其他厂商的价格当做固定不变）已不再合适。因为国内厂商知道，如果自己利用自愿出口限制提高价格，而外国厂商保持价格不变，会导致外国厂商的销售额超过自愿出口限制额，即 $x(p,q) \leqslant \bar{x}$，这样外国厂商就必须提高价格恢复 $x(p,q) = \bar{x}$，外国厂商的反应曲线是 $R^* B \bar{x}$。由此可知，实际上自愿出口限制给国内厂商再选择价格时的"先行者优势"，于是国内厂商像一个斯塔克尔伯格（Stackelberg）领导者，根据相关外国厂商的反映曲线采取行动。

正因为如此，在对外国厂商实行自愿出口限制的情况下，国内厂商的最优行动是提高价格，直到等利润曲线与约束线 $B\bar{x}$ 相切，如图 4-5（b）所示的 S 点。这样国内厂商的利润从 π_B 增加到 π_S；国内价格从 B 点上升到 S 点。与此同时，在双寡头垄断模型中外国厂商也从出口限制中获利，当出口被限制为自由贸易水平时，外国厂商的利润也从 π_B^* 增至 π_S^*，如图 4-5（b）所示。

如果将质量当做产品的特征，质量提高会给消费者带来更高的效用，但给企业造成更高的成本。如果一国实行自愿出口限制，出口厂商的出口数量被限制，那么这会对出口厂商的质量选择或产品品质产生怎样的影响呢？费恩斯特（1984，1988）对此进行了理论上的分析，得出结论是：在某种条件下，企业针对自愿出口限制提高产品质量是最优选择。下面阐述费恩斯特对此结论进行的分析。

为构建这一结论，假设 $i = 1, \cdots, N$ 种差异产品的种类，每一种产品用向量 z_i 表示品质。假设对这些产品种类的需求函数来自于总效用函数，即：

$$U[f(z_1)c_1, \cdots, f(z_N)c_N] \qquad (4-1)$$

其中 c_i 表示每一种类的消费量（其中 $i = 1, \cdots, N$），函数 $f(z_i)$ 将品质向量转为一个纯"质量"，然后乘以消费数量。

考虑的一种情况是 CES 总效用函数：

$$U = \sum_{i=1}^{N} [f(z_i)c_i]^{(\sigma-1)/\sigma} \qquad (4-2)$$

CES 总效用函数从个人离散选择问题中产生，假设个人消费连续整数单位的差异产品，一个更为传统的假设是消费零单位或一个单位，总需求以对数形式获得。

假设总效用函数存在，把公式（4-1）中的 $f(z_i)c_i$ 解释为"质量与数量相乘"，该函数形式暗示消费每单位产品 i 是以相等质量来评价。为了方便，将使用特殊形式 $f(z_i)c_i$，但需要强调的是，由此获得的结论不一定能够推广到更一般的函数形式。

（1）自由贸易均衡

首先分析没有任何自愿出口限制时消费者和厂商的问题。消费者用种类集合（$i=1,\cdots,N$）来表示，在固定品质 z_i 和价格 p_i 的情况下，消费者选择每一品种的最优数量。这里使用"质量调整"价格，可用 $q_i \equiv p_i/f(z_i)$ 来定义。即综合产品质量 $f(z_i)$ 越高，质量调整价格 q_i 越低。所有消费者使公式（4-1）中的效用最大化，受预算线 $\sum_{i=1}^{N} p_i c_i \leq I$ 的约束，这个问题的拉格朗日解为：

$$L = U[f(z_1)c_1,\cdots,f(z_N)c_N] + \lambda(I - \sum_{i=1}^{N} p_i c_i)$$
$$= U(d_1,\cdots,d_N) + \lambda(I - \sum_{i=1}^{N} p_i d_i) \qquad (4-3)$$

其中，公式（4-3）的第二行是通过定义 $d_i \equiv f(z_i)c_i$ 为有效"质量调整"需求而得到，也可以使用质量调整价格 $q_i \equiv p_i/f(z_i)$ 而得到。重新写出拉格朗日函数只是为了使既定价格 p_i 和品质 z_i 清楚，而全部消费者是在给定质量调整价格 q_i（$i=1,\cdots,N$）时，选择"质量调整"需求 d_i。下面用 $d_i(q,I)$ 来表示公式（4-3）的解，q 是质量调整价格的向量。

国内厂商和外国厂商销售的差异产品的种类，并没有从表达方式来区分。生产一单位具有品质 z_i 的产品 i 需要单位成本为 $g_i(z_i)$，将要素价格当做常数，把它们加入成本函数。为了简化，假设规模报酬不变，这样成本 $g(z_i)$ 不依赖于产出的水平。厂商同时选择价格 p_i 和品质 z_i（$i=1,\cdots,N$ 种类）。假设某厂商首先生产 $i=1,\cdots,M$ 种类产品，其中每一产品的消费为 $c_i = d_i(q,I)/f(z_i)$。对于该企业利润最大化问题是：

$$\max_{p_i,z_i} \sum_{i=1}^{M} [p_i - g_i(z_i)]c_i = \max_{p_i,z_i} \tau \sum_{i=1}^{M} [q_i - \frac{g_i(z_i)}{f_i(z_i)}]d_i(q,I) \quad (4-4)$$

为了最大化公式（4-4）中的利润，企业必须使 $g_i(z_i)/f_i(z_i)$

最小化，$g_i(z_i)/f_i(z_i)$ 是指商品 i 品质的平均成本，采取对数形式，通过选择品质 z_i，使之最小化，一阶条件为：

$$\frac{1}{f(z_i)}\frac{\partial f}{\partial z_i} = \frac{1}{g_i(z_i)}\frac{\partial g_i}{\partial z_i}, \ i = 1,\cdots,M \qquad (4-5)$$

因而，在公式（4-5）的左边为每种品质相对边际效用，右边为每种品质的相对边际成本。企业利润最大化条件是：每种品质的相对边际效用与其相对边际成本之间的等价关系。

通过价格 p_i 的选择最大化公式（4-4），可得到一阶条件：

$$d_i(q,I) + \sum_{j=1}^{M}\left[q_j - \frac{g_j(z_j)}{f(z_j)}\right]\frac{\partial d_j}{\partial q_i} = 0, \ i = 1,\cdots,M \qquad (4-6)$$

公式（4-6）这个表达式比较复杂，因为企业销售多种产品 $j = 1,\cdots,M$，因而考虑价格 q_i 变动对所有这些产品的影响。为了简化而考虑 CES 效用函数情况，可以保证需求导数是对称的，$\partial d_i/\partial q_j = \partial d_j/\partial q_i$，将 $\partial d_i/\partial q_j = \partial d_j/\partial q_i$ 用在公式（4-6）中，并除以有效需求 d_i，可以重新将公式（4-6）表示为：

$$1 + \sum_{j=1}^{M}\left[1 - \frac{g_j(z_j)}{p_j}\right]\frac{\partial \ln d_i}{\partial \ln q_j} = 0, \ i = 1,\cdots,M \qquad (4-7)$$

若用 $\mu_j = p_j/g_j(z_j) \geqslant 1$ 来表示每个产品价格与边际成本的比率，则公式（4-7）中括号里的表达式等于 $(\mu_i - 1)/\mu_i = [p_i - g_i(z_j)]/p_i \geqslant 0$，其中价格和边际成本之差为相对价格。这是单一产品厂商的市场力量的勒纳（Lener）指数，最优选择的价格等于其需求价格弹性的倒数。为了发现勒纳定价规则如何在新产品厂商加以修正，下面假定所讨论企业销售的所有产品之间的价格—成本比率是常数，记作 $\mu_j = \mu$，那么公式（4-7）的解为：

$$\left(\frac{\mu-1}{\mu}\right) = -\left(\sum_{j=1}^{M}\frac{\partial \ln d_i}{\partial \ln q_j}\right)^{-1} \qquad (4-8)$$

公式（4-8）表明企业的勒纳指数等于需求价格弹性总和的倒数。为了使这个解有效，需要公式（4-8）右边的弹性之和独立于商品 i，即企业所有价格的等比例增加导致该企业所销售的任何产品的需求同比例下降。这个条件满足 CES 需求，弹性总和是：

$$-\left(\sum_{j=1}^{M} \frac{\partial \ln d_i}{\partial \ln q_j}\right) = \sigma + (1-\sigma)\left(\sum_{j=1}^{M} \frac{p_j c_j}{I}\right) \qquad (4-9)$$

其中 $\sigma > 1$ 是产品之间的替代弹性,公式(4-9)右边的表达式是企业所销售产品的总和,用有关差异产品的全部支出 I 来衡量,换句话说,右边表达式是企业的全部市场份额。随着市场份额增加,弹性总和下降,公式(4-8)中的企业加成将上升。

使用公式(4-8)中 μ 的解和公式(4-9),企业的最优价格为:

$$p_i = \mu g_i(z_i), \ i = 1, \cdots, M \qquad (4-10)$$

因而,在 CES 情况下,企业对它所销售的所有产品的加成相等。这里使用的是 CES 函数形式,不能推广至其他函数形式。

(2)自愿出口限制均衡

现在假设外国厂商的出口被限制,不超过 $\bar{x}$,$\sum_{i=1}^{M} c_i = \sum_{i=1}^{M} d_i / f(z_i) \leqslant \bar{x}$,其中 $\bar{x}$ 是自愿出口限制的数量。对任何企业,分析利润最大化问题,拉格朗日函数为:

$$L = \max_{q_i, z_i} \sum_{i=1}^{M} \left[q_i - \frac{g_i(z_i)}{f(z_i)} \right] d_i(q_i, I) + \lambda \left(\bar{x} - \sum_{i=1}^{M} \frac{d_i(q_i, I)}{f_i(z_i)} \right)$$

$$= \max_{q_i, z_i} \sum_{i=1}^{M} \left[q_i - \frac{g_i(z_i) + \lambda}{f(z_i)} \right] d_i(q_i, I) + \lambda \bar{x} \qquad (4-11)$$

因而,为了利润最大化,外国厂商将选择品质 z_i 最小化。采用对数形式,这个最小化问题的一阶条件为:

$$\frac{1}{f(z_i)} \frac{\partial f}{\partial z_i} = \frac{1}{[g_i(z_i) + \lambda]} \frac{\partial g_i}{\partial z_i}, \ i = 1, \cdots, M \qquad (4-12)$$

因此,与公式(4-5)中的一阶条件相比,并没有获得品质的边际成本和相对边际效用之间的等价关系。这个等价关系被有约束力的自愿出口限制的数量打破,λ 越高,企业选择的品质越高。对公式(4-12)进行全微分,可得:

$$\frac{\mathrm{d}z_i}{\mathrm{d}\lambda} = \frac{1}{[g_i(z_i) + \lambda]^2} \left[\frac{\partial^2 \ln(g_i + \lambda)}{\partial z_i^2} - \frac{\partial^2 \ln f}{\partial z_i^2} \right]^{-1} \frac{\partial g_i}{\partial z_i} \qquad (4-13)$$

公式(4-13)右边中括号里的第二个微分矩阵是正的,原因是由于最小化的二阶条件。然而这并不能确定 $dz_i/d\lambda$ 的符号，可以用纵向量 $\partial f/\partial z'_i$ 重新乘以（4 – 13），纵向量 $\partial f/\partial z'_i$ 来自公式（4 – 12），是与向量 $\partial g_i/\partial z'_i$ 成比例。这样就得到一个正定矩阵。先后乘以成比例的向量，因而也是正的：

$$\frac{df(z_i)}{d\lambda} = \frac{\partial f'}{\partial z_i}\frac{dz_i}{d\lambda} > 0 , \ i = 1,\cdots,M \qquad (4-14)$$

因此，由于自愿出口限制，外国厂商销售的每一个产品的综合质量增加了，即自愿出口限制导致产品质量提高。

2. 自愿出口限制使进口需求转向高质量产品

费恩斯特认为，产品质量的改善是来自于对企业销售产品种类之间的需求，并非每一类产品内部的品质。为了解释这一点，需要解出公式（4 – 11）中的最大价格。再次假设效用和需求函数是 CES，最优价格根据自愿出口限制中的拉格朗日乘数增长：

$$p_i = \mu[g_i(z_i + \lambda)] , \ i = 1,\cdots,M \qquad (4-15)$$

其中 μ 是企业销售所有产品的加成，正如从公式（4 – 8）和公式（4 – 9）中解出的。由于企业销售的所有产品之间，λ,μ 都是共有的，所以自愿出口限制的效应是将一个美元价格上升 $\mu\lambda$ 引入到所销售的每一产品价格中。换句话说，自愿出口限制和从量价格上升的作用相同，不像产品之间同比例价格上升。

现在假定企业销售两种产品，$i = 1, 2$，产品 1 的边际成本更高，$g_1(z_1) > g_2(z_2)$。在没有自愿出口限制时，价格 $p_1 = \mu g_1(z_1) > p_2 = \mu g_2(z_2)$，当然，产品 1 更贵，质量更好。[1] 假设实行自愿出口限制政策，以至像公式（4 – 15）中价格上涨相同美元。假设品质固定，新价格将是 $p'_1 = \mu'[g_1(z_1) + \lambda] > p'_2 = \mu'[g_2(z_2) + \lambda]$，其中由于自愿出口限制，加成 μ 变为 μ'。注意，因为 $g_1(z_1) > g_2(z_2)$，所以，价格的比率变成 $(p'_1/p'_2) = [g_1(z_1) + \lambda]/[g_2(z_2) +$

① Feenstra, Robert C.: "Voluntary Export Restraints in U. S. Autos, 1980 – 81: Quality, Employment and Welfare Effects", In R. E. Baldwin and A. O. Krueger, eds.: *The Structure and Evolution of Recent U. S. Trade Policy*, NBER and University of Chicago Press, 1984, pp. 35 – 59.

$\lambda] < g_1(z_1)/g_2(z_2) = p_1/p_2$。换句话说，两个价格以相同幅度上升，将导致高价产品以较小的比例上升。

假设仅有两种产品，效用函数是相同的（homothetic），需求之比 d_1/d_2 仅依赖于价格之比 q_1/q_2，而且这个相对价格是递减的。由于品质不变，p_1/p_2 下降将减少 q_1/q_2，使需求转向高价产品，以至 d_1/d_2 上升。这种转移对应于平均质量的提高。

自愿出口限制促使进口需求转向高质量产品的这种作用，被称为"华盛顿苹果（Washingtyon apples）"效应。[①] 阿尔钦安和阿伦（Armen A. Alchian and William R. Allen，1964）[②] 注意到华盛顿州种植了许多品种的苹果，其中，很多品种的苹果要运输到最远的东海岸市场，但每种苹果的运输成本是相等的，所以运输起到像特殊价格增加的作用，把最好的苹果运输到最远的东海岸市场，实际上降低了东海岸市场上高质量苹果的相对价格，这样，在最远的东海岸市场上，人们就增加了对高质量苹果的需求。因此，运输到最远的东部海岸的最好的苹果提高了该市场的平均质量。

总之，外国实行自愿出口限制导致本国进口产品质量提高的原因有两个：一是外国出口厂商选择的品质提高；二是本国需求转向高质量产品。这两种效应共同起作用。

二、自愿出口限制促进日本产业结构调整的效果分析——以汽车贸易摩擦为例

对于理性的出口厂商来说，正如上一节理论所揭示的：自愿出口限制具有提升出口产品质量的作用。在出口总量限制下，那些附加值比较高的出口产品可以为企业带来更多的利润，因此就会导致相关出口产品在整体上出现质量提升。细分到产业组织层面，就意味着那些产品附加值较高的出口企业有更大的生存空间，而那些产品附加值较

---

① Robert C. Feenstra: *Advanced International Trade*: *Theory and Evidence*, Princeton University Press, 2004, Chapter 8, p. 24.

② Armen A. Alchian and William R. Allen: *University Economics*, Belmont, CA: Wadsworth, 1964, pp. 74 – 75.

低的出口企业将面临更多的挤压。在自愿出口限制下，理性的出口厂商为了获得更多利润，增强市场竞争力，积极开发新产品和发展新技术，以提高出口产品的附加值。以日本对美国汽车自愿出口限制为例，在1981年日本对美国汽车出口实施自愿出口限制后，日本企业积极采取措施，提高对美国出口汽车的附加价值。1985年和1988年日本小汽车出口总额对美国的出口比率分别为61.4%和52.9%，而排气量在2000CC以上的高价车分别为62.0%和63.7%，高于小汽车的平均数。① 从图4-6可以看出，实施自愿出口限制后，1981年日本对美国出口汽车平均出口单价上升，日本对美国出口汽车呈现高附加价值化。

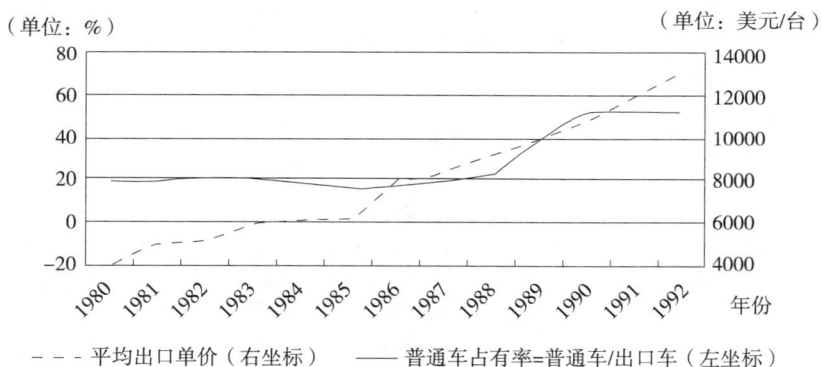

图 4-6　日本对美出口汽车高附加价值化

资料来源：内阁府（旧经济企画厅）：経済白書，東京：大藏省印刷局1993年版，第3-3-9图。

费恩斯特（1984，1985）② 使用享乐（hedonic）价格回归方程对日本对美国汽车出口自愿出口限制促进对美国出口汽车质量升级做

---

① ［日］井村喜代子：《现代日本经济论》，季爱琴、王建钢译，首都师范大学出版社1996年版，第373页。

② Baldwin and Krueger, eds.: *The Structure and Evolution of Recent U. S. Trade Policy*, University of Chicago Press, 1984, pp. 35 - 66.

的实证研究也表明，日本对美国出口汽车自愿出口限制促进日本出口汽车质量升级。费恩斯特在日本对美国出口汽车实施自愿出口限制和不实施自愿出口限制两种情况，考察了 1980—1981 年间日本对美国轿车出口。费恩斯特认为，在美国市场上日本轿车价格的提高源于三个方面，即通货膨胀、自愿出口限制的关税等价物、质量改进。对通货膨胀进行调整之后，轿车价格提升的 2/3 是由日本出口轿车的质量提高带来的，比如日本出口到美国的车变得更长、更重了，马力加大了，更多的自动换挡等。下面对费恩斯特对日本对美国出口汽车自愿出口限制促进日本出口汽车质量升级所做实证研究的结果进行阐述。

费恩斯特为了估算自愿出口限制下产品质量的变化，首先考虑没有自愿出口限制的情况。假设边际成本采取 $\ln g_i(z_{it}) = \beta'z_{it} + \xi_{it}$ 的形式，其中 ξ_{it} 是随机误差，反映无法衡量的品质，并且以添加下标表示年份。公式（4-10）的一阶条件写成对数形式：

$$\ln p_{it} = \alpha_t + \beta'z_{it} + \xi_{it}, \quad i = 1, \cdots, M \tag{4-16}$$

其中 $\alpha_t = \ln\mu_t$ 反映加成。由于企业之间加成不同，所以应该用企业来为 α_t 编索引，但在此忽略这种记法。公式（4-16）是一个价格关于品质的对数——线性回归方程式，称为"享乐回归"。假设产品之间加成相等（正如 CES 情况），微分显示公式（4-16）是不完全竞争下均衡的有效代表。而且，使用每一品质相对边际效用的等价关系，公式（4-5）的左边，公式（4-5）右边相对边际成本，可以解释公式（4-16）中的系数 β。

在实行自愿出口限制时，一阶条件变成公式（4-15），为了边际成本的相同表达，$\ln g_i(z_{it}) = \beta'z_{it} + \xi_{it}$ 可以重新写为：

$$p_{it} = \exp(\alpha_t + \beta'z_{it} + \xi_{it}) + s_t, \quad i = 1, \cdots, M \tag{4-17}$$

其中 $\alpha_t = \ln\mu_t$ 是加成，$s_t = \mu_t\lambda_t$ 是自愿出口限制引起的价格上升。为了将随机误差转换成加法形式，定义：

$$\varepsilon_{it} = \exp(\alpha_t + \beta'z_{it} + \xi_{it}) - \exp(\alpha_t + \beta'z_{it})$$
$$= [\exp(\xi_{it}) - 1]\exp(\alpha_t + \beta'z_{it}) \tag{4-18}$$

那么公式（4-17）可重新写为：

$$p_{it} = \exp(\alpha_t + \beta' z_{it}) + s_t + \varepsilon_{it}, i = 1, \cdots, M \qquad (4-19)$$

因而，在自愿出口限制下需要考虑年与年之间的特定价格 S_t 上升，以及 α_t 代表的比例价格变化。

费恩斯特（1988）[①] 估算这些享乐回归方程，使用美国进口日本轿车和卡车的样本。日本对美国出口的轿车和公共车辆受自愿出口限制约束，而美国对从日本进口的卡车在 1980 年 8 月征收较高关税。如表 4-4 所示，日本汽车单位值（如平均价格）增加很快，从 1980 年到 1981 年增加了 20%，从 1981 年到 1982 年又增加了 10%。当然，日本汽车单位值的增加不应全部数量归因于自愿出口限制，名义价格上升也反映通货膨胀和产品质量的改善。为了使用享乐回归方程式进行回归，将 $\alpha_0 + \beta' z_{it}$ 定义为质量，无论何时品质 z_{it} 改善，质量都将提高。费恩斯特分析了自愿出口限制下美国从日本进口的汽车产品质量变化情况。

实际上，在日本对美国实行自愿出口限制的时间内，美国从日本进口的汽车产品质量在升级。表 4-4 中显示了"单位质量"，计算为 $(\alpha_0 + \beta' z_{it})$。美国从日本进口的小型轿车单位质量 1980 年比 1981 年上升了 8.8%，1981 年比 1982 年上升了 7.9%；1982 年比 1983 年上升了 7.3%。在 1980—1985 年间，美国从日本进口的小型轿车单位质量从 1980 年的 4473 美元上升到 6130 美元，增长额为 1650 美元。这大大超过了日本卡车或美国小型轿车的质量变化，如表 4-4 所示，1980—1985 年间，日本卡车和美国小型轿车的单位质量，分别从 1980 年的 4638 美元和 4132 美元，上升到 1985 年的 5433 美元和 4563 美元，增长额分别为 795 美元和 431 美元。这些观察强有力地支持了前面的理论预期，由于自愿出口限制，日本制造商提高了轿车品质，改善了轿车的质量，而在卡车征收从价关税时这种情况并没有发生。

费恩斯特在单位价值和单位质量之外，还表明一个价格和质量指标，如表 4-4 所示。单位价值指数和价格指数之间的区别是，单位价值指数是以每年的某种汽车销售质量为权数的加权平均指数，而价

---

① Feenstra, Robert C.: "Quality Change Under Trade Restraints in Japanese Autos", *Quarterly Journal of Economics*, 103(1), February 1988, pp. 131 – 146.

表 4 – 4　1979—1985 年日本对美国出口汽车、卡车与美国小汽车的数据

	1979 年	1980 年	1981 年	1982 年	1983 年	1984 年	1985 年
日本汽车							
模型数目（个）	21	24	24	24	26	29	31
单位价值（美元）	4946	5175	6211	6834	7069	7518	8038
（%）		(4.6)	(20.0)	(10.0)	(3.4)	(6.4)	(6.9)
价格指数	96.6	100	119.8	128.9	131.3	138.9	147.8
（%）		(3.5)	(19.8)	(7.6)	(1.9)	(5.8)	(6.4)
单位质量（美元）	4361	4473	4867	5253	5637	5862	6130
（%）		(2.6)	(8.8)	(7.9)	(7.3)	(4.0)	(4.6)
质量指数	98.7	100	108.6	115.2	121.3	126.6	130.6
（%）		(1.3)	(8.6)	(8.6)	(5.3)	(4.4)	(3.2)
日本卡车*							
模型数目（个）	10	10	11	11	10	11	12
单位价值（美元）	4804	4937	6298	6419	6089	6261	6339
（%）		(2.8)	(27.6)	(1.9)	(-5.1)	(2.8)	(1.2)
价格指数	97.02	100	127.8	130.9	121	123.1	125.2
（%）		(3.1)	(27.8)	(2.4)	(-7.6)	(1.7)	(1.7)
单位质量（美元）	4627	4638	4791	4930	4997	5010	5433
（%）		(0.2)	(3.3)	(2.9)	(1.4)	(0.3)	(4)
质量指数	99.6	100	103.5	105.9	105.7	105.3	116
（%）		(0.4)	(3.5)	(2.3)	(-0.2)	(-0.4)	(10.2)
美国小汽车							
模型数目（个）	24	22	23	27	33	34	
单位价值（美元）	4186	5067	5915	6446	6581	6781	
（%）		(21.0)	(16.7)	(9.0)	(2.1)	(3.0)	
价格指数	81.9	100.0	116.8	125.6	125.4	127.5	
（%）		(22.1)	(16.8)	(7.5)	(-0.2)	(1.7)	
单位质量（美元）	4195	4132	4183	4351	4497	4563	
（%）		(-1.5)	(1.2)	(4.0)	(3.4)	(1.5)	
质量指数	100.5	100	102.2	104.4	105.7	106.1	
（%）		(-0.5)	(2.2)	(2.1)	(1.3)	(0.4)	

注：＊日本卡车包括公共车辆。

资料来源: Robert C. Feenstra: *Advanced International Trade: Theory and Evidence*, Princeton University Press, 2004, Chapter 8, p. 30.

格指数是以基年的某种汽车销售质量为固定权数的加权指数。换句话说，需求转向高质量商品，单位价值上升，但对价格指数没有影响。单位价值（unit-value）与价格指数之比可用来测量"产品混合物（product mix）"，如果该比率大于1，表明需求转向高质量商品。从表4-4可以看出，单位价值的增长超过了价格指数：从1980年到1985年，单位价值增长为（8038-5175）/5175=55.3%，而价格指数上升47.8%；从1980年到1985年，单位质量增长（6130-4473）/4473=37%，而质量指数上升30.6%。无论哪一种衡量方法，都说明美国的进口需求显著地向高价和高质量的轿车转移，与预期的"华盛顿苹果"效应一样。

总之，无论是从日本对美国出口汽车实际附加价值的变化来看，还是费恩斯特所做的享乐价格回归实证研究结果，都表明实行自愿出口限制以后，日本对美国出口汽车的质量提高了。因此，本书认为，自愿出口限制具有促进日本产业结构调整的作用。

第五章　日元升值的直接效果与产业结构调整效果

日元升值是日本化解日美贸易摩擦的主要对策之一。本章从理论和实际效果两个方面研究日元升值对化解日美贸易摩擦和促进日本产业结构调整的作用，共分三节。第一节阐述战后日元汇率变迁的基本情况；第二节首先运用弹性分析理论和 J 曲线效应理论，从理论上分析一国汇率波动的贸易摩擦缓解效应；然后论述日元升值缓解日美贸易摩擦的实际效果，进而对日元升值缓解贸易摩擦效果不明显做经济学的解释；第三节首先从理论上阐述一国汇率波动对其产业结构的影响，然后分析日元升值推动日本产业结构调整的实际效果。

第一节　战后日元兑美元汇率的变迁

战后为了尽快振兴经济，日本提出了贸易立国的口号，把扩大出口作为国策。为了发展经济，扩大出口，稳定的汇率是不可缺少的。战争结束后，美国方面做出了加快日本经济复苏的决定。1948 年 10 月，美国国家安全保障会议（NSC）决定将日本经济恢复作为美国的主要目标之一，提出了包括设置固定汇率在内的 9 项稳定经济原则。经过美国占领当局和日本方面的反复研究，决定自 1949 年 4 月 5 日开始，实行 1 美元等于 360 日元的固定汇率政策，这个固定汇率一直保持了 22 年，一直到 1971 年 12 月才正式改变。连续保持 22 年之久的 360 日元 =1 美元的固定汇率，极大地促进了日本经济的发展，使得日本企业能够在 22 年多的时间内，不必理会汇率的变化，而将全部注意力集中在提高劳动生产率、提高产品质量、新产品开发、扩大产品出口等方面，为日本经济发展做出重大贡献。不可否认，持续、稳定的汇率水平，对保证日本经济的发展，特别是对扩大日本产品的出口，起到了极为重要的作用。

战后随着日本经济实力的增强，对美国出口的增加，贸易顺差和外汇储备的增长，使得长期以来一直扶植日本发展的美国，开始对咄咄逼人的日本产品出口产生越来越大的不满。如前文所述，从 20 世纪 50 年代开始，日美之间就出现贸易摩擦，此后摩擦不断升级，最初的日美贸易摩擦主要集中在棉纺织品等轻工产品方面；20 世纪 60 年代后期开始，贸易摩擦开始向几乎所有重要工业产品领域扩展；随之而来的是美国方面对日本施加的压力开始增大，在金融方面要求日元升值。在来自美国等国的外来压力下，特别是美国政府于 1971 年 8 月单方面宣布以放弃美元兑换黄金、对进口商品强制性征收 10% 进口关税等为主要内容的紧急经济政策之后，日元汇率被迫开始上升。日本政府为维护 360 日元 =1 美元的汇率水平，多次让日本央行入市干预，抛出日元，购买美元，但这些措施都无济于事，日元汇率还在上升。尽管如此，欧美国家仍在不断批评日元汇率升值幅度不够。在此背景下，1971 年 12 月，西方十国财政部长在华盛顿史密森博物馆召开会议，决定将日元汇率升值 16.8%，即 1 美元 =308 日元，并以此作为标准汇率，可上下浮动 2.25%。同时，当时的联邦德国政府也同意将马克对美元汇率升值 13.8%。这就是被经济学家称为"史密森协议"的主要内容。但是，由于美国的贸易逆差继续扩大，美元汇率不断下滑，1973 年 2 月 13 日，美国财长宣布美元对黄金贬值 10%，在此情况下，日本也只好让日元向浮动汇率制过渡。从此，日元对美元汇率走上升值之途。从 1973 年的 1 美元兑换 272.18 日元上升到 2005 年的 1 美元兑换 110.16 日元。这一上升过程经历了多次波动，其中日元对美元出现了三次升值幅度大于 60% 的大幅度的升值，如图 5-1 所示。第一次大幅度升值从 1975 年 12 月开始到 1978 年 10 月，不到三年时间日元升值幅度达 66.46%，即从 1975 年 12 月的 1 美元兑换 305.67 日元上升到到 1978 年 10 月的 1 美元兑换 183.63 日元。第二次大规模日元升值从 1985 年 2 月开始到 1988 年 12 月，日元对美元汇率从 1 美元兑换 260.24 日元上升到 1988 年 12 月的 1 美元兑换 123.63 日元，日元升值幅度高达 110.73%。第三次大规模日元升值始于 1990 年 5 月一直延续至 1995 年 4 月，在这一次周期最长的波动升值中，日元汇率从 1 美元兑换 158.46 日元升到 1 美元兑换 83.6 日元，升值幅度为 89.34%。①

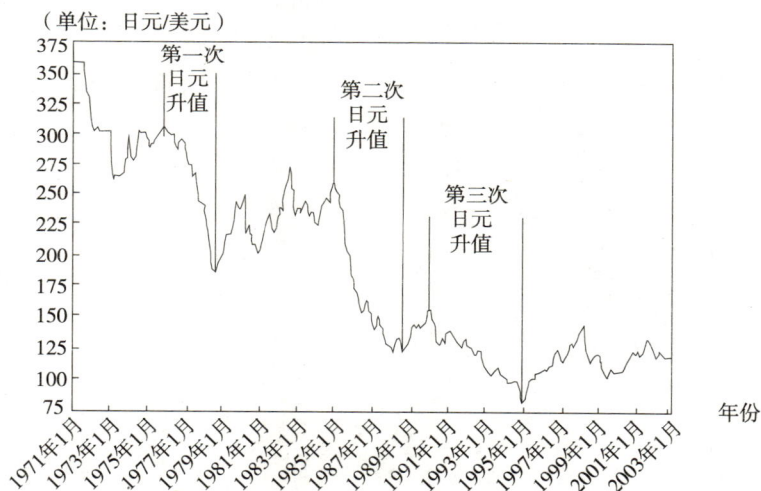

图 5-1　日元兑美元的名义汇率变化

资料来源：東洋经济新報社：经济统計年鑑（相关年版），东京：東洋经济新報社。

---

① 资料来源：東洋经济新報社：经济统計年鑑（相关年版），东京：東洋经济新報社。

第二节 日元升值的直接效果分析

从日元兑美元汇率的变化趋势可以看出，战后随着日本经济实力的增强，日本对美国贸易顺差增加，特别是20世纪70年代日美贸易摩擦趋于激化之后，日元对美元的汇率基本上是处于上升趋势。那么，日元升值对日本的进出口贸易造成了何种影响？对缓解贸易摩擦的直接效果如何？本节从理论和实际效果两方面对这些问题进行探讨。

一、汇率波动缓解贸易摩擦的理论分析

汇率作为一种重要的经济杠杆，其对贸易收支的影响可以分为直接影响和间接影响。汇率波动对贸易收支的直接影响是指短期内汇率变动通过价格调节机制对进出口贸易产生的影响。一国本币升值将通过提高其在国际贸易中的相对价格来降低本国商品在国际市场的竞争力，增强外国商品在本国市场的竞争力，达到限制出口、刺激进口的目的，并使得经常项目得以恶化。但是影响这种机制发挥作用的因素有许多，其中最主要的因素是该国进出口商品的需求弹性和价格调整的时滞，因为从汇率变动到进出口的增减这个复杂的过程中，既有价格变动，又有因价格变动所引起的数量（需求量）变动，而价格对数量的影响既有由于相对价格的变动而引起的商品间替代效应，又有由于价格变动引起的收入效应。有关这方面的理论研究有很多，其中较为突出的是弹性分析理论和J曲线效应理论。弹性分析理论主要分析汇率变动影响贸易收支变动的条件性问题，而J曲线效应理论则说明汇率变动对进出口贸易传导过程的影响。汇率变动对贸易收支的间接影响是指汇率变动影响一国在外国的投资成本和汇回的利润额，如本币的升值将会刺激对外直接投资增加，而对外直接投资涉及一国的进出口的增长以及母公司与子公司之间中间产品的贸易问题，因此，汇率通过影响对外直接投资而间接影响了对外贸易，但这种间接影响是正面的还是负面的则取决于贸易与直接投资之间的关系，对外直接

投资既可以替代对外贸易也可以促进对外贸易。关于汇率变动对贸易收支的这种间接影响，本书在第六章做专门论述，本节主要阐述解释汇率波动对贸易收支直接影响的弹性分析理论和 J 曲线效应理论。

1. 弹性分析理论

20 世纪 30 年代金本位制崩溃后，出现了国际收支的弹性分析法。该理论认为，汇率贬值可以影响一国出口产品的相对价格，从而使出口量增加，同时降低进口量，进而缩小国际收支的赤字，使国际收支恢复到平衡。马歇尔—勒纳条件（Marshall – Leme Condition）认为，在产品价格不变，且假定供给具有完全弹性的条件下，本币贬值的贸易收支效果取决于进出口需求的弹性，本币贬值改善贸易收支的充分必要条件为：出口商品的需求价格弹性与进口商品的需求价格弹性之和大于 1。而毕克迪克—罗宾逊—梅茨勒条件（Birkerdike – Robinson – Metzler Condition）作为马歇尔—勒纳条件的推广，它放弃了马歇尔—勒纳条件中关于贸易品供给弹性无穷大的假设，认为本币贬值能否改善贸易收支以及能在多大程度上改善贸易收支，不仅取决于进出口商品的需求价格弹性，而且还取决于进出口商品的供给价格弹性。故在此假定下，马歇尔—勒纳条件不再是本币贬值能够改善贸易收支的充分必要条件，而仅仅是一个充分条件。毕克迪克—罗宾逊—梅茨勒条件指出，在马歇尔—勒纳条件不满足，但两种贸易品的供给价格弹性绝对值充分小的情况下，本币贬值仍能使贸易收支得到改善。因此马歇尔—勒纳条件可以看做毕克迪克—罗宾逊—梅茨勒条件的一个特例。下面对毕克迪克—罗宾逊—梅茨勒的弹性理论进行分析。[1]

（1）汇率对出口额的弹性分析

假设 P_d^x 为出口产品本币价格，P_f^x 为出口产品的外币价格（$P_y^x = \frac{P_d^x}{R}$），R 为直接标价法下的汇率，D_x 为出口需求量，S_x 为出口供给

---

① 约翰·伊特韦尔等：《新帕尔格雷夫经济学大辞典》中译本，经济科学出版社 1996 年版，第 2 卷 133 页；罗忠洲：《汇率波动的经济效应研究》，博士论文，华东师范大学 2005 年版，第 17—20 页。

量，且 $D_x = S_x$ ，η_x, ε_x 为出口需求价格弹性和出口供给价格弹性，X 为出口额，$X = D_x P_d^x$ ，则

$$dX/dR = d(D_x P_d^x)/dR$$
$$= (dD_x/dR) P_d^x + D_x (dP_d^x/dR)$$
$$= (dD_x/dR)(dP_f^x/dP_f^x) P_d^x + D_x [d(RP_f^x/dR)]$$
$$= (dD_x/dR)(dP_f^x/dP_f^x) P_d^x + D_x [P_f^x + R(dP_f^x/dR)]$$
$$= D_x P_f^x + D_x R[(dP_f^x/dR) + (dD_x/D_x)(dP_f^x/dR)(P_d^x/dP_f^x)(1/R)]$$

$$= D_x P_f^x + D_x R[1 + (dD_x/D_x)(P_f^x/dP_f^x)(dP_f^x/dR)]$$
$$= D_x P_f^x + D_x R(1 + \eta_x)(dP_f^x/dR) \tag{5-1}$$

这里，dP_f^x/dR 为汇率变化对出口价格（外币标价）的影响，下面先讨论该弹性，然后将其导入公式（5-1）。

假设出口供需均衡，则
$$G(P_f^x, R) = D_x(P_f^x) - S_x(RP_f^x) = 0 \tag{5-2}$$

根据隐函数定理，$dP_f^x/dR = -(\partial G/\partial R)/(\partial G/\partial P_f^x)$ ，将 $\partial G/\partial R$ 和 $\partial G/\partial P_f^x$ 代入公式（5-2），并将 $S'_x(RP_f^x)$ 和 $D'_x(P_f)$ 简记为 S'_x 和 D'_x ，经整理可得下式：
$$dP_f^x/dR = S'_x(P_f^x)/(D'_x - RS'_x) \tag{5-3}$$

因为出口供需均衡 $D_x = S_x$ ，公式（5-3）的分子同分母同乘 P_d^x/S_x ，则
$$dP_f^x/dR = [P_d^x/S_x \cdot S'_x(P_f^x)]/(D'_x/D_x \cdot P_d^x - S'_x/S_x \cdot RP_d^x)$$
$$= (dS_x/S_x \cdot P_d^x/dP_d^x \cdot P_f^x)/[(dD_x/D_x \cdot P_f^x/dP_f^x \cdot R) - (dS_x/S_x \cdot P_d^x/dP_d^x \cdot R)]$$
$$= P_f^x/R \cdot \varepsilon_x/(\eta_x - \varepsilon_x) \tag{5-4}$$

将公式（5-4）入公式（5-1），则
$$dX/dR = D_x P_f^x + D_x R(1+\eta_x) \cdot P_f^x/R \cdot \varepsilon_x/(\eta_x - \varepsilon_x)$$
$$= X/R[D_x P_f^x \cdot R/X + D_x R \cdot R/X \cdot (1+\eta_x) \cdot P_f^x/R \cdot \varepsilon_x/(\eta_x-\varepsilon_x)]$$
$$= X/R[-\eta_x(1+\varepsilon_x)/(\varepsilon_x - \eta_x)] \tag{5-5}$$

这里，$[-\eta_x(1+\varepsilon_x)/(\varepsilon_x-\eta_x)]$ 是出口额对汇率的弹性，用 η_{xR} 表示。由于 $\eta_x<0$，$\varepsilon_x>0$，进而 $(\varepsilon_x-\eta_x)>0$，于是 $[-\eta_x(1+\varepsilon_x)/(\varepsilon_x-\eta_x)]>0$。所以，理论上来说，汇率变动对出口额的影响是非常确定的，那就是本币贬值（$dR>0$）时，出口一定增加（$dX>0$）；本币升值（$dR<0$）时，出口一定减少（$dX<0$）。

（2）汇率对进口额的弹性分析

假设 P_d^m 为进口产品的国内价格，P_f^m 为进口产品的国际价格，R 为直接标价法下的汇率，$D_m(P_d^m)$ 为进口需求函数，$S_m(P_f^m)$ 为进口供给函数，为进口需求量，M 为进口额，$M=D_m(P_d^m)$，η_m、ε_m 为进口需求价格弹性和进口供给弹性，则

$$
\begin{aligned}
dM/dR &= d(D_m P_d^m)/dR \\
&= (dD_m/dR)P_d^m + D_m(dP_d^m/dR) \\
&= (dD_m/dP_d^m)\cdot(dP_d^m/dR)\cdot P_d^m + D_m(dP_d^m/dR) \\
&= D_m[(dD_m/D_m)\cdot P_d^m/dP_d^m + 1]\cdot(dP_d^m/dR) \\
&= D_m(\eta_m+1)\cdot(dP_d^m/dR) \qquad (5-6)
\end{aligned}
$$

这里，dP_d^m/dR 为汇率变化对进口价格（国内价格）的影响，下面先讨论该弹性，然后将其导入公式（5-6）。

假设进口供需均衡，则

$$
\begin{aligned}
G(P_d^m,R) &= D_m(P_d^m) - S_m(P_f^m) \\
&= D_m(P_d^m) - S_m(P_d^m/R) = 0 \qquad (5-7)
\end{aligned}
$$

根据隐函数定理，$dP_d^m/dR = -(\partial G/\partial R)/(\partial G/\partial P_d^m)$，将 $\partial G/\partial R$ 和 $\partial G/\partial P_d^m$ 代入公式（5-7），并将 $S'_m(P_d^m/R)$ 和 $D'_m(P_d^m)$ 简记为 S'_m 和 D'_m，经整理可得下式：

$$
\begin{aligned}
dP_d^m/dR &= [S'_m(-P_d^m/R^2)]/(D'_m - S'_m/R) \\
&= S'_m P_d^m(RS'_m - R^2 D'_m) \\
&= P_d^m/R \cdot 1/(1 - RD'_m/S'_m) \qquad (5-8)
\end{aligned}
$$

又因为，供需均衡（$D_m=S_m$）时，$D'_m=dD_m/dP_d^m$，$S'_m=dS_m/dP_f^m$，于是

$$
RD'_m/S'_m = (RD'_m/D_m)/(S'_m/S_m)
$$

$$= (RdD_m/D_m \cdot 1/dP_d^m)/(dS_m/S_m \cdot 1/dP_f^m)$$
$$= (dD_m/D_m \cdot P_d^m/dP_d^m)/(dS_m/S_m \cdot P_f^m/dP_f^m)$$
$$= \eta_m/\varepsilon_m \qquad\qquad (5-9)$$

将公式（5-9）代入公式（5-8），则

$$dP_d^m/dR = P_d^m/R \cdot 1/[1 - 1(-\eta_m/\varepsilon_m)]$$
$$= P_d^m/R \cdot \varepsilon_m/(\varepsilon_m - \eta_m) \qquad\qquad (5-10)$$

将公式（5-10）代入公式（5-6），则

$$dM/dR = D_m(\eta_m + 1) \cdot P_d^m/R \cdot \varepsilon_m/(\varepsilon_m - \eta_m)$$
$$= M/R \cdot [\varepsilon_m \cdot (\eta_m + 1)/(\varepsilon_m - \eta_m)] \qquad\qquad (5-11)$$

这里，$[\varepsilon_m \cdot (\eta_m + 1)/(\varepsilon_m - \eta_m)]$ 是进口额对汇率的弹性，用 η_{mR} 表示，由于 $\eta_m < 0$，$\varepsilon_m > 0$，进而 $(\varepsilon_m - \eta_m) > 0$，于是 η_{mR} 是否大于零，取决于 $(\eta_m + 1)$，即取决于 η_m。

当 $|\eta_m| < 1$ 时，则进口额对汇率的弹性大于零，如果本币贬值（$dR > 0$），进口额会增加（$dM > 0$）；如果本币升值（$dR < 0$），进口额会减少（$dM < 0$）。当 $|\eta_m| = 1$ 时，表明此时汇率变动对进口额无影响。当 $|\eta_m| > 1$ 时，则进口额对汇率弹性大于零，如果本币贬值（$dR > 0$），进口额会减少（$dM < 0$）；如果本币升值（$dR < 0$），进口额会增加（$dM > 0$）。

（3）汇率变动对贸易收支的弹性分析

假设 X 为以本币计价的进口额，M 为以外币计价的进口额，B 表示贸易收支，B = X - RM，其他变量遵循前述假设外，则

$$dB/dR = dX/dR - RdM/dR \qquad\qquad (5-12)$$

因为 $\eta_{xR} = (dX/dR)(R/X)$，$\eta_{mR} = (dM/dR)(R/M)$

所以 $dX/dR = \eta_{xR}/(R/X)$，$dM/dR = \eta_{mR}/(R/M)$，代入公式（5-12），则

$$dB/dR = (X/R)\eta_{xR} - M - M\eta_{mR}$$

在贸易收支均衡时，X = RM，于是

$$dB/dR = M\eta_{xR} - M - M\eta_{mR}$$
$$= M(\eta_{xR} - \eta_{mR} - 1) \qquad\qquad (5-13)$$

将 $\eta_{xR} = [-\eta_x(1 + \varepsilon_x)/(\varepsilon_x - \eta_x)]$，$\eta_{mR} = [\varepsilon_m \cdot (\eta_m + 1)/(\varepsilon_m - \eta_m)]$ 代入公式（5-13），经整理，得到

$$dB/dR = M[\eta_x\eta_m(\varepsilon_x + \varepsilon_m + 1) - \varepsilon_x\varepsilon_m(\eta_x + \eta_m + 1)]/(\varepsilon_x - \eta_x)(\varepsilon_m - \eta_m) \tag{5-14}$$

$[\eta_x\eta_m(\varepsilon_x + \varepsilon_m + 1) - \varepsilon_x\varepsilon_m(\eta_x + \eta_m + 1)]/(\varepsilon_x - \eta_x)(\varepsilon_m - \eta_m)$ 被称为汇率贬值改善贸易收支的毕克迪克—罗宾逊—梅茨勒条件。因为 $\eta_x < 0, \eta_m < 0, \varepsilon_x > 0, \varepsilon_m > 0$，所以 $(\varepsilon_x - \eta_x) > 0, (\varepsilon_m - \eta_m) > 0$，$\eta_x\eta_m(\varepsilon_x + \varepsilon_m + 1) > 0$。于是毕克迪克—罗宾逊—梅茨勒条件是否为正，就要看 $[(-\eta_x) + (-\eta_m) + 1]$ 是否大于零。尼哈斯（Nihans，1986）考虑如下几种情况：

（1）如果满足马歇尔—勒纳条件，$[(-\eta_x) + (-\eta_m)] \geq 1$，则毕克迪克—罗宾逊—梅茨勒条件成立（但前者并不是后者的必要条件）。即不管进出口供给弹性的大小，只要进出口需求弹性的绝对值之和不小于1，则汇率贬值一定能改善贸易收支。

（2）如果出口供给弹性无限大，因此国内价格固定，则毕克迪克—罗宾逊—梅茨勒条件归结为马歇尔—勒纳条件，这时马歇尔—勒纳条件的满足成为汇率贬值改善贸易收支的充分必要条件。

（3）如果是市场价格被决定的小国，则 $-\eta_m = \infty$，且 $-\varepsilon_x = \infty$，毕克迪克—罗宾逊—梅茨勒条件就可以简化为 $(\varepsilon_x - \eta_m) > 0$。因此，对于小国来说，该条件比较容易实现，汇率贬值能改善贸易收支。

2. J曲线效应理论

J曲线效应揭示的是贸易收支对汇率变动反映缓慢的现象，是关于汇率变动的贸易流量调整效应的动态理论。约翰·威廉森（John Williamson）在《开放经济和世界经济》一书中证明，虽然贸易对收入变化的反应很快（几个月内），但它对价格变化的反应却明显地缓慢，适度的充分调整可能需要3到4年。[1] 因此，J曲线效应理论主

---

[1] ［美］约翰·威廉森：《开放经济和世界经济》，厉伟译，北京大学出版社1991年版，第169页。

要关注的是贸易收支对价格变化的反应过程。

J曲线效应描述了当一国货币升值后的初期，以外币表示的出口商品的价格已上升而出口数量尚未增加，从而引起升值国的贸易收支在这段时期内顺差会进一步增加；只有在经过这一段时期以后，在满足马歇尔—勒纳条件的情况下该国的贸易顺差才会逐步出现减少的现象。J曲线效应与升值后消费者反应时滞和生产者反应时滞有关，它实际上假定进出口数量相对价格的变动调整缓慢，但进出口价格对汇率变动能够很快调整。因此，在短期内进出口商品的需求价格弹性值比较低，以至于升值会使贸易顺差进一步增加；但从一年或更长的时段来看，进出口商品的需求价格弹性要充足得多，从而贸易收支在长期内得到调整。

根据J曲线效应理论，汇率变动对进出口贸易收支的调节有时滞（Time Lag）问题，即汇率变化后的一段时期内，贸易收支并不能立即发生预期的变化，而是表现为一个向相反方向变化的过程，其后，汇率变化的正向效果才会反映出来。根据经济学家马吉（S. P. Magee）1973年的划分[1]，这一调整过程可以划分为以下三个阶段：货币合同阶段（Currency Contract Period）、传导阶段（Pass Through Period）和数量调整阶段（Quantity Adjustment Period）。在不同阶段上，制约贸易收支的因素存在着明显的差异，下面以货币升值为例加以说明。

（1）货币合同阶段

货币合同阶段是货币升值后的初始阶段。在这一阶段，进出口合同是在升值以前签订的，进出口数量和价格不会因为升值而立即变化。这样贸易收支差额的变化就取决于进出口合同中规定的计价货币。如果进出口都以本币计价，则升值后的贸易收支差额不会发生变化；如果进出口不是全部以本币计价，那么贸易差额有可能改善也有可能

---

[1]　Stephen P. Magee: "Currency Contracts, Pass-Through, and Devaluation", *Brookings Papers on Economic Activity*, Economic Studies Program, The Brookings Institution, Vol. 4, 1973, pp. 303 – 325.

恶化。而按照惯例，通常进口以外币计价，出口以本币计价，这样本币升值以后出口收入不变，进口支出减少，贸易逆差会进一步扩大。

（2）传导阶段

在传导阶段，进出口商品的价格在签订合同时已开始改变，而数量还没有发生变化，由于存在着五种可能的滞后现象：①认识滞后，新的价格信息不能立即为交易双方所掌握；②决策滞后，贸易商需要时间来适应价格的变化，以便做出决策，订购新的商品和劳务；③订货滞后，定购新的商品和劳务需要时间；④替代滞后，在订购新商品之前先要耗用完库存商品或报废掉目前尚有置存价值的机器设备；⑤生产滞后，增加或转让商品和劳务需要有一个过程。上述五种滞后现象的存在，导致短期内本币升值后进出口商品的相对价格发生变化，而进出口商品供求对价格变动的反应却是相对滞后，进出口商品数量不变，即使可能会发生变化，其变化的幅度也远远小于价格变化的幅度，从而使一国贸易收支状况恶化。

（3）数量调整阶段

在这一阶段，短期的供求无弹性情形已经消失，进出口数量将根据价格变化进行调整，而且其变动的幅度将逐渐增大并超过价格变化的幅度。此时，本币升值对减少一国贸易顺差的效应开始起作用，贸易顺差将逐渐减少，贸易差额最终将从顺差趋向平衡。

由此可见，在短期内，汇率调整的贸易收支效应需要一定的时间，对于不同的国家，这个时间的滞后期是不同的，一般被认为需要半年到一年的时间。整个过程用曲线描述出来，呈英文字母J形。故在马歇尔—勒纳条件成立的情况下，升值对贸易差额的时滞效应，被称为J曲线效应，如图5-2所示。

二、日元升值缓解日美贸易摩擦的效果分析

1. 日元升值和日美贸易顺差增加并存

1970年以后，日元和美元的兑换比率从固定的1美元兑换360日元开始变动，呈现出波动性升值的态势，如表5-1所示，到1990年上升到1美元兑换144.88日元，上升了2.49倍。日本对美国贸易

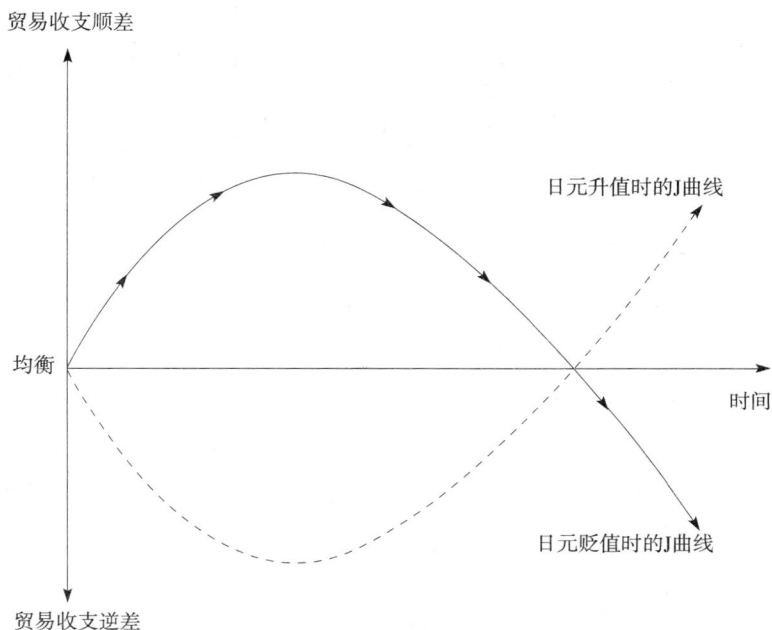

图 5-2　J 曲线效应

顺差也呈波动性增长的态势，从 1970 年的 3.8024 亿美元增加到 1990 年的 379.53798 亿美元，增长了 98.82 倍。因此，从长期来看，日元升值和日本对美国贸易收支调整的现实结果是日元升值和日美贸易顺差的增加并存，日元大幅度升值对解决美日贸易摩擦未取得应有的成效。

　　根据上节的经济学理论分析，我们知道在浮动汇率制下，如果一国的货币升值满足马歇尔—勒纳条件，那么该国出口商品的价格将上升，进口商品的价格将下降，导致出口数量的减少和进口数量的增加，从而使得出口额减少，进口额增加，使该国贸易收支顺差减少或消失。但是，从日本的经济实际来看，日元兑美元的持续升值所伴随的不是日美贸易收支顺差的减少和消失，而是对美国贸易顺差的不断增加，因此，日元升值和日本对美贸易收支调整的现实和经济学中一般的汇率变动与贸易收支调整的理论是相矛盾的，即日元升值和贸易收支调整的经济学悖论。对此问题本书从日元升值影响日本对美国进出口的角度进行分析。

表5-1　日本对美国进出口贸易和日元对美元汇率的变动

年份	对美国出口（B）（千美元）	从美国进口（B）（千美元）	对美国贸易收支（千美元）	日元对美元汇率（日元/美元）
1970	5939819	5559579	380240	360.0
1971	7495250	4977882	2517368	347.83
1972	8847678	5851634	2996044	303.08
1973	9448678	9269559	179119	272.18
1974	12799350	12682206	117114	292.06
1975	11148605	11608066	-459461	296.84
1976	15689579	11809255	3880324	296.49
1977	19716908	12396082	7320826	268.32
1978	24914690	14790362	10124328	210.11
1979	26402528	20430777	5971751	219.47
1980	31367269	24407981	6959288	226.45
1981	38608754	25297077	13311677	220.83
1982	36329876	24179206	12150670	249.26
1983	42828810	24647466	18181344	237.60
1984	59937269	26861967	33075302	237.61
1985	65277567	25793009	39484558	238.08
1986	80455622	29054356	51401266	168.03
1987	83579939	31490462	52089477	144.52
1988	89634063	42037333	47596730	128.20
1989	93188461	48245842	44942619	138.11
1990	90322355	52368557	37953798	144.88

资料来源：财务省（旧大藏省）：财政金融統計月報第472号第12表；内閣府（旧经济企画庁）：経済白書，東京：大藏省印刷局2006年版，長期的な統計2。

（1）日元升值对日本对美国出口的影响

按照汇率的弹性理论，一国货币升值后，该国出口将减少，而日本的情况与此恰好相反，表现为日元升值导致日本对美国出口增加。日元升值后，日本对美国出口增加的原因主要有两方面：一是短期内日元升值后引起日本出口商品数量的减少，而与出口商品数量减少相伴随的却是日本生产向高附加价值方向的调整，出口商品附加价值的提高使得出口商品价格上升，从而使得出口额增多。而且，从长期来看，出口商品附加价值的提高和生产向高附加价值方向的转移又使出口商品的数量和种类增加，从而使得出口额增多。二是日元升值后，日本企业通过降低单位产品劳动成本，提高劳动生产率，来促进出口的增加。日本单位产品劳动成本降低的情况可以从表 5 - 2 所示的日本、美国和联邦德国单位产品劳动成本上升率的比较来说明。

表 5 - 2　日本、美国、联邦德国单位产品劳动成本上升率

（单位：%）

年份 国别	1966—1973	1973—1985	1985—1990
日本	7.9	5.9	1.1
美国	5.5	6.9	3.9
联邦德国	6.0	4.1	1.9

资料来源：内阁府（旧经济企画厅）：经济白书，东京：大藏省印刷局 1993 年版，第 31 页。

从表 5 - 2 可以看出，日本单位产品劳动成本上升率 1985—1990 年与 1966—1973 年相比降低了 86.08%，联邦德国降低了 68.33%，美国降低了 29.09%。在 1985—1990 年日元大幅度升值时，单位产品劳动成本上升率 1985—1990 年与 1973—1985 年相比，日本降低了 81.36%，联邦德国降低了 53.66%，美国降低了 43.48%。由此可见，日本比联邦德国和美国有更强的降低单位产品劳动成本的能力，这是日元升值后日本出口增加的重要保证。

（2）日元升值对日本从美国进口的影响

按照经济学的一般理论，日元升值会导致日本进口产品价格下降，带来进口商品数量的增加，使得进口比率提高，从而加剧日本国内市场的竞争，最终使国内物价全面下降。但是，日元升值后，日本国内主要工业产品的价格变化不大，进口产品价格下降比较大，但除纺织品等一部分商品外，进口比率总体上却没有太大的提高。日本国

内主要工业产品价格变化不大和进口比率没有太大的提高，决定了日本的进口增加不多。从表5－1可知，日本从美国的进口额1970年为55.59亿美元，1990年上升到523.68亿美元，1990年比1970年增长了8.42倍；而同期日本对美国的出口额从59.39亿美元增长到903.22亿美元，增长了14.21倍。由此可见，日本从美国进口额的增加慢于其对美国出口额的增加。那么，为什么日本国内主要工业产品的价格和产品进口比率提高较慢呢？这主要是日本国内外价格差所致，即日本国内与国外在商品和服务方面的价格差。如图5－3所示，日本与各国物价水平比较（内外价格差＝购买力平价/汇率），从1975年到1989年，除20世纪80年代前半期美元升值期间以外，日本的物价水平普遍高于美国、意大利、法国和西德（联邦德国）。如1988年日本的物价水平分别比美国、意大利、法国和西德分别高出66%、51%、29%和17%；1989年日本的内外价格差有所缩小，但日本的物价水平仍然比美国、意大利、法国和西德分别高出46%、44%、26%和15%。

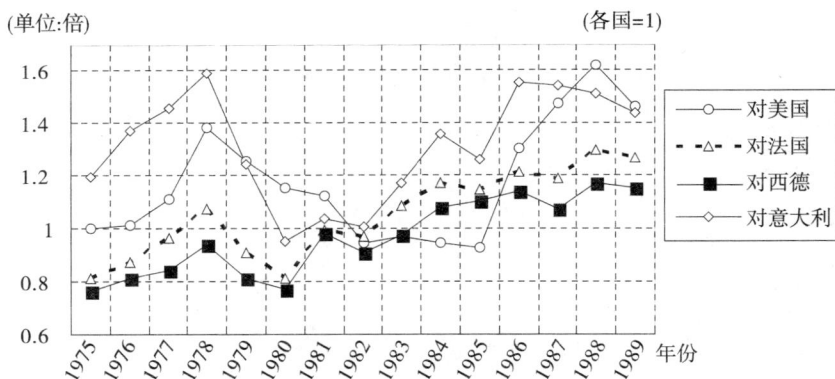

图5－3 日本与各国的物价水平比较

资料来源：内閣府（旧经济企画厅）：经济白書，東京：大藏省印刷局1990年版，第556頁。

综上所述，日元升值后的日本企业出口增加，而日本企业进口的增加幅度要小于出口增加的幅度，二者的"合力"作用导致日元升值和日美贸易顺差的增加并存。

2. 香西泰和麦金农、大野健一对日元升值缓解贸易摩擦效果不明显的解释

前面从日元升值影响日本对美国进出口的角度对日元升值和日美贸易顺差增加并存这一经济学悖论进行了分析，实际上，经济学家们对此问题从不同的角度进行了大量研究。下面主要阐述经济学家香西泰和麦金农、大野健一对此问题的看法。

（1）经济学家香西泰的解释

日本著名经济学家香西泰对日元升值缓解日美贸易摩擦未能取得应有成效问题进行了数量分析，阐明了生产资料市场和生产要素市场的结构调整对改善贸易收支不均衡的效果，认为日元大幅度升值改善日美贸易收支不均衡效果不明显的原因是日本经济结构调整缓慢。他提出促进生产资料市场的竞争，加速生产要素在产业间转移的结构性调整，不仅会提高国内的经济效率，而且能发挥通过汇率调整经常收支的作用；主张从减少对外收支不均衡的角度，日本国内应该采取结构性调整的措施。

在香西泰的数量分析模型中，将日本产业分为贸易品和非贸易品两个部门，并分析了这两个部门生产要素移动速度的变化和生产资料需求转移等结构的变化。分析结果认为：以前人们认为汇率的变化对纠正对外收支不均衡没有成效是因为进出口的价格弹性低，实际上汇率调整对纠正对外收支不均衡效果的大小与国内贸易产业和非贸易产业之间调整速度的快慢直接相关。其影响是：如果本币升值，则贸易产业的需求减少，供需之间的缺口加大，加强了出口竞争，削弱了本币升值减少经常收支顺差的效果。但如果在供给方面，生产要素能很快从贸易产业迅速转移到非贸易产业，贸易品的相对价格下降，国内需求转移到贸易品，则贸易产业的供需缺口会重新缩小，达到通过货币升值缩小经常收支顺差的目的。这表明国内生产要素在不同部门之间转移的速度和生产资料需求的转移，会导致汇率变化从需求和供给两方面影响经常收支。

汇率变化引起贸易产业和非贸易产业之间调整速度的快慢由以下三

个因素决定：一是汇率变化对贸易品和非贸易品的相对价格影响大小；二是当相对价格变化时，劳动力和资本等生产要素如何在产业间转移和转移速度的快慢；三是相对价格的变化对国内需求转移影响的大小。

香西泰就1978—1985年汇率变动后，交易条件、就业结构、投资等如何在贸易产业和非贸易产业之间调整进行了具体分析，结论如下：

①日本贸易产业和非贸易产业之间调整的速度缓慢

从日本来看，日本贸易产业和非贸易产业之间调整的速度缓慢，表现在：一是汇率变动对国内贸易品和非贸易品的相对价格影响不太大。其主要原因是日本国内市场缺乏竞争，国际市场和国内市场的联系不大。二是贸易产业和非贸易产业相对工资虽然随着汇率的变动发生了变化，但劳动力在部门间的转移不大。这是因为劳动力在产业间移动的成本高，所以调整的速度慢。三是贸易产业和非贸易产业间的投资和资本库存调整慢，由于产业进入较难，所以很难改变非制造业到制造业，或者从制造业到非制造业的投资分配。

②美国贸易产业和非贸易产业之间调整的速度很快

从美国来看，美国贸易产业和非贸易产业之间调整的速度很快。即：一是汇率变动对国内贸易品和非贸易品的相对价格影响很大，因为美国国际市场和国内市场的联系大；二是由于美国有临时失业制度，汇率变化会迅速改变劳动力在不同产业间的构成；三是汇率变化会影响贸易产业和非贸易产业间企业的相对收益，所以投资和资本库存会随着汇率的变化发生明显的变化。

根据上述研究的结果，香西泰把研究重点放在了日本经济结构的调整上。具体来说，首先，加快劳动市场的调整速度。在加快调整速度的情况下，日元升值会使劳动力顺利转移，所以贸易产业生产能力下降的速度加快，供给与需求差距迅速缩小，导致降低的贸易品价格回升，出口压力下降，经常收支顺差迅速减少。其次，增加贸易品和非贸易品国内需求的替代性。随着日元升值，贸易品相对价格的下降，如果贸易品与非贸易品有很强的替代性，则贸易品的需求会增加，非贸易品需求会减少，结果导致贸易品的国内供给与需求差距迅速缩小，从而大大减少经常收支顺差。在上述两种情况下经常收支调

整的结果是，劳动市场调整速度快，生产资料需求替代性大时，经常
收支顺差减少的幅度就大。

（2）经济学家麦金农、大野健一的解释

美国经济学家罗纳德·麦金农和日本经济学家大野健一指出[1]：
一国货币贬值会使该国产品比外国产品更便宜，只要马歇尔—勒纳弹
性条件成立，相对价格效应必然会使贸易状况得到改善。但对高度开
放的工业化经济体来说，其他影响可能部分甚至完全抵消较为有利的
相对价格效应。其他影响主要表现在以下几个方面：

①逆向吸收效应（reverse absorption effect）。货币贬值会刺激部
分国内支出，特别是刺激可贸易产业的投资，这将使贸易状况更加恶
化。相反，货币升值会减少国内投资，导致经济衰退，使贸易盈余长
期存在。这种现象在日本被称为"日元升值引发的衰退"。所以，如
果汇率波动对宏观经济活动产生负面影响，则在理论上很难确定实际
汇率贬值对贸易平衡的影响。宫川（Miyagawa）和德井（Tokui）[2]
的实证研究估计，日元实际有效汇率升值1%，将减少相当于整个资
本存量0.7%—0.9%的国内投资，尽管进口原材料价格的下降可部
分抵消这一影响。

②传递效应。如果一国货币违反"一价定律"，其价值大大被低
估（高估），则通过商品套利将产生输入型通货膨胀（通货紧缩），
缩小直至最终消除原本存在的国际价差。长期来看，国内产业的价格
优势将消失，实际汇率将不受名义汇率调整的影响。

③国内扩张性的货币政策将引发通货膨胀。为了使货币多年持续
贬值，一国必须执行不同于主要贸易伙伴的扩张性的货币政策，这种
政策迟早会促进国内吸收，导致国内价格上升，使贸易赤字增加。

④J曲线效应。众所周知，J形曲线效应至少在短期内将拉大贸
易缺口，直到出口和进口有时间对相对价格变化做出反应。如果一开

---

① ［美］罗纳德·麦金农、［日］大野健一：《美元与日元——化解美日两国的
经济冲突》，王信、曹莉译，上海远东出版社1999年版，第142—186页。

② ［美］罗纳德·麦金农、［日］大野健一：《美元与日元——化解美日两国的
经济冲突》，王信、曹莉译，上海远东出版社1999年版，第143页。

始该国的贸易缺口很大，逆向效应还会持续更长时间。河合（Kawai）认为①，长期国内贸易余额会回到初始水平，该曲线将是延长的 S 形而不是 J 形。

⑤日元持续高估促使日本的制造业基地向中国和东南亚转移（亦即产业空洞化现象）。其直接影响是日本的资本外流和中间产品出口增加了，以便在这些国家建设和运营新工厂。随着时间的推移，打上"日本"商标的产品生产将从日本转移到亚洲其他国家，这对美国的国际贸易平衡可能只产生轻微的影响。

麦金农和大野健一建立了封闭的和开放的宏观经济模型，其中包含上面前三个不利影响。如果由于其他因素导致相对价格效应不起主要作用，则贬值对贸易余额的整体影响就是不确定的。也就是说，在民间能够自由借贷的情况下，无论采取何种汇率制度，储蓄率低、金融监管薄弱的国家都可以通过贸易赤字轻易地利用外国储蓄。仅靠贬值不太可能显著地改变一国过度支出和储蓄减少的趋势。

麦金农和大野健一在克兰（Cline，1993）、伯格斯顿和诺兰（Bergsten，C. Fred and Marcus Noland，1993）研究的基础上对日美双边贸易余额和汇率的关系进一步进行了实证研究。克兰②利用20世纪70年代末以来的数据，通过实证研究发现，美日双边贸易差额与日元兑美元的实际汇率明显相关，时滞为两年，即：经过两年的时滞之后，日元的实际升值将减少日本贸易顺差；伯格斯顿和诺兰③利

---

① Kawai Masahiro. : *Internationl Finance*, Tokyo: Tokyo University Press, In Japanese, 1994. 转引自［美］罗纳德·麦金农、［日］大野健一：《美元与日元——化解美日两国的经济冲突》，王信、曹莉译，上海远东出版社1999年版，第143页。

② Cline, William R. : *Japan's Current Account Surplus*, Washington, DC: Institute for International Economics, July 1993, Duplicated. 转引自［美］罗纳德·麦金农、［日］大野健一：《美元与日元——化解美日两国的经济冲突》，王信、曹莉译，上海远东出版社1999年版，第172页。

③ Bergsten, C. Fred and Marcus Noland: *Reconcilable Differences? United States – Japan Economic Conflict*, Washington, DC: Institute for International Economics, 1993. 转引自［美］罗纳德·麦金农、［日］大野健一：《美元与日元——化解美日两国的经济冲突》，王信、曹莉译，上海远东出版社1999年版，第172页。

用克兰绘制的图形也得出同样结论。

对实际汇率和结构性贸易差额的关系，麦金农和大野健一利用自有的早期数据对伯格斯顿和诺兰的图形做了扩展[①]，得到图5－4。按照克兰的方法，双边贸易余额（T）用双边贸易总额的百分比来表示：

T＝（X－M）／（X＋M）

式中，X表示日本对美国的出口，M表示日本的进口。此处实际汇率被界定为两国可贸易品的相对价格（用两国的批发价格指数进行缩减）。

麦金农、大野健一指出，很显然，在汇率浮动时期，双边贸易余额与日元兑美元实际汇率的周期性变动高度同步，这与克兰的结论相符。然而，图5－4也表明有两点与克兰的结论不尽相符：一是如果

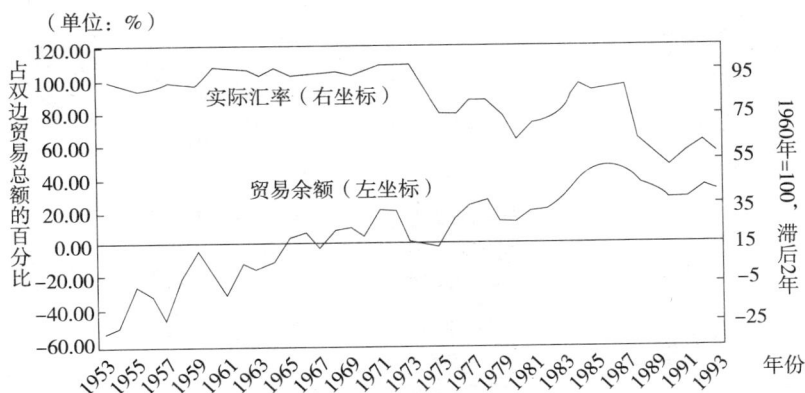

图5－4　美日双边贸易余额和日元兑美元的实际汇率

资料来源：［美］罗纳德·麦金农、［日］大野健一：《美元与日元——化解美日两国的经济冲突》，王信、曹莉译，上海远东出版社1999年版，第173页。

不考虑周期性变动，无法用实际汇率长期下滑来解释日本对美国的结构性顺差越来越大；二是早期实行布雷顿森林盯住美元制度时，贸易余额上下起伏，而实际汇率却没什么变化。这一点可能更为重要。显

---

①　［美］罗纳德·麦金农、［日］大野健一：《美元与日元——化解美日两国的经济冲突》，王信、曹莉译，上海远东出版社1999年版，第172—173页。

然，至少从 20 世纪 50 年代初到 1993 年，双边贸易余额存在持续上行趋势，横跨两种不同的国际货币制度。这些都说明，贸易余额的变动不一定都由实际汇率变化引起，特别是结构性贸易余额的变动不受实际汇率的影响。

第三节 日元升值的产业结构调整效果分析

大幅度的日元升值对日本产业结构的变化产生了长期的、深远的影响。本节首先从理论上阐述一国汇率波动对其产业结构的影响，然后分析日元升值推动日本产业结构调整的实际效果。

一、汇率波动促进产业结构调整的理论分析

汇率是宏观经济中的一个重要变量，在短期内，汇率的变化会影响一国贸易品的成本或价格，以改变其原有的竞争优势从而改变贸易商品的结构；从长期看，汇率水平变化将影响一国国内各产业的投资回报率和盈利能力，进而影响投资在产业间的分布，使那些不适应在本国生产的产品实现国际间转移，迫使一国不断地把具有高附加值、高生产率的行业纳入到自己的产业结构中，汇率变化的这些作用具体到贸易品部门则表现为增强其非价格竞争优势，具体到非贸易品部门则体现为增加该部门资本与劳动的流入。因此，一国本币升值对其产业结构的影响主要表现以下几个方面。

1. 本币升值对贸易品部门产生的影响

本币升值导致以本币表示的出口商品价格相对上升，从而导致具有价格竞争优势的出口商品国际竞争力的减弱，通常会带来两个后果：一是引起这些部门向具有比较优势的国家或地区进行产业转移；另一个就是扬长避短，增强和发展科技含量高的新兴工业部门，使产业结构升级。

2. 本币升值对贸易品部门与非贸易品部门比例的影响

本书通过巴拉萨—萨缪尔森效应分析本币升值对贸易品部门与非贸易品部门比例产生影响的途径。巴拉萨—萨缪尔森效应的表达式为：

$$S\frac{P}{P^*} = \left(\frac{\dfrac{MPL_T}{MPL_N}}{\dfrac{MPL_T^*}{MPL_N^*}}\right)^{1-\alpha}$$

此等式左边代表实际汇率，等式右边的 MPL_T 和 MPL_N 分别表示本国的贸易品部门与非贸易品部门的劳动生产率，而 MPL_T^* 和 MPL_N^* 分别表示外国贸易品部门和非贸易品部门的劳动生产率，α 代表贸易品部门在本国所占的比例（为简化讨论假设外国的这个比例与本国的相同）。

根据宏观经济学理论，劳动生产率的提高是科学技术进步的结果，需长时间的积累，贸易品部门与非贸易品部门相对劳动生产率发生变化需要很长时间，在此情况下，依据巴拉萨—萨缪尔森效应，本币实际汇率下降必然要求本国贸易品部门比例下降，即 α 降低，非贸易品部门比例（以第三产业为代表）上升。

具体的传导途径如下：本币升值直接反映到贸易品价格上，出口价格上升，进口价格下降，进口替代效应使国内的贸易品价格下降。然而非贸易品价格受汇率变化的影响较小。其结果是二者的相对价格发生变化，即非贸易品较之贸易品价格相对提高。这种价格变化进而会影响到利润的变化，即非贸易品部门较之贸易品部门变得更加有利可图。价格、利润的导向改变了资源配置的比例，使资本和劳动更多地移向非贸易品部门，表现为第三产业较之第一、二产业的比例扩大。

3. 本币升值导致的对外直接投资增加对产业结构的影响

本币升值会促进本国对外直接投资的增加。因为从理论上来说，本币升值会通过相对生产成本和财富效应两个渠道促进本国对外直接投资的增加。相对于出口对象国而言，本币升值提高了本国出口导向型企业的成本，而以本国货币表示的在出口对象国生产的成本下降，当因本币升值导致的本国生产成本与在出口对象国本地生产成本的差额大于在出口对象国直接投资的沉淀成本（sunk cost）时，就可能发生对外直接投资，这样可以提高对外直接投资国出口导向型企业的利润。在本币持续升值的预期下，会进一步增加对外直接投资，以规避本币升值带来的比较成本劣势，获得必要的市场占有率和利润。另外，本币升值，则以外国货币来衡量的所有生产投入如劳动、土地、机器和东道国企业的资产都变得更便宜了，这种财富效应也鼓励本国以兼并收购等方式获得更多的外国资产。本币升值导致的对外直接投资的增加，改变了本国的资源配置，对本国国内产业结构调整产生影响。

总之，汇率的下降（本币的升值）从微观方向引导企业向能发挥本国比较优势的产业转移，同时增加对外直接投资，从而使一国的整体产业结构产生质的变化。

二、日元升值促进日本产业结构调整的效果分析

在几次日元升值的过程中，日本企业以日元升值为契机，积极采取诸如增加设备投资、加强新产品开发、提高管理水平、向海外转移相关产业、精简机构等对策，提高出口产品的附加价值，推动了国内产业结构的调整。日元大幅度升值对日本的产业结构调整的影响，主要表现在以下几方面。

1. 日元升值对日本产业竞争力的影响

日元升值使以美元计价的出口商品价格上升，导致日本出口商品国际竞争力减退。某一种产业的产品有无国际竞争力是该产业盛衰的指示器，而该产业的纯输出比率则是表示其国际竞争力的重要依据。某一产业的纯输出比率就是贸易特化系数（Trade Specialigation Ratio，TSR），也叫做竞争力指数，其公式为：$TSR = [E(i) - M(i)]/[E(i) + M(i)]$。这里 E 为出口，M 为进口，i 为生产和贸易的时期。它表示了某一产业的产品的纯输出在同一产品贸易总额中的份额。它的值在 -1.0 至 1.0 之间。-1.0 表示该产品的国内市场全部由国外产品占领，国内生产为 0，因此没有国际竞争力。1.0 表示该产品的国内市场全部由本国产品占领，进口为 0，具有充分的国际竞争力。贸易特化系数由 -1.0 到 1.0 的变化表示了一国国际竞争力由无到有、由弱到强的转化；反之亦然。当然，这一公式只有在开放经济条件下才是适用的。贸易特化系数本来是用以论证产品周期理论的，其值的变化说明了产品在周期中由进口阶段、进口代替阶段、出口扩张阶段、成熟阶段到

逆进口阶段的转化过程。本书在这里借用这一系数表示某一产业的纯输出比率，并进而判断其国际竞争力的大小。

任何产业的比较优势都不会一成不变，正是产业间比较优势的变化导致了整个产业结构的变化。表 5 – 3 是 1951—1990 年日本制造业各产业贸易特化系数的变化情况，它表明了产业结构的变动方向。

表 5 – 3　日本制造业各产业的贸易特化系数

年份 产业类别	1951	1955	1960	1965	1970	1975	1980	1985	1990
纺织	0.96	0.966	0.899	0.855	0.580	0.207	0.066	– 0.021	– 0.478
木制品	0.913	0.884	0.827	0.447	– 0.332	– 0.742	– 0.742	– 0.772	– 0.903
其他制造业	0.788	0.953	0.896	0.586	0.304	0.118	– 0.098	0.017	– 0.509
食品	– 0.567	0.451	– 0.498	– 0.602	– 0.589	– 0.773	– 0.746	– 0.783	– 0.887
纸制品	– 0.293	0.036	0.180	– 0.188	– 0.155	– 0.077	– 0.311	– 0.225	– 0.274
出版	– 0.202	0.154	– 0.229	– 0.009	0.247	– 0.409	– 0.076	0.185	– 0.176
化学制品	0.288	0.268	– 0.336	0.139	0.131	0.355	0.124	0.094	0.064
石油制品	– 0.977	– 0.735	– 0.729	– 0.525	– 0.701	– 0.464	– 0.716	– 0.728	– 0.663
塑料制品	—	0.436	0.800	0.798	0.755	0.553	0.457	0.531	0.321
橡胶制品	0.961	0.924	0.936	0.938	0.901	0.681	0.563	0.501	0.267
陶瓷土石	0.832	0.865	0.791	0.831	0.722	0.717	0.523	0.474	0.169
钢铁	0.918	0.889	0.044	0.608	0.626	0.886	0.825	0.741	0.992
非铁金属	0.415	0.511	– 0.641	– 0.334	– 0.524	– 0.372	– 0.383	– 0.567	– 0.650
金属制品	0.966	0.851	0.898	0.826	0.786	0.835	0.781	0.752	0.361
其他电气机械	0.955	0.533	0.407	0.470	0.399	0.448	0.442	0.522	0.671
民生用电气机械	—	0.757	0.953	0.939	0.937	0.902	0.918	0.934	0.586
精密机械	0.455	0.492	0.492	0.587	0.376	0.456	0.580	0.579	0.739
其他运输机械	0.141	0.881	0.712	0.768	0.625	0.804	0.508	0.530	0.363
一般机械	0.607	0.119	– 0.021	0.242	0.247	0.570	0.692	0.745	0.748
重化机械	0.657	0.049	0.216	0.511	0.490	0.585	0.741	0.735	– 0.007
办公用机械	—	– 0.921	– 0.914	– 0.451	0.521	0.565	0.895	0.955	0.521
电子、通讯	– 0.186	– 0.237	0.453	0.017	– 0.153	0.263	0.505	0.744	0.974
汽车	0.282	– 0.232	0.805	0.766	0.892	0.910	0.945	0.953	0.971

资料来源：小浜裕久：東アジアの構造調整，東京：日本貿易振興会 1995 年，第 215 頁。

表 5 – 3 是日本制造业 23 个行业 1951 年至 1990 年期间的贸易特化系数。把上述数据分成四组：第一组是食品、纸制品、石油制品、有色金属。这些部门是在高速增长期以前就已经失去国际竞争力的产业。其中，石油制品和有色金属是资源密集型产业，食品和纸制品主要以农林产品为原料，属土地密集型产业，这些都是日本的比较劣势产业。第二组为纺织、木制品、陶瓷土石、塑料和其他制造业。这些产业在整个高速增长期都是有国际竞争力的，而且是主要出口行业，但由于石油冲击和日元升值逐渐失去国际竞争力，被 20 世纪 60 年代和 70 年代的亚洲"四小龙"、70 年代和 80 年代的东盟各国所取代。第三组为电气机械、其他运输机械、重化机械、办公用机械、金属制品。这些产业直到 1985 年一直维持了很高的国际竞争力，以广场会议后的日元升值为转折点，逐渐失去国际竞争力。而 80 年代的亚洲"四小龙"及随后的部分东盟国家则在出口方面获得了成功。第四组是钢铁、其他电气机械、精密机械、一般机械、电子通信和汽车等。这些是资本密集型产业，同时也是知识密集型产业，是 90 年代初日本最具比较优势的部门。

以上四组数据说明了战后不同时期日本主要制造业部门贸易特化系数的变化，从而说明了主要出口部门的更替及其国际竞争力的兴衰。在产业的国际竞争力变化过程中，日元的几次大幅度升值起了重要的推动作用。日元升值导致出口商品国际竞争力的减退，由此引起科技含量相对较低的传统部门出口能力的衰落，从而引起这些部门向具有比较优势的国家或地区进行产业转移。其结果是，一方面可能引起传统产业部门空心化，另一方面使科技含量高的新兴工业部门得到发展，从而使产业结构升级换代。

在国际市场上，产业的竞争实力通过出口额及其比率来表达。产业的竞争力越强，其出口在世界出口总额中所占的比例越高，说明本国产业要素转换效率越高；而产业的竞争力越弱，其进口在世界进口总额中所占的比例越高，说明本国产业要素转换效率相对较低。发达国家经验表明，产业竞争能力的变化是与产业结构高度化趋势相一致的。日本产业竞争力的大小表现在其出口占世界出口总额的比例变化上。从图 5 – 5 和表 5 – 4 世界出口市场中日美所占比例的变化可以看出，20 世纪 80 年代前半期日本出口额占世界出口总额的比例呈上升趋势，1982 年为 7.9%，1983 年为 8.6%，1984 年为 9.4%，1985 年为 9.6%，1986 年该值达到最高值，尔后受日元升值的影响，日本这一比例整体上呈下降趋势；与此相反，美国这一比例在 1986 年以后呈现趋势上升的特点。

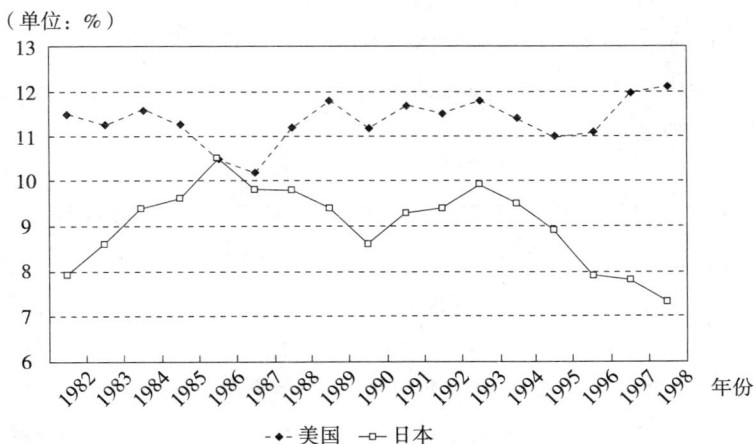

（单位：%）

图 5－5　世界出口市场中日美所占比例的变化

资料来源：経済産業省（旧通商産業省）：通商白書，東京：大藏省印刷局 2000 年版，第 4－1－3 图。

表 5－4　世界出口市场中日美所占比例的变化

（单位:%）

年份\国家	1982	1983	1984	1985	1986	1987	1988	1989	1990	1991
美国	11.5	11.3	11.6	11.3	10.5	10.2	11.2	11.8	11.2	11.7
日本	7.9	8.6	9.4	9.6	10.5	9.8	9.8	9.4	8.6	9.3

资料来源：経済産業省（旧通商産業省）：通商白書，東京：大藏省印刷局 2000 年版，第 4－1－3 图。

2. 日元升值引发出口商品结构的变化

日元升值引起日本出口商品之间相对成本的变化，因此，引发了日本出口商品结构的变化。日元升值对出口商品成本的影响包括两个方面：一方面降低了原材料的成本；另一方面增加了国内的生产成本。对出口商品成本的影响取决于这两方面加总后的成本，如果加总后成本上升，出口企业又无力应对，则会降低出口产品的竞争力，造成出口减少；反之如果总成本下降，则会促进出口。根据日本学者的研究，总体来看，日元升值的直接后果是导致日本出口产品的成本上升。[①] 不同的出口产品企业对产品成本上升的消化能力不同，如果某产品出口企业有能力消化产品成本上升，该产品出口贸易不会受到影响；反之，则会造成出口下降。

事实上，在几次日元升值的过程中，日本企业分别采取了诸如增加设备投资、加强新产品开发、提高管理水平、向海外转移相关产业、精简机构等对策。具体来看，在 1971 年到 1973 年的第一次升值过程中，由于当时日本工业体系正处在由轻工业向重化工业、由低附加值产品向高附加值产品的产业升级阶段，所以日元升值的直接后果是：一方面导致了国内调整能力比较差的劳动密集型的轻工业产品的出口急剧下降；另一方面导致了出口竞争力很强的电子机械、运输机械等产品的出口额大幅上升。如表 5-5 所示，在日元第一次升值的过程中，一般机械产品、电子机械产品、运输机械产品的出口额在出口总额中所占的比例分别从 1970 年的 10.4%、12.3%、17.8% 上升到 1973 年的 11.7%、12.7%、24.7%。与此对应，纤维产品、杂货所占的比例则分别从 1970 年的 11.4%、20.7% 下降到 1973 年的 7.6%、17.4%。由此可以看出，贸易摩擦下的日元升值导致日本出口商品结构的变化，间接地推进了日本制造业结构升级。

在 1976 年至 1978 年的第二次日元升值时，日本产业结构实现了重化工业化，此次日元升值时促进了日本重化工业内部的调整。据日本 1978 年度的《经济白皮书》资料，1977 年，日本对外出口前三位的产品分别是汽车（128 亿美元）、一般机械（110 亿美元）、钢铁（105 亿美元），此前一直稳居前三位的船舶尽管出口额高达 82 亿美

———————

① 小峰隆夫：最新日本経済入門，日本評論社 2003 年版，第 175—182 頁。

元，还是被挤出前三位。另外，1971、1977 两年间，汽车、一般机械、船舶、光学仪器、收音机分别以增长 59 亿美元、42 亿美元、20 亿美元、13 亿美元、10 亿美元，位居出口增长的前五位，占出口增长总额 277 亿美元的 52%；手表、收音机、录音机等产品，1977 年的出口额都比升值前的 1975 年增长 1 倍以上[①]，体现出向高加工度的机械类产品转移的倾向。

表 5 - 5 日本出口商品结构的变化

（单位:%）

年份 品种	1970	1975	1980	1985	1990
食品	3.4	1.4	1.2	0.8	0.6
纤维、纤维制品	12.5	6.7	4.9	3.6	2.5
化学制品	6.4	7.0	5.2	4.4	5.5
金属、金属制品	19.7	22.4	16.4	10.5	6.8
钢铁	14.7	18.3	11.9	7.8	4.4
机械	46.3	53.9	62.7	71.8	74.9
一般机械	10.4	12.1	13.9	16.8	22.1
电气机械	14.8	12.4	17.5	22.1	22.9
运输机械	17.8	26.1	26.5	28.0	25.1
汽车	6.9	11.1	17.9	19.5	17.8
船舶	7.5	10.8	3.6	3.4	1.9
精密机械	3.3	3.3	4.8	4.9	4.8
其他	11.8	8.7	9.5	8.9	9.7
出口额（千美元）	19318	55753	129807	175638	286947

资料来源：经济产业省（旧通商产业省）：通商白书（相关年版），東京：大藏省印刷局。

在 1985 年至 1988 年的第三次日元升值期间，由于企业为了应对前两次升值已经大幅度降低了产品的利润，难以再通过扩大生产来应对大幅上升的成本，因此企业更多是通过提高产品的技术水平、质量、功能、外形等手段来提高产品竞争力，逐步由价格竞争走向非价

---

① 内阁府（旧经济企画厅）：経済白書，東京：大藏省印刷局 1978 年版，第 301 页。

格竞争。另外，企业还通过对外直接投资等方式增加对美欧国家的投资，同时将缺乏竞争力的产业逐渐向东南亚等区域转移。这些都有利于提高日本产业的竞争力。

在1994—1995年的日元急剧升值期间，日本企业通过裁减冗员、裁撤没有效率的关联企业以及下属部门等方式来压缩成本，通过采用信息技术改造企业管理模式的方式来提高企业运行效率，通过开发新产品等方式来提高企业盈利水平，试图以此来抵消日元升值引起的产品竞争力下降的影响。这些措施促进了日本产业结构的调整。

3. 日元升值引发进口商品结构的变化

日元升值在进口方面促进了日本产业结构的调整。例如，20世纪80年代的日元升值引起日本对加工产品的急剧增加，表5-6显示

表5-6　日本进口商品结构的变化

	1980 年	1985 年	1986 年	1988 年	1990 年
进口量指数（1985 = 100）	99.6	100.0	109.5	139.7	159.3
进口额（亿日元）	319953	419557	215507	240063	338552
进口额（1000 万美元）	140527	129539	126408	187353	234798
产品类别构成比（美元计100%）	100.0	100.0	100.0	100.0	100.0
食品	10.4	12	15.2	15.5	13.4
原料	16.9	14	13.9	15	12.1
矿物性原料	49.8	43.1	29.1	20.5	24.2
加工制品	21.7	28.1	34.8	45.7	47.6
其他	1.2	2.8	7	3.3	2.7

资料来源：経済産業省（旧通商産業省）：通商白書（相关年版），東京：大藏省印刷局。

了80年代日本进口商品结构的变化，加工产品占总进口的比例从1985年的28.1%急剧上升到1986年的34.8%、1990年的47.6%。截至1990年，增加的主要产品是生产资料和消费资料。生产资料是以计算机为主的信息关联器械和集成电路等。日本国内设备投资活跃，尤其是旺盛的信息化投资是生产资料进口增加的直接原因。此外，以汽车为主的多种消费资料进口扩大主要是日本泡沫经济期间内需膨胀

所致。进口的消费资料包括企业、个人在海外购买的绘画和古董等。

20世纪80年代日元升值时期，日本在生产资料和消费资料进口中，最突出的特征是进口的收入弹性值提高。这说明，日本的产业结构已发生变化，以往那种国内需求扩大进口无动于衷的分离式结构正在向进口与国内经济联动式结构转换。

4. 日元升值促进非制造业的发展

日元升值直接反映到贸易品的价格上，出口价格上升、进口价格下降，升值使国内的可贸易品价格下降了，然而非贸易品价格却基本不受汇率变化的影响。其结果是二者的相对价格变化，即非贸易品较之贸易品的价格相对提高了。这种价格变化也会影响到利润的变化，也就是说非贸易品部门较之贸易品部门更为有利。价格、利润的导向改变了资源配置的比例，使资本和劳动更多地转移到非贸易品部门，从而使非制造业生产部门较之制造业生产部门相对扩大。如图5-6（a）（b）（c）所示，1985年日元升值后，非制造业设备投资快速增加，总资本利润率上升，实际工资和就业人数增加，非制造业就业人数占总就业人数的比例从1990年的57.6%上升到59.3%；而制造业设备投资额和就业人数增加减缓甚至出现负增长；1986—1988年间，非制造业实际设备投资额增长率和总资本利润率上升率都高于制造业。

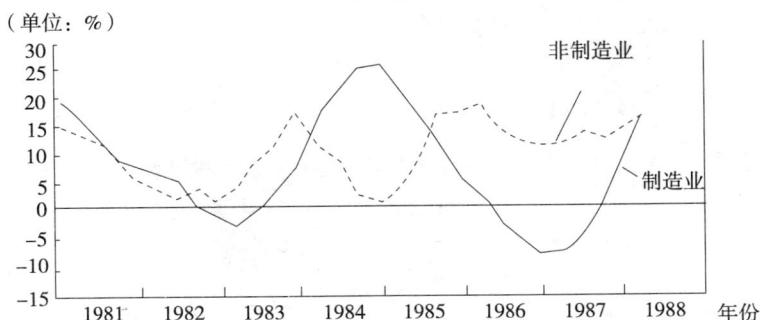

（单位：%）

图5-6（a）　日本制造与非制造业实际设备投资额的变化

资料来源：内阁府（旧经济企画厅）：经济白书，东京：大藏省印刷局1988年版，第478页。

（单位：%）

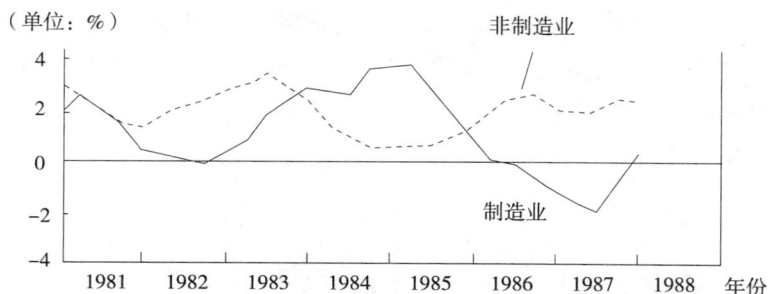

图 5－6（b）　日本制造与非制造业就业人数变化

资料来源：内阁府（旧经济企画厅）：经济白书，東京：大藏省印刷局 1988 年版，第 480 頁。

（单位：%）　　　　　　　　　　　　　　　（单位：%）

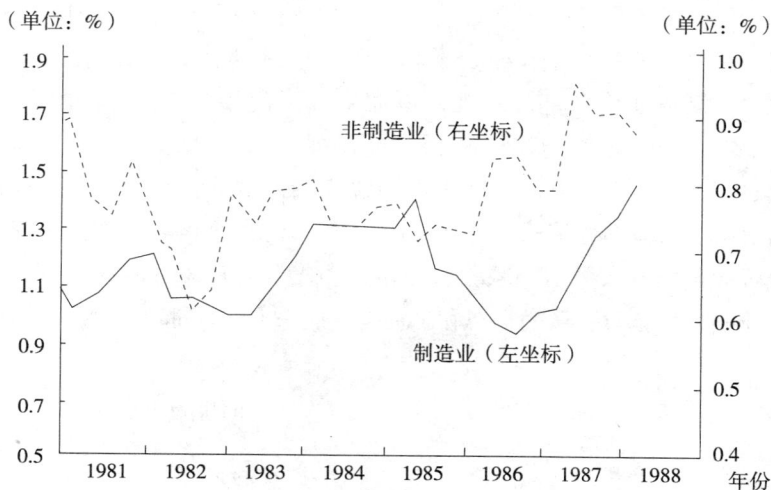

图 5－6　（c）日本制造与非制造业总资本利润率

资料来源：内阁府（旧经济企画厅）：经济白書，東京：大藏省印刷局 1988 年版，第 479 頁。

第六章 对外直接投资的直接效果与产业结构调整效果

　　对外直接投资是第二次世界大战以后日本应对日美贸易摩擦的主要对策之一。本章从理论和实际效果两个方面研究日本对外直接投资化解日美贸易摩擦的直接效果和促进日本产业结构调整的效果，共分三节。第一节阐述日美贸易摩擦下的日本对外直接投资概况。第二节首先运用蒙代尔（R. A. Mundell，1957）的贸易与投资替代模型和小岛清（1989）的贸易与投资互补模型，从理论上分析一国对外直接投资缓解贸易摩擦的效应；然后论证日本对外直接投资对日美贸易的影响及其对缓解日美贸易摩擦的实际效果。第三节首先利用维农的"产品生命周期理论"、小岛清的"边际产业扩张理论"及赤松要的"雁行模式"理论，分析一国对外直接投资对其产业结构的优化作用；然后论述日本对外直接投资对其产业结构的优化效果和空心化效应。

第一节　日本对外直接投资概述

　　战后为了回避日美贸易摩擦，日本企业将某些贸易摩擦商品的生产部分地转移到美国或其他国家，将这些产品当地销售、或向第三国销售，或运销本国，以减少对美国的贸易顺差。为了鼓励企业对外直接投资日本政府采取了一系列优惠政策。

一、日本化解日美贸易摩擦的三次对外直接投资高潮

纵观战后日本对外直接投资发展的历史，虽然不同时期，日本对外直接投资的目的不同、投资的地区不同，但规避贸易摩擦一直是日本对外直接投资的主要动因之一。如表 6 - 1 所示，20 世纪 50—60 年代纺织品对外直接投资是为了回避纺织品贸易摩擦；70 年代钢铁、彩电、机床的对外直接投资是为了回避钢铁、彩电、机床的贸易摩擦；80 年代对汽车和录像机的对外直接投资是为了回避汽车和录像机的摩擦等。

表 6 - 1　战后日本对外直接投资动因的变化

50—60 年代	70 年代	80 年代	90 年代前半期
·资源开发型投资	·扩大市场战略	·扩大市场战略	·削减成本（应对日元升值、扩大国际采购和企业内贸易）
·适应进口替代发展战略	·防止贸易摩擦（钢铁、彩电、机床）	·应对日元升值（强化成本竞争力，扩大在亚洲生产）的变化	·适应区域经济一体化（应对 EU、AFTA、NAFTA 等自由化和原产地规则）
·防止贸易摩擦		·回避贸易摩擦（汽车、录像机）	

资料来源：日本経済産業省（旧通商産業省）：通商白書，東京：大藏省印刷局 1996 年版，第 38 頁。

从战后 20 世纪 50 年代日美纺织品摩擦开始，日本就把对外直接投资作为缓解贸易摩擦的主要对策之一，但是当时受资本数量的约束，日本对外直接投资数量很少。进入 20 世纪 70 年代以后，随着日美贸易摩擦的加剧，为缓解贸易摩擦，日本开始大规模对外直接投资，相继出现了三次对外直接投资高潮。①

---

①　财务省（旧大藏省）：财政金融統計月報，第 452 号，对外直接投资，第 7 页。

1. 1972—1974 年第一次对外直接投资高潮

1972—1974 年第一次对外直接投资高潮，日本对外直接投资的主要目的是为了获得资源，投资的地区主要在东亚、东南亚等发展中国家，对欧美等发达国家的投资少；但为了缓解日美贸易摩擦，20世纪 70 年代初，日本开始扩大了对亚洲纺织品和电器的直接投资；日本对亚洲各国直接投资的目的在于：通过亚洲生产基地的产业递次转移，一方面带动本国零部件、成套设备等资本品和中间产品的出口，以保障日本国内出口额的稳定增长；另一方面，将亚洲变成日本进军国际市场特别是欧美市场的"出口加工地"和"海外集散地"。也就是说，日本将一部分出口能力转移到东亚国家，利用这些国家廉价的土地和劳动力资源而形成生产能力，通过这种"迂回"方式向欧美国家出口，以规避贸易摩擦。

2. 1978—1981 年第二次对外直接投资高潮

1978—1981 年第二次对外直接投资高潮，日本已经实现了产业结构的重化工业化，并在汽车、半导体、彩电、录像机和通讯器材等特定产品领域具有较强的国际竞争力。由于日本对美国市场集中大量地出口，引发了日美贸易摩擦，美国对日本实行自愿出口限制、产品进口配额、反倾销等严厉的贸易保护。为了缓解贸易摩擦，保证稳定的出口市场，日本开始增加了对美国的商业和服务业的投资，对外直接投资的内容和地区结构发生了变化。在投资的领域上，商业和服务业的投资超过了制造业投资和资源开发投资；在投资的地区结构上，虽然仍然以发展中国家为主，但为了回避与发达国家的贸易摩擦，增加了对发达国家的投资。如表 6 - 2 所示，1978—1981 年美国在日本对外直接投资中所占的比例一直保持在 1/4—1/3，1979 年、1980年、1981 年分别为 26.9%、31.6% 和 26.4%。

3. 1986—1989 年第三次对外直接投资高潮

进入 20 世纪 80 年代中期，日美贸易摩擦进一步激化。在 1985年，日本巨额的贸易顺差中美国占 76.8%，在美国贸易逆差中日本占 35.6%。特别是 1985 年日元升值，生产成本加大，为了回避与美国的贸易摩擦，降低生产成本，巩固和提高日本产品的市场占有率，

表6-2 日本对不同地区对外直接投资的变化

（单位：百万美元）

年份	对美国	对EC	对NIES	对ASEAN	对大洋洲	世界合计
1979	1.345	387	614	340	582	4990
	(26.9)	(7.7)	(12.3)	(6.8)	(11.7)	(100.0)
1980	1484	544	378	786	448	4693
	(31.6)	(11.6)	(8.1)	(16.7)	(9.5)	(100.0)
1981	2354	719	722	2573	424	8932
	(26.4)	(8.0)	(8.1)	(28.8)	(4.7)	(100.0)
1982	2738	790	738	621	421	7708
	(35.5)	(10.3)	(9.6)	(8.1)	(5.5)	(100.0)
1983	2565	944	1117	653	191	8145
	(31.5)	(11.6)	(13.7)	(8.0)	(2.3)	(100.0)
1984	3359	1691	809	686	157	10155
	(33.1)	(16.7)	(8.0)	(6.8)	(1.5)	(100.0)
1985	5395	1851	718	597	525	12217
	(44.2)	(15.2)	(5.9)	(4.9)	(4.3)	(100.0)
1986	10165	3234	1531	554	992	22320
	(45.5)	(14.9)	(6.9)	(2.5)	(4.4)	(100.0)
1987	14701	6281	2580	1030	1412	33364
	(44.1)	(18.8)	(7.7)	(3.1)	(4.2)	(100.0)
1988	21701	8329	3264	1966	2669	47022
	(46.2)	(17.7)	(6.9)	(4.2)	(5.7)	(100.0)

注：（）内数字为所占比例（％）

资料来源：财务省（旧大藏省）：财政金融统计月报，第452号，对外直接投资，第9頁。

从1986年开始，日本对外直接投资迅速增加。如表6-2和图6-1所示，1986年比1985年增加了82.6％，达到223.2亿美元；1987年增加了49.4％，达到333.64亿美元；1988年增加了40.9％，达到了470.22亿美元。日本对外直接投资剧增的结果是，1986—1988年3年时间的投资累计额为1027.06亿美元，超过了战后日本1951—1985年35年的投资总额836.5亿美元。日本对外直接投资迅速增加的同时，对外投资的地区结构也发生了变化，对美国直接投资剧增。日本对美国直接投资1985年是53.95亿美元，1986年达到了101.65亿美元，1988年达到了217.01亿美元，1989年激增达到了320亿美元，4年的时间增长了6倍。对美国的直接投资在日本对外直接投资中所占的比例由 1984 年的 33.1% 上升到了 1988 年的 46.2%。① 日本对美国直接投资剧增的同时，对美国直接投资的结构也发生了很大变化，如图 6 – 2 所示，1985 年以后，为了回避汽车等贸易摩擦，日本在美国的制造业投资比例迅速增加，此外，不动产投资增加也很快。

(单位:百万美元)

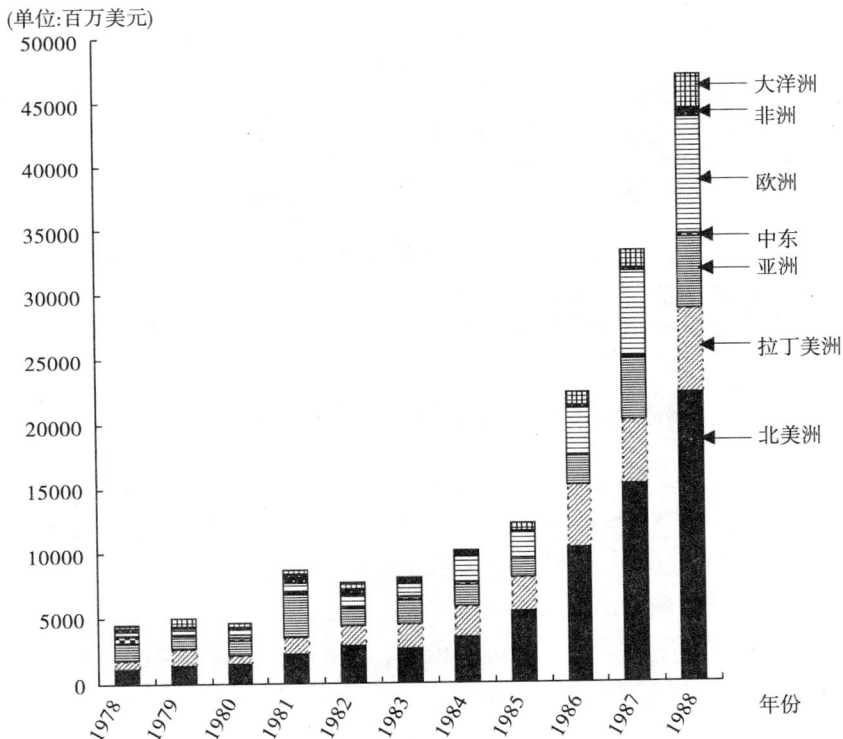

图 6 – 1　日本对不同地区对外直接投资的变化

资料来源：内閣府（旧经济企画庁）：经济白書，東京：大藏省印刷局 1989 年版，第 57 頁。

---

① 日本贸易振興会：ジェトロ白書・投资编——世界と日本の海外直接投资，日本贸易振興会 1990 年版，第 39 頁。

（单位：亿美元）

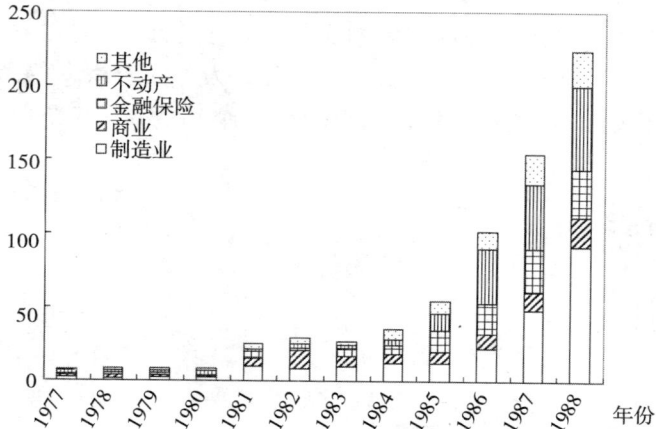

图 6－2　日本对北美直接投资的变化

资料来源：财務省（旧大蔵省）：財政金融統計月報，第 452 号，对外直接投资，地域別·年度別·業種別投資額（2）。

二、日本政府促进对外直接投资的措施

战后为了缓和日美贸易摩擦，日本政府积极鼓励、资助和扶持企业对外直接投资。1985 年日元升值以后，为促进企业对外直接投资，日本政府又出台了一系列促进对外直接投资的措施。主要包括：

1. 放松金融管制

放松金融管制，推行金融自由化和国际化。如对大额存款利率实行自由化，减少海外金融机构进入日本市场的限制，放松日本银行对国外客户贷款的限制，建立东京离岸金融市场等。

2. 日本银行建立全球性的经营网络

根据日本跨国公司对外直接投资的需要，日本银行建立了全球性的经营网络，广设海外分支机构和附属机构。到 1988 年年初，日本银行的海外分支机构达到 441 个，其业务范围不断扩大，开辟了项目融资、租赁、咨询、发行债券、投资管理等，以支持日本企业进行海外投资，增强其竞争能力。

3. 对外直接投资的金融税收优惠政策

战后为鼓励对外直接投资，日本政府对对外直接投资给予了金融税收优惠政策。包括：日本进出口银行向私人海外投资提供优惠利率的贷款，根据《自由汇兑法》给予外汇优惠措施；日本政府对海外投资给予税收优惠；建立完备的海外投资保险制度等。1987 年以前，日本海外投资保险只包括外汇险、征用险和战争险三种政府风险险别，1987 年以后，海外投资保险除了承担政治风险外，还把与对外直接投资相关的商业风险纳入其业务范围。对外直接投资保险业务的扩大，在一定程度上削减了投资者的经营风险，极大地促进了日本私人企业，特别是中小型企业的对外直接投资。

第二节 对外直接投资的直接效果分析

缓解日美贸易摩擦一直是战后日本对外直接投资的主要动因之一。那么，日本对外直接投资是否起到了缓解日美贸易摩擦的作用呢？本节首先从理论上分析对外直接投资缓解贸易摩擦的机理，然后探讨日本对外直接投资对缓解日美贸易摩擦的实际效果。

一、对外直接投资缓解贸易摩擦的理论分析

本书关于对外直接投资缓解贸易摩擦的理论探讨，是从一国对外直接投资对其对外贸易的影响展开分析。关于对外直接投资与对外贸易之间的关系一直是国际直接投资理论研究的重要内容。关于两者的关系有两种截然相反观点，即贸易替代论和贸易补充论。这两种截然相反观点的提出有着深刻的时代背景，是国际直接投资发展历史轨迹的真实写照。贸易替代论主要是根据二战后美国对西欧各国直接投资的实践提出的，即大规模的投资能够减少双方的贸易额，起到缓解贸易摩擦的作用。贸易补充论则主要是根据 20 世纪 60 年代之后日本对东南亚发展中国家直接投资的实践提出来的，即大规模的投资进一步扩大了双方的贸易额。本节主要阐述蒙

代尔的贸易与投资替代模型①和小岛清的贸易与投资互补模型②。

1. 蒙代尔的贸易与投资替代模型

（1）基本假设条件

蒙代尔在 1957 年阐述了国际直接投资与国际贸易之间的替代关系，他的模型假定如下：

①市场上存在 A、B 两国，前者资本丰富，后者劳动力丰富；

②市场上只存在 X、Y 两种商品，X 是劳动密集型产品，Y 是资本密集型产品。A 国在 Y 产品上具有比较优势，B 国在 X 产品上具有比较优势；

③A、B 两国的生产函数是相同的，且都是一次齐次函数，即：当投入的生产要素同时增加 n 倍时，产出也增加 n 倍；

④存在刺激要素流动的某些因素，例如：贸易壁垒、关税等。

（2）基本模型

蒙代尔首先分析了在自由贸易条件下的情况。根据赫克歇尔—俄林—萨缪尔森定理，在自由贸易条件下，两国可以通过商品贸易达到资源的最优配置。其过程是 A 国出口 Y 商品，B 国出口 X 商品。在实现了自由贸易平衡的条件下，A、B 两国的劳动力报酬的相对量和绝对量是一致的，因而不存在要素流动的必要性。在图 6-3 和图 6-4 中，纵轴与横轴分别表示商品 X 和商品 Y 的产量，弧线 T_aT_a，T_bT_b 分别代表 A、B 两国的生产可能性边界。由于 A 国资本丰富，它的生产可能性边界在横轴上的截距较大，而 B 国生产可能性边界在纵轴上的截距较大，MM′线表示自由贸易条件下两种商品的相对价格，即 X、Y 两种商品的价格比率。

在自由贸易条件下，A 国的 X、Y 两种商品的最佳生产组合点为 P_a，即 MM′线与生产可能性边界弧线 T_aT_a 的切点。A 国出口 Q_aP_a 量

---

① R. A. Mundell: "International Trade and Factor Mobility", *American Economic Review*, June 1957, Vol. 47, No. 3, pp. 321－335.

② ［日］小岛清：《对外贸易论》周宝廉译，南开大学出版社 1987 年版，第437—442 页。

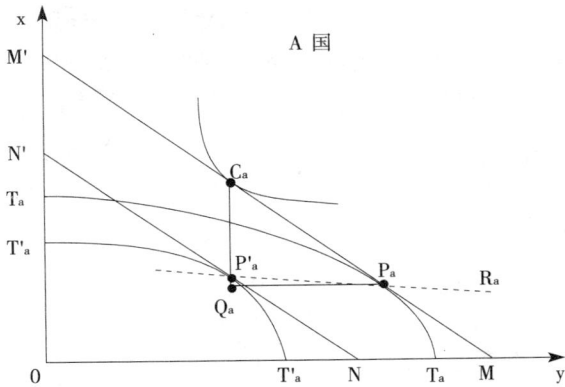

图 6-3　国际资本流动与国际贸易（A 国）

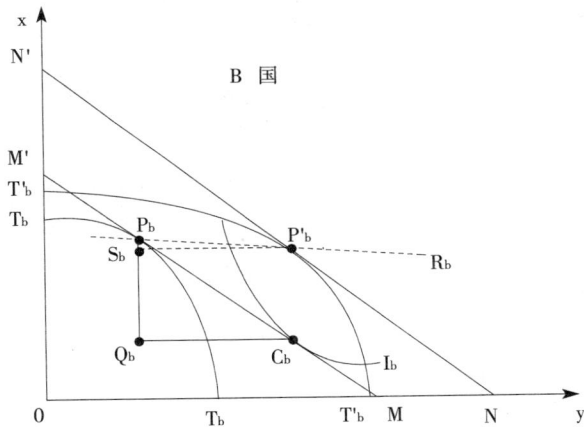

图 6-4　国际资本流动与国际贸易（B 国）

的 Y 商品，进口 Q_aC_a 量的 X 商品；而 B 国的最佳生产组合点为 P_b，出口 P_bQ_b 量的 X 商品，进口 Q_bC_b 量的 Y 商品。如图 6-3 和图 6-4 所示，A 国的三角形 $C_aQ_aP_a$ 与 B 国的三角形 $C_bQ_bP_b$ 全等。所以，A 国、B 国在 MM′ 线表示的价格比率下，同时达到了贸易平衡，即：A 国出口的 Y 商品量 Q_aP_a 等于 B 国进口的 Y 商品量 Q_bC_b；A 国进口的 X 商品量 Q_aC_a 等于 B 国出口的 X 商品量 P_bQ_b，这时不会出现资本流动。

　　然后，蒙代尔分析了在贸易壁垒条件下资本流动与国际贸易的替代关系。例如 B 国对进口的 Y 商品征收高关税，势必提高 A 国出口的 Y 商品在 B 国的国内价格，从而刺激 B 国 Y 商品部门的生产扩张。伴随着 B 国 Y 商品部门生产的扩大，B 国国内对原本较稀缺的资本要素的需求上升，因而使 B 国资本的价格上升。此时 A 国的资本在高利润的驱使下，流向 B 国，扩大 B 国 Y 商品的生产。由于 A 国资本流出，使得其生产可能性边界由原来的 T_aT_a 缩小为 $T_a'T_a'$。而 B 国的生产可能性边界由原来的 T_bT_b 扩展为 $T_b'T_b'$。在 X、Y 两种商品的价格比率不变的条件下，即 MM′ 线与 NN′ 线平行，A 国的最佳生产组合由 P_a 变为 P_a'，B 国的最佳生产组合由 P_b 变为 P_b'，图 6-3 和图 6-4 中的 A，B 两国的最佳生产组合点的连线 R_a 线和 R_b 线（两条线平行），被称为雷布钦斯基线（Rybczynski Line）。最佳生产组合点的变化意味着 A 国将减少 Q_aP_a 量的 Y 商品生产，而增加 $P_a'Q_a$ 量的进口商品 X 的生产；B 国将增加 S_bP_b' 量的进口商品 Y 的生产，而减少 P_bS_b 量的进口商品 X 的生产。由于 A 国三角形 $P_a'Q_aP_a$ 与 B 国三角形 $P_bS_bP_b'$ 全等，所以 A、B 两国的 X、Y 商品总产量与自由贸易条件下相比并没有发生变化，即 A 国 X 商品产量的增量 $P_a'Q_a$ 等于 B 国 X 商品产量的下降 P_bS_b，A 国 Y 商品的下降 Q_aP_a 等于 B 国 Y 商品产量的上升 P_bS_b。因此，与自由贸易的情况相比，资本流动并没有增加 X、Y 两种商品的总产量，只不过用 B 国 Y 商品的增加替代了 A 国出口商品 Y 产量的下降，用 A 国进口商品 X 产量的增加替代 B 国出口商品 X 产量的下降。因此，蒙代尔认为，在严格的要素禀赋理论框架下，资本流动与国际贸易是一种完全替代的关系，即国际资本流动取代了国际贸易，属于一种逆贸易倾向的投资。

　　根据蒙代尔的论述可以得出以下几点结论：（1）如果两国的生产函数相同，则国际贸易与国际直接投资表现为替代关系；（2）国际直接投资起因于国际贸易障碍，在自由贸易条件下，国际直接投资本身并没有什么益处，因而不会发生；（3）国际直接投资替代国际贸易的结果是，投资国将会减少拥有比较优势商品的生产和出口，东道国则增加该种商品的生产，投资国增加拥有比较劣势商品的生产，该种商品的进口减少，这两种情况都是具有逆贸易性质的，即起着减少国际贸易的作用，前者意味着国际直接投资取代国际贸易，后者意味着为了维持充分就业，而增加了拥有比较劣势商品的生产。

战后日本对美国的直接投资，尤其是 20 世纪 80 年代对美国的直接投资主要直接目标是回避贸易摩擦，因而日本对美国直接投资与对美国贸易之间的关系是一种替代关系，但只是部分替代，而不是完全替代。跨国公司的对外直接投资必然会遇到各种投资壁垒，在投资壁垒和贸易壁垒并存的条件下，投资对贸易的完全替代不可能是最佳的选择，使对外直接投资本身也成为较高成本的国际经济竞争方式。蒙代尔的贸易与投资替代理论适用于经济发展水平相近的国家为了绕开贸易摩擦而进行的直接投资，但对其他类型的国际直接投资行为难以做出科学解释。

2. 小岛清的贸易与投资互补模型

1989 年小岛清在其代表作《对外贸易论》中阐述了国际直接投资与国际贸易之间互补关系的理论。按小岛清的分类，直接投资分为"顺贸易导向型投资"（Pro – trade Oriented Investment）和"逆贸易导向型投资"（Cro – trade iented Investment）。顺贸易导向型投资是指投资国将失去比较优势的产业转移到东道国，使东道国特定产业的比较优势由潜在变为现实，产业结构发生新的变化；与此同时，投资国减少已失去比较优势产业的生产，可以将有限的资源更多地用于扩大具有比较优势产业的生产和出口，使投资国的产业结构也发生新的变化。这样的直接投资能使两国的比较成本差距扩大，从而使双方充分得到国际分工和贸易的利益。更重要的是，按这种产业调整要求所进行的直接投资将导致贸易的扩大，直接投资和贸易之间形成了一种互补的关系，而不是相互替代。相反，如果将具有比较优势的产业，通过对外直接投资的方式转移到国外，则投资国与东道国的比较成本差距反而缩小，减少了双方可享受的国际分工和贸易的利益，投资国也会减少可供出口的比较优势产品，不利于贸易收支平衡，限制了贸易的扩大，从而导致了投资替代贸易。

（1）模型的基本假设

①国际直接投资并非是单纯的资金流动，而是包括资本、技术、经营管理的总体转移。其核心不是货币资本的转移，而是设备等先进生产资料以及技术、经营管理等技能的转移。换句话说，直接投资是先进生产函数的转移；

②与 Mundell 不同，小岛清认为直接投资并非生产要素的一般流动，而是由投资国的特定产业中的特定企业向受投资国同一产业中的特定企业的要素转移；

③投资国 A 的资本比较丰富，而受资国 B 的劳动力较丰富。只有当 A、B 两国家的技术差距较小时，A 国的先进生产函数才能比较容易地转移到 B 国；

④X 商品、Y 商品分别是劳动密集型和资本密集型产品。A 国在生产 X、Y 两类商品时，均采用先进的生产函数。同 B 国相比，A 国与 B 国在 Y 商品上的技术差距很大。所以，A 国选择对 B 国的商品 X 进行直接投资。

（2）基本模型

在图 6-5 中，流动前 A 国的生产可能性边界为 TT，B 国的生产可能性边界为 tt。由于 B 国在 X、Y 两种商品上的生产函数均较落后，所以其生产可能性边界画得比较小。P 线是流动前的 X、Y 两种商品的价格比率，即它们的交易条件。在流动前，A 国生产 X、Y 两种商品的最佳组合点为 Q，即生产可能性边界 TT 与价格比率线 P 的切点；B 国的最佳生产组合为 q。A 国在 Y 商品上具有比较优势，生产并出口 Y 商品；反之，B 国在 X 商品上具有比较优势，生产并出口 X 商品。

由于小岛清假定直接投资的核心是先进生产技术的移植，而不考虑为数甚微的货币资本的流动，所以，A 国的生产可能性边界在对 B 国 X 商品投资后，并没有发生变化，仍旧维持原来的 TT 水平。而 B 国在接受先进生产函数之后，其 X 商品的产量扩大，Y 商品的产量不变（表现为纵轴和横轴上的截距），其生产可能性边界由原来的 tt 线变为 t't 线。流动后，A 国的交易条件由原来的 P 线变为 P'线，表明 A 国在 Y 商品上的比较优势增强，而其原来在 X 商品上也拥有的比较优势变为比较劣势。所以，A 国生产最佳组合点由原来的 Q 点变为 Q'点，从而增大 Y 商品生产，减少 X 商品生产。假定 A 国消费无差异曲线在 C 点与其交易条件 P′相切，决定了 A 国 X、Y 两种商品的消费量。根据 Q′点决定的两种商品的产量与 C 点决定的两种商品的消费量的差距，可知：在对 B 国 X 商品进行投资后，A 国出口 EQ′量的 Y 商品，进口 CE 量的 X 商品。流动后，B 国的交易条件不变，表现为 P 线与 P′线平行。生产最佳组合点位于 q′，即 P′线与 t′t 线的切点，假定 B 国消费无差异曲线在 c 点与交易条件线 P′相切，从而决定了 B 国对 X、Y 两种商品的消费量。与 A 国一样，可以推知 B 国在接受 A 国投资后，出口 q′e 量的 X 商品而进口 ec 量的 Y 商品。B 国的生产最佳组合点 q 与 q′的连线 d，即雷布钦斯基线。如图 6－5 所示，A 国三角形 CEQ′与 B 国三角形 q′ec 相等，所以，A、B 两国通过在 X、Y 两种商品生产、贸易和消费上的互补，同时达到了均衡，即对外投资创造了贸易机会，换句话说：国际直接投资与国际贸易之间是互补的关系。

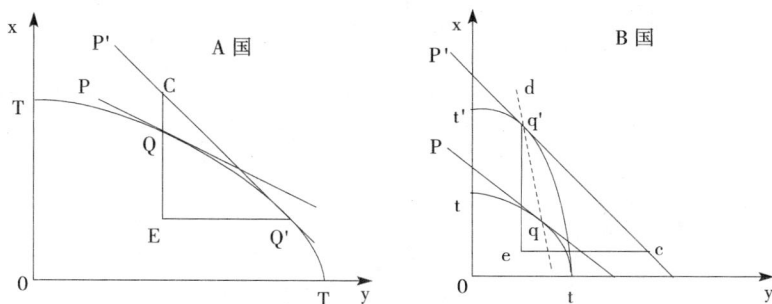

图 6－5　非自由贸易条件下国际资本流动与国际贸易

　　小岛清的贸易与投资互补模型从国际分工出发解释跨国公司对外直接投资的决定因素，将比较利益原则视为跨国公司从事对外直接投资的决定因素。该理论认为，只有在国外利润高、生产要素价格低廉而东道国又不能充分利用这些优势的情况下，日本跨国公司才有必要进行对外直接投资。从中我们可以看到，小岛清所分析的是发达国家对发展中国家以垂直分工为基础的国际直接投资，反映了日本这个后起经济大国在国际生产领域寻求最佳发展途径的愿望，比较符合 20 世纪60、70年代日本以中小企业为主体的对外直接投资实践，以及70年代和80年代日本为了回避与美国的贸易摩擦而对东亚地区增加的制造业投资，但它仍不具有一般意义。譬如，在70年代中期以后，随着经济实力增强和产业结构升级，日本对外直接投资发生了明显的变化，如对发达国家的制造业直接投资迅速增加，并以贸易替代型为主，大型跨国公司在对外直接投资中地位逐渐上升，该理论对此不能给予解释。

二、对外直接投资缓解日美贸易摩擦的效果分析

1. 日本对外直接投资起到了缓解日美贸易摩擦的作用

一国对外直接投资对其对外贸易的效应主要通过以下四个方面来体现：一是出口诱发效应。即由于对外直接投资而导致的原材料、零部件或设备等出口的增加。这些增加的出口可能来自于跨国公司总公司对其国外分支机构的出口，也可能来自于其他供应商对跨国公司国外分支机构的出口。二是进口转移效应。即由于对外直接投资而导致的进口减少。假定某产品原本由投资国生产，其生产所需的投入物从国外进口。当通过对外直接投资方式将生产基地转移到国外后，投资国该产品的生产将减少，同时生产所需的各种投入物的进口也相应减少，将进口转移到新的国外生产基地。三是出口替代效应。即由于对外直接投资而导致的出口减少。在投资国的跨国公司将某些产品的生产基地转移到国外后，东道国当地企业通过技术扩散或模仿，也开始生产该产品，导致投资国出口减少。同时，投资国跨国公司国外分支机构生产和销售规模的扩大，也会替代跨国公司总公司的出口，进而导致投资国出口减少。四是逆向进口效应。即由于对外直接投资而导致的进口增加。投资国通过对外直接投资的方式将某产品的生产基地转移到国外，再从国外分支机构进口该产品，进而导致投资国进口增加。

在这四种效应中，前两种效应表现为投资国出口增加或进口减少，对投资国的贸易收支有正效应；后两种效应表现为投资国出口减少或进口增加，对投资国的贸易收支有负效应，即具有缓解贸易摩擦的效应。日本对外直接投资对其对外贸易的影响程度由这四种效应相互作用的净效应所决定。一般来说，这四种效应并不是同时出现的，

较早开始发挥作用的是出口引致效应；随后，当国外分支机构的生产开始取得规模经济效益以后，出口替代效应开始出现；进而产生作用的是进口转移效应和逆向进口效应。

日本有关机构对日本对外直接投资的贸易收支效应做了预测，其结果是：日本经济企画厅 1990 年预测，日本对外直接投资在五年后可减少日本对外贸易顺差 113.8 亿美元；日本债券信用银行 1990 年预测，日本对外直接投资在 1992 财年和 1995 财年可分别减少对外贸易顺差 226 亿美元和 618 亿美元，1992 财年日本对外直接投资可减少对美国贸易顺差 158 亿美元；野村综合研究所 1989 年预测，日本对外直接投资 1992 财年和 1995 财年分别减少对外贸易顺差 156 亿美元和 287 亿美元；富士综合研究所 1989 年预测，日本对外直接投资 1992 财年减少对外贸易顺差 200 亿美元；住友生命保险 1989 年预测，日本对外直接投资 1992 财年和 1995 财年分别减少对外贸易顺差 473 亿美元和 583 亿美元。①

从实际效果来看，日本对外直接投资起到了缓解贸易摩擦的作用。例如，随着 1985 年广场协议后日本制造业对外直接投资的增加，其出口替代效应明显增强，如图 6-6 所示，1985—1988 年日本制造业的贸易收支率，即日本出口额和进口额的比率直线下降。从图 6-7、图 6-8 可以看出，无论是日本对北美的直接投资，还是对亚洲的直接投资，都起到了缩小日本贸易顺差的作用。但是，从上述日本对外直接投资对其对外贸易影响的四方面效应来看，日本对北美直接投资的出口替代效应明显，逆向进口效应较弱；而日本对亚洲直接投资的逆向进口效应明显。

2. 日本对外直接投资缓解日美贸易摩擦的案例分析

（1）案例一：彩电对外直接投资缓解贸易摩擦的效果

日美彩电摩擦的高峰在 1976 年，在此之前的 1968 年 3 月，美国电子工业协会附属的进口委员会就曾向美国商务部提出申诉，要求政府

---

① 財務省（旧大蔵省）：財政金融統計月報第 460 号，日本の対米経常収支の動向，第 13 頁。

（单位：亿美元）

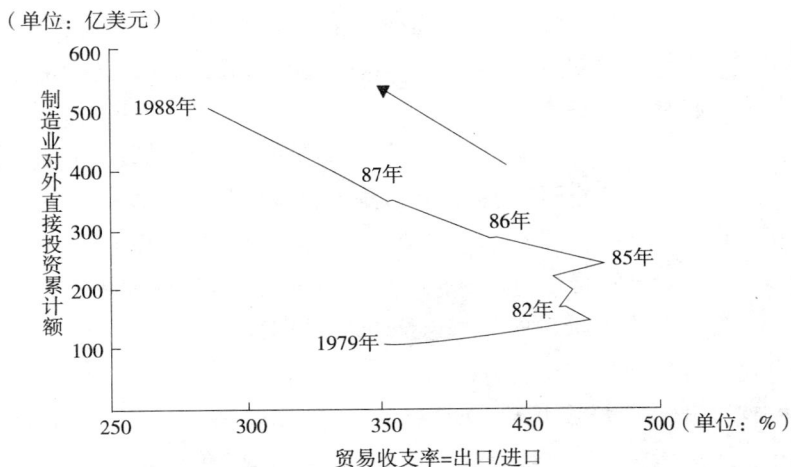

图 6－6　日本制造业对外直接投资累计额与出口替代效果

资料来源：行天豊雄、黒田眞：日米経済問題・100のキーワード，京都：有斐閣 1992 年版，第 253 頁。

（单位：10亿美元）

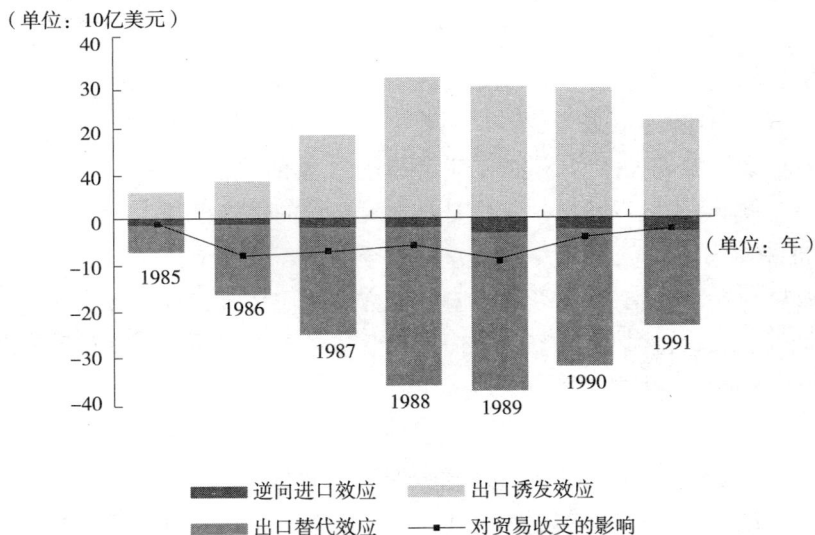

逆向进口效应　　出口诱发效应

出口替代效应　——对贸易收支的影响

图 6－7　日本对北美直接投资对其贸易收支的影响

资料来源：内閣府（旧経済企画庁）：経済白書，東京：大蔵省印刷局 1993 年版，第 303 頁。

（单位：10亿美元）

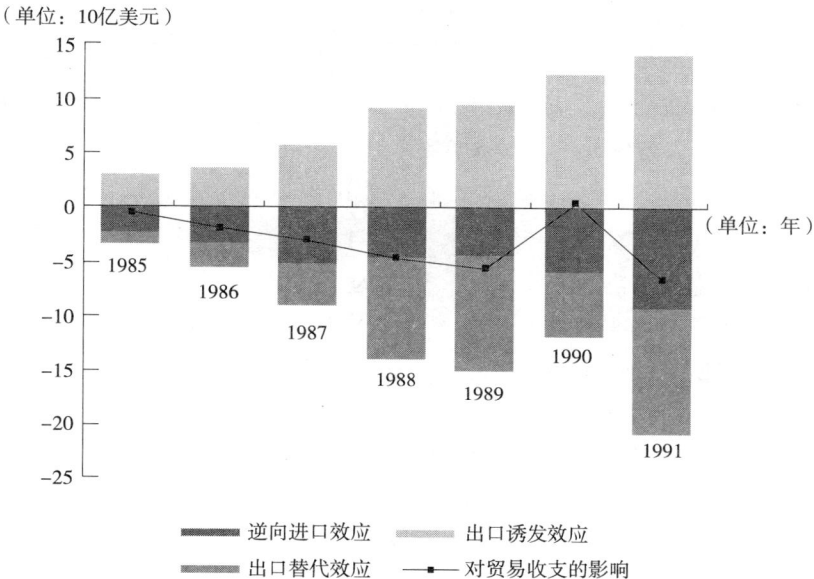

图6－8　日本对亚洲直接投资对其贸易收支的影响

资料来源：内阁府（旧経済企画庁）：経済白書，東京：大蔵省印刷局1993年版，第303頁。

和国会对从日本进口的交调机等产品实行配额限制，但由于证据不足，最终不了了之。不过这一事件还是引起了美国对电视进口实行较为严格的限制，因而在这一时期日本对美国的彩电出口一直在100万台左右徘徊。到了1976年美国建国200周年和总统选举之际，由于美国国民希望通过电视来观看国庆和总统选举盛况，国内彩电需求旺盛，日本对美国彩电出口急剧增加，达到296万台，比1975年增加2倍多。在这种形势下，美国彩电厂家又一次对日本企业进行起诉。当时，美国"彩电产业保护委员会"根据美国1974年通商法第201条款，即紧急进口限制条款向美国国际贸易委员会提出申请，以此为基础，国际贸易委员会就日本的出口行动进行调查。1977年，该委员会根据调查结果做出判决，认为日本彩电对美国"急风暴雨式"的出口使美国彩电行业遭受损害，并由此向美国总统卡特提出建议，要求强化关税等进口管制措施；与此同时，还就日本家电厂家在对美国贸易中的价格倾销行动和接受政府补贴等"不公平贸易习惯"问题进行调查。在这种形势下，日本由于害怕美国政府和国会做出不利于日本的政策和立法，便自动做出让步。结果，在 1977 年 5 月，日本政府与美国政府签订了维持出口市场秩序的"日美彩电协定"。根据该协定，从 1977 年 7 月开始的 3 年时间内，日本对美国的彩电出口每年控制在 175 万台以内，其中制成品控制在 156 万台之内、半成品控制在 19 万台之内。

在彩电出口实行自愿限制之后，为了回避日美彩电贸易摩擦和进一步在美国市场上获取利润，日本彩电厂家纷纷对美国进行直接投资，几乎所有的日本彩电厂家都在美国本土进行彩电生产，日本厂家在美国本地生产销售的彩电金额增加。如图 6-9 和表 6-3 所示，在 1979 年日本厂家在美国现地生产销售的彩电金额达到 244 百万美元，超过了日本对美国的彩电出口金额 232 百万美元。随着日本彩电厂家在美国现地生产的增加，日本对美国的彩电出口额急剧下降，从 1977 年的 506 百万美元，下降到 1979 年的 232 百万美元和 1980 年的 196 百万美元。日本对美国彩电出口数量也从 1978 的 154 万台，下降到 1979 年 69 万台（这两个数据均包括半成品）。在这种情况下，日美彩电协议在适用期未满便自动失效，日美彩电摩擦也随之结束。

（单位：百万美元）　　　　　　　　　　　　　　　　　　　　（单位：百万美元）

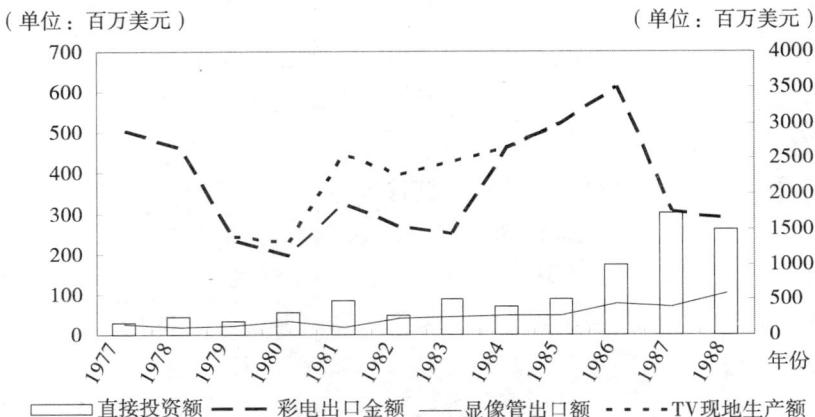

图 6-9　日本彩电对美国的出口与直接投资

资料来源:内閣府(旧経済企画庁):経済白書,東京:大藏省印刷局 1989 年版,第 207 頁。

表6-3 日本对美国彩电出口与对美国直接投资

（单位：百万美元）

	1977	1978	1979	1980	1981	1982	1983	1984	1985	1986	1987	1988
彩电出口金额	506	463	232	196	323	268	252	466	523	611	306	288
显像管出口额	26	18	21	33	20	41	45	48	49	78	70	105
TV 现地生产额	—	—	244	228	444	399	429	465	523	—	—	—
直接投资额	161	243	180	309	475	267	502	409	513	987	1719	1501

资料来源：内閣府（旧経済企画庁）：経済白書，東京：大藏省印刷局 1989 年版，第 578 頁。

（2）案例二：汽车对外直接投资缓解贸易摩擦的效果

20 世纪 70 年代后期，日本对美国的汽车出口不仅数量巨大，而且逐年递增。在 1978 年日本对美国的汽车出口数量为 152 万辆，1979 年达到 164 万辆，1980 年进一步上升为 192 万辆，其在美国进口汽车中所占的比例达到 80% 左右，日本汽车在美国占有的市场份额超过了 20%；与此同时，70 年代末期的几年，美国汽车工业正处于不景气之中，在 1977 年生产 921 万辆汽车之后连年下降，1978 年生产汽车为 918 万辆，1979 年进一步下降为 843 万辆。在这种情况下，1980 年 8 月美国临时解雇的就业人员达到 25 万人，占直接劳动者的 1/3，并且，作为美国第二大汽车公司的克莱斯勒汽车公司陷入大幅赤字之中，正在申请美国政府的补助。在这种背景下，便爆发了第一次日美汽车及其零部件摩擦。[1]

为了规避与美国的汽车贸易摩擦，从 1982 年开始，日本汽车业采取了对美国直接投资的对策，丰田、日产、本田、马自达、三菱、富士重工等日本汽车公司相继在美国进行投资生产。1985 年日元升值以后，随着日本对美国直接投资的急剧增加，日本汽车厂家在美国本地生产的汽车数量迅速增加，从 1983 年 6 万台→1985 年 36 万台→1987 年 74 万台→1989 年 125 万台→1990 年 149 万台，如表 6-4 所示。由于日本汽车厂家在美国生产的增加，在 1987 年以后日本对美

---

[1]　Dominick Salvatore: *International Economics*,清华大学出版社 1997 年版，第 262 页。

国的汽车出口呈现减少趋势，对外直接投资的贸易替代效果开始显现。从表6－4可知，1986年日本对美国汽车出口金额为25889百万美元，对美国四轮车出口数量343万台；1987年、1988年、1989年日本对美国的汽车出口金额分别为25223百万美元、24026百万美元和23116百万美元，分别比前一年下降2.6%、4.7%、3.8%；同期日本对美国的四轮车出口数量分别为308万台、270万台和243万台，分别比前一年下降10.2%、12.3%、10.0%。日本对美国汽车出口金额和出口数量的下降缓解了日美之间的汽车贸易摩擦。但是，随着日本汽车对美国直接投的增加，对美国汽车零部件出口增加又引起了日美汽车零部件贸易摩擦。

表6－4　日本对美国汽车出口情况

	1983 年	1984 年	1985 年	1986 年	1987 年	1988 年	1989 年
汽车出口							
金额（百万美元）	12456	15434	19238	25889	25223	24026	23116
增长率（%）	12.9	23.9	24.6	34.6	-2.6	-4.7	3.8
在对美国出口中所占比例（%）	9.1	25.8	29.5	32.2	30.2	26.8	24.8
四轮车出口（A）							
台数（万台）	23	258	313	343	308	270	243
增长率（%）	5.7	15.7	21.3	9.6	-10.2	-12.3	-10.0
四轮车现地生产（B）台数（万台）	6	24	36	62	74	89	125
A＋B 台数（万台）	229	282	349	405	382	359	368
增长率（%）	6.5	23.1	23.8	16.0	-5.2	-6.0	2.5
在美国汽车销售中日本车所占比率（%）	21.4	19.6	21.8	23.4	26.0	25.4	28.2

资料来源：财务省（旧大藏省）：财政金融统计月报，第472号，第12页。

3. 日本对美国直接投资引发了日美投资摩擦

如前文所述，1985年广场协议后，日本对美国直接投资剧增，而这成为日美投资摩擦的导火索。当然，大规模的对外直接投资不一定引发投资摩擦。从理论上讲，日本对美国直接投资，不仅有利于美国民间投资的扩大，弥补美国财政资金的不足，而且直接投资所带来的先进的技术和管理方式也有利于提高美国企业的国际竞争力，并增加美国的就业。但是，由于日本企业大规模地进入美国后，日本制造业系列生产结构与美国本土同类企业产生了冲突，日本大规模地进入金融、房地产等服务领域对美国人的心理冲击很大，以及日本对外直接投资扩大与日本限制外国对日本投资形成了内外投资的严重不平衡等原因，美国国内出现了日本对美国投资威胁论，担心在美国吸引的外资结构中日本直接投资比例过大，会增强美国在资金和产业方面对日本的依赖，使美国的重要产业受到日本企业的控制，对美国经济发展和国家主权造成威胁。为了禁止外国企业兼并和收购美国企业，防止外国企业对美国国家安全和最重要行业造成威胁，从国家经济安全保障论的角度，美国对《1988 年综合贸易竞争力法》中的第 721 条的国防生产法做了修改。1988 年 12 月发布了美国总统令，指定对美国的外国投资委员会正式实施。对美国的外国投资委员会由财政部国际问题的副部长负责，美国国防部、商务部、司法部、USTR 代表总统经济顾问委员会委员长及行政管理预算局局长组成。负责审查的内容包括：是否与国家安全保障有关；外国投资企业侵犯到美国国家安全保障的确凿证据；其他法律条款不能充分确保国家安全保障的调查结果，审查的过程保密等。

下面对日本为了规避贸易摩擦而对美国直接投资产生投资摩擦的原因进行分析。

（1）日本对美国直接投资结构的变化是导致日美投资摩擦的直接原因

从日本对美国直接投资的结构来看，1986 年以前，为了追求美国的高利率，日本对美国投资一直以证券投资为主。1987 年美国黑色星期一股票跌落后，日本对美国的证券投资数量迅速减少，以回避贸易摩擦为主的制造业、金融保险等服务业及不动产业投资开始增加。日本对美国直接投资结构的变化成为日美投资摩擦产生的直接原因。

①日本对美国制造业投资的扩大，导致日美两国生产结构发生

冲突

　　从受资国角度来看，一国吸收直接投资的目的是为了获得先进的技术和管理方式，增加本国的就业人数，带动本国产业的发展，扩大出口。20 世纪 80 年代以后，由于美国制造业竞争力相对下降，美国希望日本对美国制造业进行投资，但由于日本对美国直接投资的目的是为了回避贸易摩擦，对美国制造业投资的扩大，使日本系列生产结构与美国的生产结构发生了直接的冲突，产生了新的投资摩擦。其主要表现在以下几个方面：

　　第一，日本对美国的直接投资在美国当地的采购率低。美国吸引日本直接投资的目的是希望通过日本企业在美国生产的增加，促进美国相关零部件产业的发展。但是，由于日本制造业生产结构的重要特点是企业系列承包制，日本将这种企业系列体系移植到了对美国直接投资生产中，日本企业对零部件的采购主要来自日本国内企业，未能促进美国相关产业的发展。根据美国会计检察院调查，在美国日本汽车产业零部件的当地采购率只有 38%，电子产业的当地采购率只有20%，主要零部件大多数都从日本采购。在美国的外资企业的人均进口量是美国国内企业进口量的 2 倍，而在美国的日资企业的人均进口量是在美国的其他外资企业进口量的 2 倍。① 所以，日本对美国直接投资不仅未达到美国所希望的促进美国相关零部件产业发展的作用，而且扩大了美国的贸易逆差，从而引发了日美投资摩擦。

　　第二，日本对美国直接投资的技术溢出效果不明显。美国希望通过吸引日本直接投资提高美国国内制造业的竞争力。但是，日本制造业对美国直接投资的过程中，将其核心的技术留在日本国内，将简单的技术投资到美国进行加工，在提供技术和增加就业方面对美国同类产业的影响不大。② 日本制造业生产活动和研究开发在日本而不是在美国，美国成为日本利用美国廉价的劳动力进行零部件组装的工厂。

---

　　① ポール・クルーグマン：予測 90 年代、アメリカ経済はどう変わるか，ティビーエス・ブリタニカ，1990 年版，第 163 頁。
　　② 日本貿易振興会：ジェトロ白書・投資編——世界と日本の海外直接投資，日本貿易振興会 1990 年版，第 48 頁。

这引起美国人的不满。

第三，日本对美国直接投资的雇佣创造效果不明显。日本在美国设立的工厂以应用简单的技术进行加工为中心，就业人员以女性为主，只是提供了低工资的就业，对当地就业贡献不大。①

②日本对美国的金融、房地产等非制造业直接投资的扩大刺激了美国人的心理

1985 年日元升值后，日本在美国的不动产投资迅速增加，如前文图 6-2 所示。日本企业在美国大量购买办公大楼、旅馆、购物中心、住宅、工厂及其他商业资产，特别是对美国著名大企业的收购和在美国夏威夷大量购买房地产，刺激了美国人的感情，遭到了美国舆论界的强烈反对。如 1989 年日本三菱不动产公司收买了美国洛克菲勒中心，此消息传开后，美国舆论为之哗然，许多美国人称三菱财团"收买了名门洛克菲勒王国"，"买去了纽约的威信"；1989 年日本索尼公司收购了美国哥伦比亚影业公司，此事件传开后，美国人认为，日本人这一次"买走了美国的灵魂"；在索尼公司购买哥伦比亚影业公司之后的 1990 年，松下电器产业公司又购买了美国音乐公司、环球影片公司和环球电影公司，这次购买活动也在美国引起轰动，加深了美国人对日本资本的警惕。

日本在美国夏威夷大量购买房地产，引起了美国人的反感。日本人非常喜爱夏威夷。从日本东京乘飞机到夏威夷，仅需 6 个小时。20世纪 70—80 年代，日本人在夏威夷进行了大量的投资，其资金基本上投入到房地产、豪华商场、快餐店、食品加工厂、饭馆、高尔夫球场等领域。特别是在房地产领域，日本投入的资金最为巨大。1990年，日本在夏威夷房地产投资金额高达 32 亿美元，占所有外国人投资于房地产资金的 95%，且日本人在房地产方面的投资大多集中在黄金地段，价格高昂。由于日本人在夏威夷大量购买房地产，导致房地产价格扶摇直上。一般家庭用的住房在 1986 年为 19 万美元左右，

① 日本貿易振興会：ジェトロ白書・投資編——世界と日本の海外直接投資，日本貿易振興会 1990 年版，第 48 頁。

到 1992 年上涨到 38 万美元左右，结果引起当地美国人，特别是一些无房产和租住公寓的人的强烈不满。尤其是当美国人将日本人对夏威夷房地产的大量购买与在第二次世界大战中日本偷袭珍珠港事件联系在一起时，美国人对日本人大量购买夏威夷房地产的行为极为反感。美国出版的《珍珠路的幽灵》一书中甚至有这样一句话："日本一直是美国历史上的敌人，对日本的仇恨要超过任何其他国家。"

正是基于上述分析，日本经济学家小宫隆太郎认为导致日本对美国直接投资摩擦的原因与其是经济上的原因，不如说是美国对外国企业收购象征本国文化、经济繁荣的企业的一种心理的抵抗，是对日本企业对美国投资激增的一种社会和心理的反感。[1]

③日本以收购、兼并为主的投资方式威胁了美国国家安全和经济发展

据美国商务部统计，1985 年以来，日本对美国企业收购比例一直保持在 80% 以上。1989 年日本对美国直接投资 646 亿美元中，86% 采取收购方式，新建企业的比例只有 14%。[2] 日本对美国投资采取收购的方式特别是对美国尖端产业的收购，美方认为威胁了美国国家安全和经济的发展。

1989 年 10 月 9 日，美国《新闻周刊》杂志进行对美国威胁最大的舆论调查，结果显示，53% 的美国人认为是日本的经济实力，33% 的美国人认为是原苏联的军事实力。[3] 1988 年 11 月，美国《华尔街时报》和《ABC 新闻》所做的舆论调查中，58% 的人赞成对外国投资实行法律限制，其中《ABC 新闻》调查中的 80% 的人认为应该限制日本企业收购美国企业。[4] 这一调查结果显示了美国对外国企业直

---

① 小宫隆太郎、若杉隆平：日本の对外直接投资，日本通产省の报告书，1990年 5 月。

② 経済産業省（旧通商産業省）：通商白書，東京：大藏省印刷局 1990 年版，第 212 頁。

③ 日本貿易振興会：ジェトロ白書・投資編——世界と日本の海外直接投資，日本貿易振興会 1990 年版，第 48 頁。

④ 秋山憲治：日米通商摩擦の研究，同文館出版 1990 年版，第 177 頁。

接投资的担忧。但是美国财界对此却表示了充分的自信。在塔斯社
1988年11月对美国财界巨头519人的调查中，50%的人认为日本对
美国的直接投资对美国经济有利，80%的人认为没有必要担心，只有
14%的人认为日本对美国投资对美国经济构成了威胁。①

④日美之间相互直接投资的不平衡引起了美国企业的不满

1985年日元升值后，日本企业对美国和欧洲的直接投资剧增，
而外国对日本的直接投资却存在障碍，日本对外直接投资和外国对日
本直接投资出现了明显的不平衡。如表6-5所示，20世纪70年代
初期，由于对外投资的数额较少，日本对外直接投资与外国对日直接
投资两者比率为1.6，基本保持平衡；但随着日本对外直接投资的扩
大，日本对外直接投资与外国对日本直接投资的差额逐渐扩大，两者
比率1988年达到10.6，1989年达到16.9。而同期该比率美国为0.9
（1989年），联邦德国为2.0（1988年），英国为1.5（1988年）。②

表6-5　日本对外、对内直接投资余额的变化

（单位：百万美元）

	1972年	1975年	1980年	1985年	1986年	1987年	1988年	1989年
对外直接投资余额（A）	2574	8322	19612	43974	58071	77022	110780	154367
对内直接投资余额（B）	1645	2084	3270	4748	6514	9018	10416	9160
（A）／（B）	1.6	4.0	6.0	9.3	8.9	8.5	10.6	16.9

資料来源：日本貿易振興会：ジェトロ投資白書——世界と日本の海外直接投資，
2001年版，第63頁。

表6-6与表6-7显示了日美之间相互直接投资的情况，从中可
以看出，无论是直接投资存量，还是直接投资流量，日本对美国直接
投资都远远高于美国对日本的直接投资。以1989年为例，日本对美

① 日本貿易振興会：ジェトロ白書・投資編——世界と日本の海外直接投資，
日本貿易振興会1990年版，第51頁。
② 日本貿易振興会：ジェトロ白書・投資編——世界と日本の海外直接投資，
日本貿易振興会1990年版，第48頁。

国直接投资与美国对日本直接投资的流量比率和存量比率分别为8.5和3.4。这种不平衡引起了美欧企业的不满。美国认为,美国企业对日直接投资数量少的主要原因是日本投资市场的封闭性,要求日本开放市场。

表6-6　日美之间的直接投资流量

（单位：百万美元）

年份	日本对美国的直接投资流量（A）	美国对日本的直接投资流量（B）	A/B
1983	1659	1254	1.3
1984	4708	259	18.2
1985	3269	1175	2.8
1986	7511	2377	3.2
1987	8327	4212	2.0
1988	15975	2352	6.9
1989	16142	1902	8.5
1990	15823	2688	5.9

资料来源：青木健、馬田啓一：日米経済関係——新たな枠組みと日本の選択,東京：到草書房1996年版,第88頁。

表6-7　日美之间的直接投资存量

（单位：百万美元）

年份	日本对美国的直接投资存量（A）	美国对日本的直接投资存量（B）	A/B
1983	11336	7661	1.5
1984	16044	7920	2.0
1985	19313	9095	2.1
1986	26824	11472	2.3
1987	35151	15684	2.2
1988	51126	18009	2.8
1989	67268	19911	3.4
1990	83091	22599	3.7

资料来源：青木健、馬田啓一：日米経済関係——新たな枠組みと日本の選択,東京：到草書房1996年版,第88頁。

第三节　对外直接投资的产业 结构调整效果分析

对外直接投资作为战后日本化解贸易摩擦的主要对策，对日本国内产业结构调整产生了很大影响。本节首先从理论上探讨对外直接投资促进投资国产业结构调整的效果，然后具体分析日本对外直接投资对其国内产业结构调整的促进作用。

一、对外直接投资促进产业结构调整的理论分析

关于对外直接投资与投资国产业结构调整的关系理论大致可以分为两类，一类是从发达或较发达国家和地区的对外直接投资行为角度，着重论述从产业结构相对高的国家向产业结构相对低的国家进行的对外直接投资，即发达国家对发展中国家的投资或较发达的发展中国家对落后的发展中国家的投资，这些理论中比较有影响力的是维农的"产品生命周期理论"、小岛清"边际产业扩张理论"及赤松要的"雁行模式"理论；另一类则从发展中国家的对外直接投资行为出发，论述发展中国家对发达国家的直接投资，其中比较有代表性的是坎特威尔和托兰惕诺的技术创新和产业升级理论。本节将阐述维农的"产品生命周期理论"、小岛清"边际产业扩张理论"及赤松要的"雁行模式"理论在产业结构调整方面的含义。

1. 维农的产品生命周期理论

产品的生命周期理论是由美国哈佛大学教授维农（R. Vernon）于1966年在垄断优势理论的基础上提出的。维农认为美国制造业对外直接投资的比较优势和竞争条件随产品的生命周期变化而变化，而产品在生命周期中比较优势的变化又决定了美国对外直接投资的动机、流向和时间。他将产品的生命周期分为三个阶段，即新产品的创新阶段、成熟阶段和标准化阶段。与这三个阶段对应，该模型还假设世界上存在着三类国家和地区，第一类是新产品的创新国，通常指最发达的国家，如美国；第二类是较发达国家或地区，如欧洲、日本和

新兴工业化国家；第三类是发展中国家。产品生命周期理论根据以上三个阶段和区域来解释国际直接投资的产生和区位转移产品的创新。首先从发达国家开始，在创新阶段，企业主要通过出口来满足国际市场的需求，凭借新产品拥有的技术垄断优势来获得垄断利润，生产成本对于生产区位的选择影响不大，所以产品的生产在国内进行，没有产生国际直接投资；进入产品成熟期后，出现了技术扩散，技术垄断优势减弱，所以降低生产成本，节约运输费用和关税支出变得越来越重要，生产基地转移至劳动力成本更低的地方更为有利，于是最发达国家的公司开始在较发达国家建立子公司，转让成熟技术，就地生产和销售，延伸对这一技术的垄断优势。这一阶段，国际直接投资开始出现，并且投资的区位重点是较发达国家和新兴工业化国家和地区，产业部门出现了部分的国际转移；到了产品的标准化阶段，企业失去其寡占优势，价格方面的竞争压力越来越大，降低成本已经成为增强竞争力的第一要旨，创新企业需要寻找成本更低的生产区域，所以劳动力资源丰富且工资成本低的发展中国家成为国际直接投资选择的理想生产区域，同时，由于本国的生产成本相对较高，创新厂商和其他发达国家的厂商都大规模地减少或停止在本国的生产，该类行业也就逐渐退出本国的产业结构，转而从发展中国家进口。

从该模型可以看到，在产品的生命周期中，经历了从技术、产品性能和品牌的比较优势到成本、价格比较优势的消长和转移，而对外直接投资则通过扩大市场和寻求低廉的生产要素成本帮助企业保持和延长比较优势，并充分获得比较利益，延续其生命周期，在从具有垄断优势到完全从产业结构中退出的过程中获得最大的效益，从而可以降低投资国进行产业结构转换的成本。同时生命周期理论认为，美国等经济发达国家的许多对外直接投资发生在具有比较优势的产业或部门，但是这些直接投资发生在技术成熟之后而非拥有垄断技术的时期。但是由于维农的生命周期理论是建立在对美国跨国公司对外直接投资行为进行实证研究的基础上，所以它不能解释逐渐多样化的国际直接投资，尤其是日益增加的发展中国家对发达国家的投资，因为相对于技术先进的发达国家，发展中国家很难成为垄断技术的拥有者。

2. 小岛清的边际产业扩张理论

产品生命周期理论主要分析拥有雄厚的资本和技术的大型企业进行的对外直接投资，但是，随着西欧、日本以及新兴的工业化国家和地区经济的崛起，国际直接投资的主体逐渐多样化，出现了许多中小企业的对外直接投资，日本的许多对外直接投资就属于这种类型，呈现出与美国对外直接投资不同的特点。日本是一个典型的利用对外直接投资提升国内产业结构的国家，虽然这和日本国内资源状况以及日本所处的东亚地区经济结构有密切的关系，但是对日本对外直接投资和国内产业结构升级关系的研究仍具有理论和实践价值。日本的经济学家在这方面进行了广泛的研究，其中最著名的是小岛清的边际产业扩张理论和赤松要的雁行模式理论。

日本学者小岛清的国际直接投资理论是建立在对国与国之间产业转移的次序分析之上的。该理论核心是：对外直接投资应从本国已经处于或即将处于比较劣势的产业，或者称边际产业依次进行。从边际产业开始进行投资，可以使投资国丰富的资本、技术、经营技能与东道国廉价的劳动力资源相结合，发挥该产业在东道国的比较优势，所以这种类型的对外直接投资也不再局限于具有技术垄断优势的创新企业，而可以发生在更多的中小企业中。小岛清所指的边际产业范围较广，包括边际产业、边际企业或边际部门。例如在日本已趋于比较劣势的劳动力密集型产业即为边际产业；而在同一个劳动力密集型产业中，可能一些大企业还保持较强的比较优势，而中小企业则已经处于比较劣势了，则这些中小企业就是边际企业。在同一企业内部，一些部门失去了比较优势，则这些部门就变成边际部门。

小岛清认为，本国所有趋于比较劣势的生产活动都应该通过直接投资顺序向国外转移，一方面，投资国减少边际产业的生产，可以腾出更多的资源扩大比较优势产业的生产和出口，投资国的产业结构发生新的变化；另一方面，由于对外转移的是发达国家的边际产业，这些产业的技术和管理较之发达国家的技术密集型优势产业更容易被发展中国家吸收和消化，使东道国产业的比较优势由潜在变为现实，产业结构也发生新的变化，从而双方都获得国际分工和贸易的利益，导致两国间的贸易扩大，这将进一步增加对外直接投资对产业结构调整的好处，提高对外直接投资对经济发展的效益。相反，来自发达国家具有比较优势的先进技术投资，往往与发展中国家所处的发展阶段相差太远，发展中国家往往不能充分利用这些技术，这些对外直接投资也不能获得很好的扩散效应。

3. 赤松要的雁行模式理论

雁行模式（Flying – Geese Paradigm）理论由日本经济学家赤松要首先提出①，该理论与小岛清的理论核心内容相似，即一个国家可以通过其海外直接投资把比较劣势的产业转移出去，实现产业升级。赤松要提出的雁行模式经过了一系列的发展，逐渐成为一种产业结构升级的理论分析模式。在雁行模式中，开放经济的国内产业升级的动力和空间是由雁阵中的各国产业转移所决定的。按照该模式，一国产业成长通常经历进口产品、进口替代、出口导向等几个阶段，而产业结构依次分为劳动和资源密集、技术密集和资本密集三个梯级。随着外资的进入和一国工业化的发展，某一产业会逐渐衰落，并将转移到低一个梯级的国家和地区，通过产业转移形成产业替代，推动产业升级。

雁行模式本质上是投资国与东道国之间的动态产业转移理论。雁行的实质是在雁阵中的成员国的经济活动按顺序排列，这种顺序安排允许在雁阵中的成员国利用或通过技术转移、贸易、尤其是直接投资，使在参与国间发生的经济交换而引起的外部收益和关联效用的最大化。它包括两种类型的顺序安排，一种是在每一个经济中的顺序安排，也就是经济发展的内部顺序安排；另一种是构成雁阵的各成员国经济的顺序安排，也即经济间的顺序安排或经济发展的排序。内部排序是指伴随一国生产要素及技术禀赋状况的变化而发生的产业渐进式演化，如低附加值的劳动密集型产业到高附加值的资本密集型产业，一国产业结构顺序演进的进程是能够产生自我维持、自我推动的力量，沿着比较优势的路径依次升级。在整个演进过程中驱动雁阵往前走的原动力是领头国内部的产业结构重构或工业发展顺序推移，从劳

---

① 赤松要：わが国産業発展の雁行形態，一橋論叢，1956 年第 36 卷第 5 号。

动密集型产业向资本密集型产业转换，而这种产业结构的顺序推移就成为次一级尾随国产业成长的重要源泉和发展空间。这样依次循环，尾随国自己也将积极赶超领头国，努力重构本国产业，最终把这种互补优势转化为本国产业成长的动力，而随着本国某一产业的衰落又可以把这一产业转移到再次一级的尾随国。

雁行模式理论被用来解释日本对外直接投资和日本在东亚形成的产业分工。日本作为"领头雁"的对外直接投资一直沿着日本至亚洲四小龙至东盟国家和中国沿海地区的顺序进行，同时东亚各国位于不同雁阵的国家和地区之间也通过对外直接投资进行产业的国际转移和产业结构的不断调整。

二、对外直接投资促进日本产业结构调整的效果分析

作为化解贸易摩擦对策的日本对外直接投资促进了日本产业结构的优化，但也引发了日本产业结构空心化问题。

1. 对外直接投资促进了日本产业结构调整与升级

战后日本的对外直接投资发展极大地促进了日本国内产业结构的调整与升级。正如原正行指出的，在日本战后经济发展的历史中，每一次产业结构蜕变都伴随着产业外移。日本综合性大跨国公司内部进行的垂直直接投资主导这些产业外移，加速了日本国内的产业升级过程。日本产业外移是通过跨国公司内部"缩小衰退部门，同时扩大有前途的部门"的所谓多元化过程，进行产业调整；在同一企业内部，"把不适合于国内生产的产品、部件向海外转移，通过对外直接投资进行企业内的国际产业调整"。[①] 日本对外直接投资对其产业结构调整的促进作用主要表现在以下几个方面。

（1）传统产业转移效应

产业结构的调整和升级，必然伴随新兴产业的兴起和传统产业的逐步衰退，人们习惯把这些衰落的产业称为"夕阳产业"。生产要素

① ［日］原正行：《海外直接投资论》，封小云译，暨南大学出版社1995年版，第47页。

要从夕阳产业转移到新兴产业中，这其实是一个要素重新组合的过程。如果生产要素不能及时从夕阳产业中转移出来，势必使人、财、物不能转移到新兴行业中，削弱了产业升级的物质和技术基础，延缓产业升级的速度。但是夕阳产业的退出往往会遇到壁垒。这些退出壁垒主要是来自于生产设备及人力资本的专用性和沉没成本的存在，另外还有政策和法律的原因。日本对"夕阳产业"的调整采取了两种方式：一是设备废弃，费用由政府和保留下来的企业负担。二是对外直接投资，把过剩设备向海外转移。战后日美贸易摩擦促使日本加快了通过对外直接投资把过剩设备向海外转移的步伐，促进了夕阳产业的调整，如图 6－10 所示。例如，20 世纪 60、70 年代，日美贸易摩擦频发，日本国内劳工成本上升，劳动密集型产业和传统工业的比较优势相对乃至绝对丧失，于是，根据小岛清所说的"边际产业"递次海外转移理论，日本通过对外直接投资将国内已经失去或正在失去竞争优势的产业转移到其他国家，或将竞争过度、技术含量落后的产能释放到海外市场，这样不仅为国内有竞争优势的新兴产业让出了资源，而且海外投资收益汇回国内用于新兴产业发展和传统产业改造，从而使原有的产业结构不断升级优化。

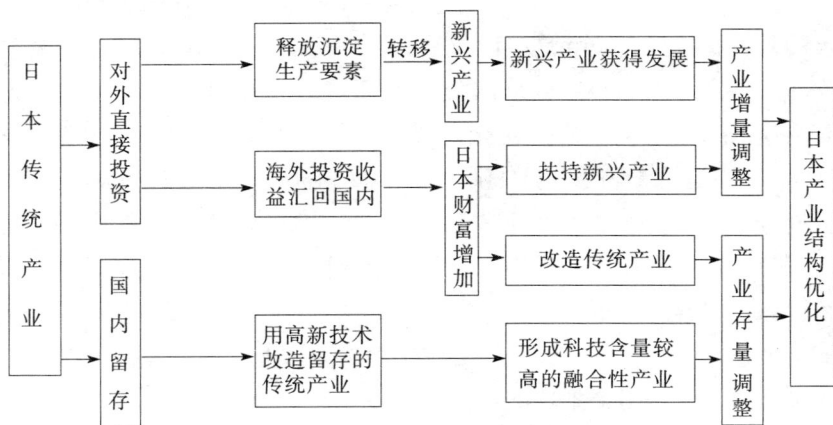

图 6－10　日本对外直接投资的传统产业转移效应

（2）新兴产业成长效应

为了化解贸易摩擦，日本增加对外直接投资，促进了日本新兴产业的成长，如图6-11所示。主要表现在：①日本通过对外直接投资缩小了本国国内已经或正在失去竞争优势的传统产业的生产规模，为国内有竞争优势的新兴产业让出资源，从而为新兴产业的发展腾出了更大的空间，新兴产业因而拥有更为丰富的物质和技术基础，有利于自身的成长和国际竞争力的提高。例如，20世纪60年代日美纺织品贸易摩擦加剧，日本纺织业增加了对东亚地区的直接投资，纺织业中的部分生产要素转移到了重化工业部门，促进了重化工业的发展。②日本通过对美国的直接投资接近了美国的研究与开发（R&D）资源，获得了由美国向日本的技术外溢，即反向技术外溢。[①] 具体来看，可以通过模仿效应、竞争效应及培训和员工流动效应三种途径产生反向技术外溢。日本的企业可以学习、模仿美国的企业行为进而提高自己的技术和生产力水平；在美国的日本企业，面对美国企业的强烈竞争，更加有效地使用现有资源和提高自身的技术水平；美国对于日本员工的培训和日本企业对于美国员工的雇佣也有助于日本实现知识获取，获得反向技术外溢效应。日本获得反向技术外溢效应后，通过有效的传递机制，迅速传递到日本国内，在日本国内经过技术转移、扩散、消化和吸收，从而提高了日本国内的技术研发能力，加快了其新兴产业成长的步伐，从而促进其产业结构的优化升级。③日本通过对美国的直接投资，引进了美国先进的消费理念和消费模式，在一定程度上引导日本国内消费者对高新技术产品的需求。而日本把对美国的直接投资收益汇回国内，又提高了日本居民收入。随着收入水平的提高，日本居民增加了对需求收入弹性大的高新技术产品的需求。强烈的国内有效需求支持日本国内新兴产业的发展。例如，日本对美国进行直接投资，加快了其产业结构向技术集约化方向发展，在

① Nigel Driffield, James H. Love: "Foreign Direct Investment, Technology Sourcing and Reverse Spillovers", *Manchester School, University of Manchester*, 2003, Vol. 71, pp. 659 – 672.

微电子、机电一体化、生命科学、新兴能源产业等方面相互交融、共同合作，极大地促进了日本国内新兴产业的兴起和发展。

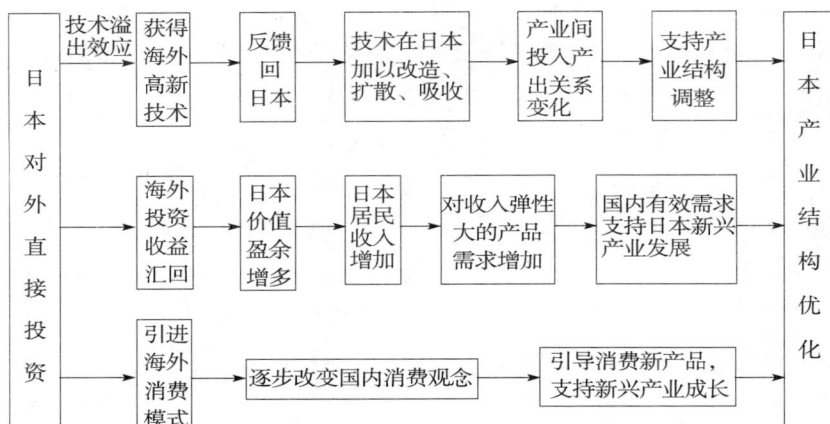

图 6-11　日本对外直接投资的新兴产业成长效应

（3）出口竞争力提升效应

一国出口竞争力可以用显性比较优势指标（Revealed Comparative Advantage）表示。显性比较优势指标首先由巴拉萨（Balassa）于1965年测算部分国家的贸易比较优势时采用，后被世界银行等国际组织普遍采用。显性比较优势指标是一个国家某种商品出口占其出口总额的份额与世界该种商品占世界出口份额的比率，反映了一国出口产品在国际市场上的地位，其表达式为：

$$RCA = (E_{ij}/E_j) / (E_i/W)$$

其中 E_{ij} 表示 J 国 i 类商品出口额，E_j 为 J 国出口总额；E_i 为世界 i 类商品出口额；W 为世界出口总值，若 RCA 大于 1，则表示该国 i 类产品专业化程度高，产品的竞争力强；若 RCA 小于 1，则表示该国 i 类产品专业化程度不高，竞争力弱。

从1986年世界上最主要的工业国出口商品的显性比较优势可以看出（见表6-8），日本出口产品中，机械、运输设备在世界上占有绝对领先优势，其显性比较优势 RCA 值高达 3.12，而同比美国、英国分别为 2.34 和 1.71。这是因为 20 世纪 70 年代以来，日本把大量劳动密集型制造业通过对外直接投资向外转移，而国内集中于占有比较优势的资本、技术密集型的机械、运输设备制造业，使其优势更强。另一方面，在纺织品以及初级产品等制成品上，日本的 RCA 最低，处于弱势地位，这与日本对外直接投资是相当吻合的，这从另一方面证明日本对外直接投资提升了日本国内出口竞争力。

表 6 - 8　1986 年主要工业国出口商品显性比较优势指数

	日本	美国	英国	联邦德国	法国
燃料、矿产品	0.06	0.44	0.95	0.25	0.32
其他初级产品	0.07	0.22	0.36	0.43	1.36
机械、其他运输设备	3.12	0.34	1.71	2.34	1.71
纺织品	0.95	0.63	1.59	0.59	1.59
其他制成品	0.69	0.58	0.81	1.81	0.81

资料来源：张碧琼：《国际资本流动与对外贸易竞争优势》，中国发展出版社 1999 年版，第 206 页。

2. 对外直接投资引发了日本产业结构空心化

（1）日本产业结构空心化论

关于产业空心化内涵的界定不尽相同，概括起来主要有以下三种观点：

第一种观点认为，产业空心化是指国民经济的服务化或超工业化，因为"随着一个国家整个经济向服务化的发展，国内制造业逐渐丧失国际竞争力，进而物质生产的重要性不断下降"。持这种观点的人有的甚至明确指出："产业空心化就是第一、第二产业比例的下降和第三产业所占比例的上升。"

第二种观点认为，产业空心化特指制造业的空心化，即由于向海外投资，在海外建立生产基地，从而使国内生产减少或损失，从而出现产业空心化。

第三种观点认为，产业空心化是西方发达国家特有的经济现象，由于科技进步和社会生产力的发展，在资本主义经济制度所能包容的最大范围内，它将经历两个发展阶段。第一个阶段表现为第一、第二产业所占比例下降，第三产业所占比例趋于上升，整个经济朝着"软性化"方向发展。虽然"产业结构软化"是现代国家产业发展中具有共性的东西，但在资本主义制度这一客观前提下，它却转变为产业结构空心化发展的初级阶段，并为产业结构空心化的形成和发展提供了温床。第二个阶段表现为受资本本能的驱使，制造业的生产据点大规模外移，积累到一定水平，产业空心化最终形成。

在上述三种观点中，第一种观点将"产业空心化"混同于由社会生产力发展水平决定的"经济软性化"概念，没有看到资本的本质属性。第二种观点则只看到了结果，因而第一、二种观点都具有很大的片面性。只有第三种观点辩证地阐述了产业空心化的前因后果，生动地再现了产业空心化形成的客观过程。

在日本，由于 20 世纪 80 年代对外贸易摩擦加剧，特别是 1985 年广场协议后日元急剧升值，日本企业纷纷将国内生产据点向海外转移，导致了其国内制造业急剧萎缩，从而引发了"产业空心化"问题。日本学者关于产业空心化的代表性观点主要有以下几种：

1994 年日本经济企划厅从三个方面分析了产业空心化问题：一是从企业和国内市场的关系角度来看，在国内产品与进口产品竞争激烈，使国内产品丧失竞争力的情况下，国内产品的生产企业就会减少国内生产，甚至从国内市场退出，这样国内生产就由进口来替代。二是从企业和海外市场的联系角度来看，如果出口不合算，在出口对象国生产有利，则企业将生产基地向海外转移，以扩大在出口对象国的生产。在这种情况下，面向出口的国内生产被海外生产所代替。三是从制造业和非制造业的关系角度来看，如上所述，国内生产由进口、海外生产所代替，制造业在国内生产的基础缩小，非制造业的比例提高，结果整个经济呈现第三产业化。在这种情况下，制造业被非制造业代替了。

1986 年若杉隆平①将空心化定义为"经济空心化"，并将产业结

---

① 若杉隆平：産業の「空洞化」は到来するのか，経済セミナー，1987 年 1 月号。

构空心化的过程划分为两个阶段：第一阶段是脱工业化（deindustri-alization）现象，第二阶段是空心化（hollow）现象。所谓脱工业化现象是指制造业生产和就业在经济中所占的比例下降，资本、劳动等生产要素已经转移到了第三产业。空心化现象是指制造业生产基地转移到海外，导致制造业的空心化。

1991 年原正行①将产业结构空心化定义为"广义空心化"和"狭义空心化"两种。所谓广义空心化是指随着经济发展和产业结构高度化，第一产业和第二产业比例下降，第三产业比例上升的脱工业化过程即经济服务化的过程。狭义空心化是指由于对外直接投资导致生产部门向海外转移，国内制造业部门缩小，制造业部门国际竞争力下降引起国际收支恶化，制造业部门缩小导致失业增加，制造业设备投资下降和研究开发活动停滞影响了经济的动态发展。直接投资的形式有多种多样，应该从直接投资和产业结构转换、就业水平、资源有效配置、贸易结构等多方面考察，不能单纯地认为直接投资是产业结构空心化的主要原因。

（2）日本产业结构空心化的状况

本书认为，20 世纪 80 年代为化解贸易摩擦、日本大规模对外直接投资导致了国内产业空心化，日本产业空心化的状况可以通过以下几方面的指标分析。

①海外投资比率提高

海外投资比率是指海外投资额对国内设备投资额的比率，它的提高说明投资额中海外投资部分的增大，它是衡量产业空心化的一个具体指标。从表 6－9 可知，1986 年以后日本制造业的海外投资比率迅速上升。如 1986 年纺织业、非铁金属、运输机械和汽车的海外投资比率分别为 1.3%、1.3%、5.5%、4.8%，1990 年分别为 6.5%、10.6%、43.8%、12.0%，1995 年分别为 27.4%、37.0%、20.0%、38.1%。海外投资比率的提高一方面说明海外生产基地的扩大；另一

① 原正行：海外直接投資と日本経済——投資摩擦を越えて－，東京：有斐閣 1992 年版，第 6 章。

方面说明国内投资与生产的相对减少。

表6-9 海外投资对国内设备投资额比率（以支付为基准）

（单位:%）

投资类别＼年份	1986	1988	1989	1990	1993	1994	1995
纺织	1.3	5.3	3.0	6.5	32.1	38.3	27.4
纸、纸浆	3.2	11.8	10.7	3.9	21.0	20.8	18.8
化学	8.7	10.6	10.9	9.6	37.0	31.9	29.0
石油精制	0.6	13.5	5.5	2.9	—	0.4	0.1
陶瓷土石建材	1.7	10.6	15.8	6.8	10.8	24.6	20.3
钢铁	0.0	0.1	10.5	6.8	5.6	3.4	4.1
非铁金属	1.3	15.3	11.5	10.6	22.4	26.2	37.0
一般机械	6.9	20.2	14.4	15.5	14.8	15.9	20.5
电子机械	9.1	18.0	19.4	34.3	25.6	24.9	27.1
运输机械	5.5	11.5	32.9	43.8	26.7	39.0	20.0
汽车	4.8	8.9	14.0	12.0	35.4	36.2	38.1
其他制造业	4.7	40.4	18.4	10.0	27.2	28.7	19.2
商业	6.9	8.1	20.7	13.3	28.1	16.4	13.4
服务业	—	0.7	5.6	2.1	5.4	5.1	—
总体平均	1.8	6.8	9.1	10.0	27.3	27.9	27.2
制造业	4.1	14.3	11.6	18.6	27.4	28.3	27.4
非制造业	0.3	1.9	2.6	1.9	23.2	6.7	13.4
基础原材料工业	2.6	9.0	10.2	7.7	20.4	18.0	21.9
加工组装工业	5.5	18.2	20.9	25.3	29.8	31.5	29.7

注：1994年为预测数字；1995年为计划数字。

资料来源：久保新一：企业の海外進出と国際分業の新展開，経済系，関東学院大学経済学会編1996年7月号，第20頁。

②海外生产比率增加

海外生产比率是指海外企业的销售额与国内制造业企业销售额的比例，它的提高表明了海外生产的增加。从图6-12可知，1985年日本制造业海外生产比率为3.0%，1985年日元升值以后日本制造业海外生产比率上升，1990年制造业海外生产的总水平为6.4%。但制造业各个产业海外生产发展不平衡，1995年电气机械海外生产比率为 15.5%，运输机械达到 23.9%。制造业海外生产比率提高标志着日本生产国际化进程的加快。

（单位：%）

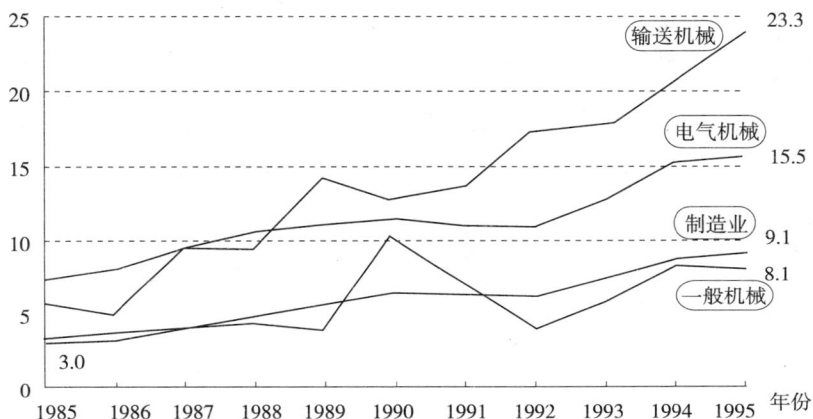

图 6－12　日本制造业海外生产比率的变化

资料来源：日本経済産業省（旧通商産業省）：通商白書，東京：大蔵省印刷局 1997 年版，第 38 頁。

③国内市场上的海外供应比率增加

海外供应比率可以用进口比率，即进口除以国内需求来表示。从表 6－10 看出，1985 年以后，日本制成品的进口比率不断上升，尤其是民用电气机械和精密机械的进口比率迅速提高，1985 年分别为 0.91% 和 11.97%，1990 年达到 2.33% 和 20.34%，1993 年上升到 3.17% 和 26.28%。

表 6－10　日本的进口比率变化

（单位:%）

商品类别 ＼ 年份	1985	1990	1993
稻米、小麦	6.46	1.84	6.54
畜产、养蚕	3.63	2.99	2.87
林业	32.49	33.10	28.66
渔业	19.61	13.79	15.67

商品类别＼年份	1985	1990	1993
煤、褐煤	82.12	92.09	93.34
金属矿业	93.81	96.73	97.17
石油、天然气	98.46	98.96	98.83
石材、砂	2.93	3.26	2.70
畜产食品	14.25	20.91	26.22
水产食品	11.29	31.26	32.37
精米、制粉	0.33	0.57	0.84
饮料	3.34	5.30	2.36
烟	4.94	18.57	18.72
天然纺纱	14.65	15.43	18.35
化学纺纱	7.58	8.13	16.50
织成品	9.67	16.36	20.47
日用品	5.98	16.67	19.54
木制品	10.51	18.46	21.32
家具	2.65	4.41	5.19
纸、纸浆	1.31	4.60	5.25
出版、印刷	0.56	0.93	0.86
皮革制品	10.43	33.43	35.83
橡胶制品	5.33	7.19	10.34
基础化学制品	8.66	12.35	11.77
化纤	3.61	8.03	6.38
石油制品	14.76	16.88	13.45
煤制品	0.22	0.79	0.52
陶瓷	2.40	3.56	3.00
制铁	2.91	3.93	3.52
非铁金属	24.99	26.95	25.64
金属制品	1.07	1.61	1.39
一般机械	2.60	3.48	3.23
产业用电气机械	3.94	4.05	4.13
民生用电气机械	0.91	2.33	3.17
汽车	1.05	2.49	2.12
船舶	10.79	5.30	1.88
精密机械	11.97	20.34	26.28

资料来源：日本经济企划厅的 SNA 投入产出表。

（3）日本产业空心化对其产业结构调整的负面效应

随着日本产业大规模的向外转移，生产替代效应、出口替代效应和逆进口效应对日本国内产业结构调整产生了不利影响，表现在随着日本生产环节的向外转移，日本企业在海外吸收劳动力会相应减少对本国劳动力的需求。据原日本通商产业省（现为日本经济产业省）1988年预测，海外直接投资的发展将使1995年日本国内就业机会比1987年减少近60万人。① 而且由于各国对劳动力自由流动的限制，以及由于传统产业工人不能及时获得参与高新技术的技能，结果造成日本国内结构性失业增多。另外，出口替代效应使日本出口受阻，日本出口型企业效益下降，企业裁员成为常用的增收减支手段。逆进口使大量质优价廉的东道国产品返销回日本国内市场，并加剧日本国内市场的竞争程度，造成日本国内相关企业的倒闭和工人的失业。

①　通商産業省産業政策局：進む構造調整と産業構造の展望，通商産業調査会1988年版，第17頁。

第七章　扩大内需的直接效果与产业结构调整效果

　　扩大内需是日本化解日美贸易摩擦的主要对策之一。1985 年广场协议后日元的急剧升值给日本出口企业带来了很大冲击，日本政府深刻地认识到仅仅通过调整汇率来消除对外贸易不平衡远远不能同时实现内部平衡，必须调整经济结构，将国外需求主导型经济向国内需求主导型经济转变，为此，日本政府采取了一系列扩大内需的政策，对缓解日美贸易摩擦有一定成效。本章从理论和实际效果两个方面研究日本扩大内需对化解日美贸易摩擦和促进日本产业结构调整的作用，共分三节：第一节阐述日本为缓解日美贸易摩擦采取的扩大内需措施的基本情况；第二节探讨日本扩大内需缓解日美贸易摩擦的直接效果，首先运用国际收支决定理论中的吸收法，对扩大内需缓解贸易摩擦做理论上的解释，然后分析日本扩大内需措施对缓解日美贸易摩擦的实际效果；第三节论述日本扩大内需的产业结构调整效果，首先运用萨克斯（Jeffres Sachs，1992）和拉雷恩（Felipe Larrain，1992）的可贸易与不可贸易商品的理论模型（TNT 模型），从理论上分析一国采取扩大内需措施对该国产业结构的优化效果；然后分析日本扩大内需对日本产业结构的优化效果。

第一节　日本扩大内需概述

进入 20 世纪 70 年代以后，日本对美国的贸易顺差激增，美国指责日本国内需求不足，要求日本采取措施扩大内需，日本也认识到日本出口激增的部分原因是国内需求不足，为此，70 年代后期，日本政府、经济学界和产业界对日本今后一二十年经济的发展前景和出路进行了广泛的讨论，逐步确立了"内需主导型"的发展战略。其中，原通商产业省 1980 年公布的《80 年代通商产业政策构想》，科学技术厅 1980 年度出版的《科学技术白皮书》，野村综合研究所提出的《国际环境的变化和日本的对策》，1982 年日本经济审议会长期经济展望委员会制定了《2000 年的日本》，国土厅编制的"第三次全国综合开发计划"等，都是"内需主导型"理论在政策层面上的反应。面对 1985 年广场协议后日元急剧升值给日本出口企业带来的巨大冲击，日本政府深刻地认识到仅仅通过调整汇率来消除对外贸易不平衡远远不能同时实现国内平衡，必须调整经济结构，将国外需求主导型经济向国内需求主导型经济转变，为此，日本政府在 1986 年 4 月和 1987 年 4 月先后出台了旨在扩大内需的"前川报告"和"新前川报告"，采取了一系列刺激国内投资和消费、促进进口的扩大内需对策。下面对"前川报告"的内容和日本促进进口的措施做进一步阐述。

一、"前川报告"的主要内容

前川报告的核心内容是，日本的经常收支不平衡已处于危险的状态，应把缩小不平衡作为国民的政策目标。"前川报告"认为，当务之急是"确立旨在切实缩小国际收支不均衡的中期国民经济政策"；"实施具有划时代意义的结构调整政策，争取经济结构向国际协调型的方向转变"。其具体措施是"坚持发展内需主导型经济，促进出口结构和产业结构的根本性转变"。"前川报告"主张由内需主导型结构取代外需主导型结构，并指出，在促进日本从外需主导型结构向充满活力的内需主导型结构转变的时候，要充分考虑到巨大的乘数效果，应将与扩大个人消费相关的、行之有效的扩大内需的政策作为重点政策。认为当时日本扩大内需的途径主要应该是扩大私人消费和充实社会资本。为此提出了一系列调整经济结构、扩大内需的政策措施，主要有以下几个方面：一是完善住宅对策，促进城市再开发事业。提出：以充分发挥民间的活力为中心，进一步扩大各种事业规模，放宽某些限制，实行具有诱导效果的鼓励性财政政策；削减住宅税，控制地价上涨。二是充实消费生活。为此，要把经济增长的成果适当地分配到工资中去，减少所得税，缩短工作时间，灵活地集中使用个人的带薪休假；实行周休两日，使日本的年劳动时间达到与欧美相同的水平。三是促进地方独立行业的发展，扩大地方的社会资本。四是促进制成品的进口，要促进流通结构的合理化；修改各项规则；严格执行禁止垄断法，以完善国内体制。

二、促进进口的主要措施

战后为了缓解日益加剧的日美贸易摩擦，日本从 20 世纪 60 年代起开始逐步放宽对进口的限制，提高日本市场的开放程度，采取的措施主要有降低和取消关税、撤销非关税壁垒、设立一些促进进口的制度和机构、整顿进口商品流通机构以及与美国签订个别市场分类协议和实施规制缓和计划等。

1. 降低和取消关税

降低和取消关税措施主要是在 GATT 体制下实施的。日本 1956 年开始参加关贸总协定的减税谈判（第四回合），到东京回合（第七回合），日本做出了比欧美更大的让步，从高关税国家变为关税水平低于欧美的国家，1979 年日本总的平均关税负担率下降到 3.1%，低于同期的美国（3.9%）和欧洲经济共同体（3.9%）。① 此后，日本多次大幅度减税。1985 年 7 月日本政府公布《市场开放行动计划》，内容之一就是削减 1853 种产品的进口税，其中 1780 种的税率一律降低

---

① 小宫隆太郎、奥野正宽、铃村兴太郎：日本の産業政策，東京：東京大学出版会 1984 年版，第 97 頁。

20%，汽车零配件等 34 种商品和 32 种税率低于 2% 的商品取消进口税；1987 年 4 月修改特惠关税制度，取消 33 个低税进口商品的进口税；1990 年，又进一步取消 1004 项商品的关税，涉及约 130 亿美元的进口商品，使进口制成品中进口关税的取消率从 42% 提高到 56%。通过逐步削减关税，日本的关税率在发达国家处于了最低水平。

2. 削减非关税壁垒

20 世纪 70 年代以后日美贸易摩擦加剧，美国强烈指责日本的非关税壁垒，诸如农产品进口限制、复杂的进口检验手续、规格和标准制度等等。对此日本做出了某些改善。如日本从 1980 起，逐年放松了柑橘类和高级牛肉等农产品的进口限额；从 1991 年 4 月起，又取消了牛肉、柑橘的进口配额限制。1983 年决定促进规格、标准的国际化，实行对外国企业和本国企业同等对待的"内外无差别原则"，为此修改了有关的 17 个法律；根据 1984 年 1 月的对外经济对策，要求积极利用外国检验机关的检验结果，同时，决定采取在审查医疗机械等商品的进口时在一定范围内承认外国临床数据，简化电信设备终端机技术标准等措施。实际上从 80 年代中期开始，日本的非关税壁垒已处于比较低的水平，1988 年日本非关税壁垒限制的商品有 8.6%，低于美国和欧盟的 16.7% 和 13.2%（详见表 7 - 1）。

表 7 - 1 美国、EU、日本的非关税壁垒推定

（单位：%）

	年份	美国	EC	日本
全体	1988	16.7	13.2	8.6
	1993	17.0	11.1	8.0
数量限制	1988	13.7	7.8	6.6
	1993	10.2	7.1	3.0
其中出口限制	1988	12.9	6.2	0.2
	1993	10.1	5.6	0
价格限制	1988	3.6	6.0	0.7
	1993	7.3	3.5	0.8

资料来源：佐々木隆雄：アメリカの通商政策，東京：岩波新書 1997 年版，第 158 頁。

3. 设立促进进口的专门机构和实行有关行政指导

为了处理有关进口手续等开放市场方面的申诉，日本于 1982 年 1 月设置了"处理市场开放问题申诉推进本部"（OTO），1983 年 1 月又设立了 OTO 咨询会议和建议代理陈述制度，以加强 OTO 的作用。1984 年 4 月强化了日本贸易振兴会在促进进口上的作用。此外，还成立了制成品进口促进协会，旨在促进外国制成品的对日本出口，该协会还常年举办外国商品展览会，并向海外派遣代表团、帮助其他国家寻找适合日本消费特点和日本市场特点的产品，以增加对日本出口；同时还拨专款对美国向日本和其他国家的出口提供保险；在国际机场和港口周围建设外贸准入区域，政府对这些进口区的建设提供补贴并减免有关私营公司的税金；等等。此外，1985 年，原通商产业省开始对企业直接进行扩大进口的行政指导，当年 134 家企业为指导对象，要求它们最大限度地努力扩大进口，确立扩大进口的公司内部体制、制定扩大进口的实施计划。这一做法收到明显的效果，使上述企业的制成品进口（合同金额）1985 年度从上年度的 52 亿美元猛增至 248 亿美元。此后，原通商产业省不仅继续坚持这一做法，而且进一步扩大了行政指导的范围。1992 年年初，日本还同美国达成一项汽车贸易协议，日本承诺到 1994 年将进口美国汽车配件的数量提高 1 倍，达到 190 亿美元，并放宽对美国汽车的进口检验标准，每年增加进口美国汽车 2 万辆。

4. 签订了个别市场分类协议

所谓个别市场分类协议（Market Oriented Sector Selective，简称 MOSS）是指日美两国政府对不同的市场领域所进行的排除障碍、开放个别市场的协议。广场协议后的日元升值虽然给日本企业带来了冲击，但日本企业不断改进技术和削减成本，因此总体看其出口势头依然强劲。为追求贸易平衡，日本和美国都认识到开放日本国内市场的重要性。为此，日本和美国签订了个别市场分类协议，为美国产品进入日本市场创造条件。1985 年 1 月日美两国首脑在洛杉矶举行会晤之后，同年 9 月日美两国代表对电讯、医药和医疗机械、电子、林业产品等 4 个领域分别进行谈判，于 1986 年 2 月就上述 4 个领域达成日美联合声明，这 4 个领域日本将对美国完全开放，电讯方面谈判的进展最大，这促成了日美移动电话协议的形成。在医疗器械领域，除了维他命药剂的关税等问题外，基本上也达成协议；在林业产品的谈判上，因日本同意在 1988 年 4 月前分两个阶段，以 40% 程度的幅度降低进口胶合板关税而达成妥协，从而基本上取得成功；在电子设备领域的谈判则比较艰难，除了在改正计算机软件的著作保护法和美国同时废除计算机软件的关税等问题上取得成效外，其他方面的进展则比较小。特别是在半导体方面，其谈判期间正值美国对日本的半导体产品进行起诉和调查之际，从而在 1986 年 1 月未达成协议，但最终以 1986 年 9 月达成的日美半导体协定而告终。可以说，MOSS 这种新型的协议方式为解决日美贸易摩擦开创了一个新途径。其后，在日美谈判解决日美经济矛盾的过程中，在有关领域也产生过个别市场分类协议。

第二节　扩大内需的直接效果分析

一、扩大内需缓解贸易摩擦的理论分析

本节运用国际收支决定理论中的吸收法，阐述扩大内需缓解贸易摩擦的机理。

国际收支决定理论中的吸收法指出，在开放经济体系中，国民收入恒等式可表示为：

$$Y = C + I + G + X - M \tag{7-1}$$

式中，Y 为国民收入（这里的收入是泛指，严格来说应该是国民生产总值），C 为国民消费，I 为国民投资，G 为政府支出，X 为商品与劳务的出口额，M 为商品与劳务的进口额，（X − M）称为净出口或经常项目收支。（7 − 1）式表示国民收入由国民消费、国民投资、政府支出和净出口四个部分组成。

假设消费函数为：$C = C_0 + bY$ $\tag{7-2}$

式中，C_0 为自主消费或结构消费，假设它与收入无关。bY 为诱

发消费，它随收入的变化而变化。其中，b 为边际消费倾向，它表示收入额外增加 1 个单位所引起的消费额外增加量，即：$b = \triangle C / \triangle Y$

假设 $0 < b < 1$，即人们把收入的一部分用于消费，这样消费的增长总要小于收入的增长。

同样写出进口函数为：

$$M = M_0 + mY \qquad\qquad (7-3)$$

式中，M_0 为自主进口或结构进口，假设它与收入无关。mY 为诱发进口，即随收入的变化而变化。其中 m 为边际进口倾向（$0 < m < 1$），它表示收入额外增加 1 个单位所引起进口的额外增加量，即：

$$m = \triangle M / \triangle Y$$

将 (7-2) 式和 (7-3) 式代入 (7-1) 式后得

$$Y = (C_0 + I + G + X - M_0) / (1 - b + m) \qquad\qquad (7-4)$$

假设在短期内自主消费和自主进口保持不变（即 $\triangle C_0 = 0$，$\triangle M_0 = 0$），则 (7-4) 式的增量方程为：

$$\triangle Y = (\triangle I + \triangle G + \triangle X) / (1 - b + m) \qquad\qquad (7-5)$$

式中，系数 $1 / (1 - b + m)$ 就是开放经济体系中的凯恩斯乘数。

在开放经济体系中，不考虑资本项目的情况下经常项目收支差额的变动可表示为：

$$\triangle TB = \triangle X - \triangle M = \triangle X - m\triangle Y \qquad\qquad (7-6)$$

式中，TB 为经常项目收支，X 为商品与劳务出口，M 为商品与劳务进口。将 (7-5) 式代入 (7-6) 式后得：

$$\triangle TB = [(1 - b) / (1 - b + m)] \triangle X - [m / (1 - b + m)] (\triangle I + \triangle G) \qquad\qquad (7-7)$$

(7-7) 式即为收入分析法的数量表达式，它表明收入的各个不同组成部分对经常项目收支所产生的作用。由于 $0 < b < 1$ 和 $0 < m < 1$，因此，在 b、m 一定时，则有：

（1）当出口增加（$\triangle X > 0$）时，则 $\triangle TB > 0$，经常项目收支改善；

（2）当投资增加（$\triangle I > 0$）时，则 $\triangle TB < 0$，经常项目收支恶化；

（3）当政府支出增加（$\triangle G > 0$）时，则$\triangle TB < 0$，经常项目收支恶化。

在其他条件一定的情况下，如果边际消费倾向 b 和边际进口倾向 m 提高，则$\triangle TB < 0$，经常项目收支恶化。

从上面分析可知，采取扩大内需的对策，无论是增加国内私人投资、刺激国内消费和增加政府支出，还是减少出口、增加进口，都能够减少经常项目顺差，从而缓解贸易摩擦。但是，减少出口、增加进口的同时会使收入减少，而增加投资、刺激国内消费和增加政府支出却会使收入增加。在一国出现较大经常项目顺差的情况下，人们往往既希望实现经常项目收支平衡，以缓解贸易摩擦，又想保持收入增加。那么，在抑制出口、增加进口的同时，就必须扩大内需，增加国内私人投资、刺激国内消费和增加政府支出。

二、扩大内需缓解日美贸易摩擦的效果分析

日本政府采取的一系列扩大内需的政策，对缓解日美贸易摩擦有一定成效，主要表现在以下几个方面。

1. 日本经济对外需的依存度下降

扩大内需政策降低了日本经济对外需的依存度，下面从日本经济增长率中的外需贡献度下降和日本经济对出口的依存度下降两方面来说明。

（1）外需对日本经济增长率的贡献度下降

20 世纪 80 年代日本实施扩大内需政策，对日本经济社会发展产生巨大影响。民间消费增长迅速，1985 年百货店销售额增长幅度为 4.8%，1987 年上升为 6.2%，1988 年上升为 7.5%；住宅建筑的开工户数 1987 年达 173 万户，仅次于高速增长时期的 1972 年，1988 年和 1989 年分别为 166 万户和 167 万户的高水平；民间消费的实际增长率 1986 年为 6.3%，1987 年为 4.5%，1988 年为 5%，大大高于 80 年代前期 2%—3% 的水平。同时，消费结构也在升级。1985 年用于衣食住和医疗的支出占 84%，教育、娱乐、旅游和交通的支出为 16%，1986 年前者下降为 82.1%，后者上升为 17.9%，1992 年前者

进一步下降为 78.5%，后者上升为 21.5%。在民间消费迅速增长的带动下，民间设备投资也不断上升。1986 年民间设备投资增长率为 4.3%；1987 年迅速上升为 10.1%，同年资本形成在国民生产总值中所占比率达 22%—23%；而在 20 世纪 60 年代经济高速增长时期这一比率也只有 16%—18%；1988 年为 17.3%，1988 年为 16.5%。①
20 世纪 80 年代后半期日本经济增长的牵引力已经由以出口为中心的外需主导转化为以设备投资和民间消费为中心的内需主导。如表7－2所示，1985 年是一个分界线。在此之前，外需一直居高不下，1980 年经济增长中的 1/4 是出口所致，1984 年经济增长的 1/4 来自外部需求。然而，1985 年以后外需一路下跌，成为经济增长中的负因素，而内需则持续上升，其增长幅度一直在年经济增长率以上。1986 年经济增长率为 2.6%，其中内需增长 3.6%，外需减少 1.0%；1987 年经济增长率为 4.3%，其中内需增加 4.9%，外需下降了 0.6%；1988 年内需增长幅度又提高为 7.4%，外需下降了 1.2%，因此经济

表 7－2　日本实际经济增长率对内需和外需的依存度

（单位:%）

年份	1965—1973	1974—1985	1986	1987	1988	1989	1990
实际国民生产总值年平均增长率	9.4	4.3	2.6	4.3	6.2	4.8	5.2
内需	10.2	3.5	3.6	4.9	7.4	5.8	5.4
民间最终消费	6.0	2.3	2.0	2.5	3.4	2.5	2.5
企业设备投资	2.8	1.0	0.7	1.1	2.5	3.0	2.5
民间住宅投资	1.4	0.0	0.4	1.1	0.7	0.0	0.3
政府支出	2.3	0.6	0.7	0.4	0.5	0.4	0.5
外需	−1.4	1.2	−1.0	−0.6	−1.2	−0.9	−0.2
出口	1.5	1.5	−0.9	0.7	1.6	2.3	1.8
进口	−2.8	−0.4	−0.1	−1.3	−2.8	−3.3	−2.1

资料来源：内阁府（旧经济企画厅）：经济白书（相关年版），東京：大藏省印刷局。

———————

① 内阁府（旧经济企画厅）：经济白书，大藏省印刷局 1990 年版，第 18—48 页。

增长为 6.2%；1989 年内需增长为 5.8%，外需下降 0.9%，经济增长率达 4.8%；1990 年内需增长为 5.4%，外需下降 0.2%，经济增长率达 5.2%。由此可见，扩大内需政策使内需成为 20 世纪年代后期日本经济增长的主要牵引力，内需的不断扩大不仅为日本战后四十多年积累下来的强大的经济科技力量找到新的出路，而且为外国资本、劳务和商品进入日本市场提供了客观可能，对于纠正对外贸易的不平衡起到了一定的作用。

（2）日本经济对出口的依存度降低

日本采取扩大内需政策，扩大国内消费和投资、增加进口，降低了日本经济对出口的依存度。如表 7-3 所示，日本经济对出口的依存度（出口额/国内生产总值）1984 年高达 13.5%，1985 年下降到 13.2%，1986 年下降到 10.7%，1987 年、1988 年、1989 年分别为 9.2%、9.6%、9.7%。

表 7-3　日本经济对进出口贸易的依存度

（单位：亿日元;%）

年份	国民生产总值（A）	出口（B）	（B）/（A）	进口（C）	（C）/（A）
1977	1855301	216481	11.6	191318	10.1
1978	2044745	205558	10.1	167276	8.2
1979	2218245	225315	10.1	242454	10.9
1980	2400984	293825	12.2	319953	13.3
1981	2568168	334690	13.0	314641	12.3
1982	2696971	344325	12.8	326563	12.1
1983	2805676	349093	12.4	300148	10.7
1984	2984527	403253	13.5	323211	10.8
1985	3174409	419557	13.2	310849	9.8
1986	3312535	352897	10.7	215507	6.5
1987	3454762	333152	9.6	217369	6.3
1988	3673886	339392	9.2	240063	6.5
1989	3913418	378225	9.7	289786	7.4

资料来源：财务省（旧大藏省）：财政金融统计月报，第 460 号第 15 表。

在日本经济对出口依存度下降的同时，由于扩大内需等措施的实施，使日美贸易在日本对外贸易中的比例发生变化，表现在日本对美国出口在其总出口中的比例下降，而日本从美进口在其总进口中的比例有所上升，这在一定程度上起到缓解日美贸易摩擦的作用。从表7-4可以看出，1980—1986年日本对美国出口在其总出口中的比例不断提高，1986年该比例高达38.5%，1986—1990年该比例呈下降趋势，1990年该比例下降到31.5%；与此同时，日本从美国进口在其总进口中的比例有所上升，从1980年的17.4%上升到1986年的23.0%，1986年以后虽然有所下降，但整个20世纪80年代后半期（1987—1989年）该比例都高于80年代前半期，1990年该比例为22.3%。

表7-4　日本对美国贸易在其对外贸易中的比例变化

（单位：千美元；%）

年份	总额（A）	出口		(B/A)	总额（A）	进口	(B/A)
		对美国出口（B）				从美国进口（B）	
1980	129807025	31367269		24.2	140527652	24407981	17.4
1981	152030247	38608754		25.4	143289675	25297077	17.7
1982	138831166	36329876		26.2	131931214	24179206	18.3
1983	146927471	42828810		29.1	126393051	24647466	19.5
1984	170113888	59937269		35.2	136503049	26861967	19.7
1985	175637772	65277567		37.2	129538747	25793009	19.9
1986	209151151	80455622		38.5	126407786	29054356	23.0
1987	229221230	83579939		36.5	149515113	31490462	21.0
1988	264916803	89634063		33.8	187353686	42037333	22.4
1989	275174619	93188461		33.9	210846628	48245842	22.9
1990	286947518	90322355		31.5	234798639	52368557	22.3

资料来源：财务省（旧大藏省）：财政金融统计月报，第460号第12表。

2. 工业制成品进口比率上升较快

扩大内需的政策促进了日本商品的进口，表现在日本产品进口比率上升，尤其是相对于传统的原材料进口，工业制成品进口比率上升较快，如表7-5所示。1985—1989年5年里，日本从美国进口产品总额年均增长16.9%，从1985年的258亿美元增加到1989年的482亿美元；同期，工业制成品进口年均增长18.6%，其中，事务机械、半导体等电子产品进口年均增长率分别高达 26.8% 和 26.9%；而且，事务机械、半导体等电子产品从美国进口占总进口的比例分别从 1985 年的 5% 和 2% 上升到 1989 年的 6% 和 4%。另据日本财务省（旧大藏省）统计资料显示，1989 年日本工业制成品进口比率达到 50.3%（1984 为 29.8%），从美国进口的工业制成品比率达到 58.3%（1984 为 52%）。①

表 7-5　扩大内需下的日本主要商品从美国进口情况

（单位：亿美元）

	1985 年	1989 年	1985—1989 年增长率
食品	51（20）	103（21）	19.8
原料、燃料	65（25）	98（20）	10.8
金属原料	7（3）	12（2）	14.4
燃料	20（8）	17（4）	-4
其他原料	38（15）	69（14）	16.1
制成品	142（55）	281（58）	18.6
化学品	34（14）	52（11）	11.2
机械机器	75（29）	147（30）	18.3
事务机械	12（5）	31（6）	26.3
半导体等	6（2）	18（4）	29.5
乘用车	2（1）	4（1）	18.9
飞机	14（5）	15（3）	1.7
耐用品	59（23）	23（5）	-21
非耐用品	31（12）	15（3）	16.6
资本品	75（29）	144（30）	17.7
工业用原料	108（42）	186（39）	14.6
进口总额	258	482	16.9

注：（）内数字为所占比例（%）。

资料来源：财务省（旧大藏省）：财政金融統計月報第 460 号，日本の対米経常収支の動向，第 5 頁。

---

①　财务省（旧大藏省）：财政金融統計月報，第 460 号第 9 表。

3. 进口产品收入弹性提高

实行扩大内需的措施引致日本进口结构变化，不仅表现在加工制成品进口数量上升，即进口额增加；而且在日本进口的产品和消费资料中，最为突出的就是进口的收入弹性上升。日本制成品进口收入弹性 1986—1990 年一直呈上升趋势。如图 7－1 所示，日本制成品的进口收入弹性从 1986 年的 2 左右，上升到 1990 年的大约 2.5。除制成品进口外，整体进口收入弹性也在增加。这说明日本产业结构已发生变化，以往那种国内需求扩大、进口无动于衷的分离式的结构正在向进口与国内经济连动式结构转换。

(单位:%)

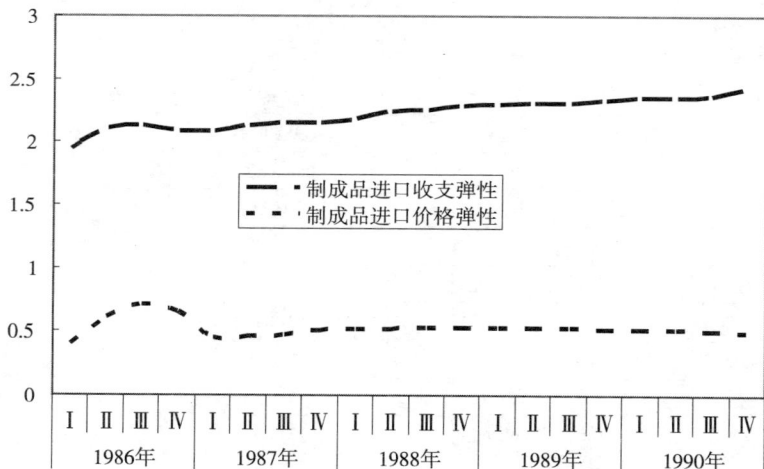

图 7－1　内需扩大下的日本进口收入弹性的变化

资料来源：内阁府（旧经济企画厅）：经济白書，東京：大藏省印刷局 1991 年版，第 89 頁。

第三节　扩大内需的产业结构调整效果分析

1985 年广场协议后日本采取的扩大内需措施，对日本产业结构调整产生了很大影响。下面从理论和实际效果两方面，探讨扩大内需对日本产业结构调整的促进作用。

一、扩大内需促进产业结构调整的理论分析

本节利用杰弗里·萨克斯（Jeffrey Sachs）、费利普·拉雷恩（Felipe Larrain）的可贸易与不可贸易商品的模型（TNT 模型）①，从理论上分析一国采取扩大内需措施对该国产业结构的优化效应。

1. TNT 模型的基本假设

（1）假设某国只生产和消费两种商品，可贸易商品（T）和不可贸易商品（N）。关于可贸易商品和不可贸易商品划分，根据联合国标准产业分类法将经济划为 9 个部门，一般说，农业、矿业和制造业商品大都可贸易，电力、建筑业、交通运输业和其他各项服务行业是不可贸易的。当然也有不少例外，高运输费用与人为的障碍使一些农业和工业产品也难以贸易；另一方面，现代通讯技术的发展使许多金融业服务变得可以进行世界贸易。

（2）假设在可贸易商品和不可贸易商品的生产过程中仅使用劳动和资本两种要素，生产函数采用通常的形式：

$$Q_T = Q_T (L_T, K_T) \tag{7-8}$$

$$Q_N = Q_N (L_N, K_N) \tag{7-9}$$

（3）假定在每个部门资本是固定的，而劳动的边际生产率是递减的。

2. TNT 模型中的总供给

根据 TNT 模型的上述假设，可以得到 T 和 N 两类产品的生产可能性边界（PPF），如图 7-2 所示。PPF 线的斜率表示以不可贸易商品衡量的生产额外一个单位可贸易品的生产成本。在一个竞争经济中，这一成本等于以不可贸易商品表示的可贸易商品的相对价格 P_T/P_N，所以，PPF 在任一点的斜率都等于相对价格 P_T/P_N。当相对价格 P_T/P_N 高时，企业会决定生产更多的可贸易商品，如 A 点附近。当 P_T/P_N 低时，企业会将生产转移向非贸易商品，较少生产可贸易商

---

① ［美］杰弗里·萨克斯、费利普·拉雷恩：《全球视角的宏观经济学》，费方域等译，上海三联出版社、上海人民出版社 1997 年版，第 942—984 页。

品，他们会在 B 点附近生产。在此情况下，贸易和非贸易商品的相对价格 P_T/P_N 由技术和总需求共同决定。

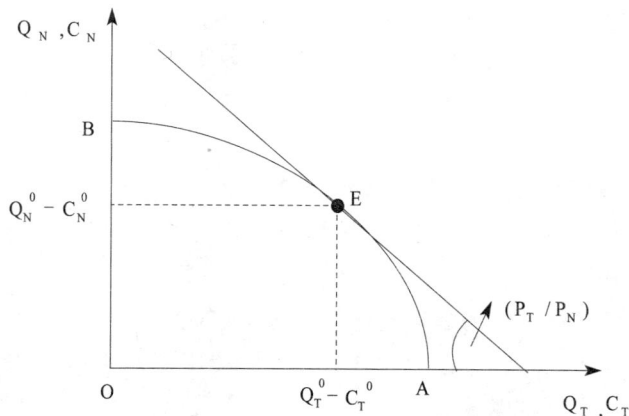

图 7 - 2　可变劳动和固定资本下的 PPF 线

3. TNT 模型中的总需求

这里只研究消费决策，不考虑投资支出。

总吸收等于在可贸易商品和不可贸易商品上的支出之和，即：$A = P_T C_T + P_N C_N$，这里 A 表示总吸收，C_T 和 C_N 是可贸易商品和不可贸易商品的消费水平（按实际数量）。吸收在这两种商品间分配。我们知道每种商品的消费依赖于吸收总水平和两种商品的相对价格。这里做进一步简化，假定不管相对价格如何变化，居民户总以固定的比率消费 C_T 和 C_T；即 C_T/C_T 固定，居民在 OC 线上消费。

4. TNT 模型里的市场均衡

TNT 模型中的中心假设认为，不可贸易商品没有进出口，故一国对不可贸易商品消费必须等于国内生产。相反，可贸易商品能够进出口，因而可贸易商品的国内消费可以不等于国内生产。特别地，有以下重要关系：

$$Q_N = C_N \tag{7-10}$$

$$TB = Q_T - C_T \tag{7-11}$$

注意：贸易差额（以可贸易商品的单位表示）等于可贸易商品

的生产超出可贸易商品消费的部分。$Q_T - C_T$ 也能写成 $X_T - M_T$，这里 X_T 为可贸易商品的出口量，M_T 为可贸易商品的进口量。

假定居民户消费位于图 7－3 中的 OC 线上的 D 点。在这一点，不可贸易商品的消费为 C_N^D，可贸易商品的消费量为 C_T^D。当不可贸易商品的消费量等于 C_N^D，则不可贸易商品的生产量必须是 C_N^D，如前面所提到的，$Q_N^E = C_N^D$。因而，生产点必须位于 PPF 线上使 $Q_N = C_N$ 的点。准确地说，对应于吸收点 D 的生产点必须是和点 D 位于同一水平线的点 E。注意在 E 点上，可贸易商品的生产量在 Q_T^E 水平上，它大于可贸易商品的吸收 C_T^D，所以当吸收在 D 点，从而生产在 E 点时，因为 $Q_T^E > C_T^D$，该经济体有贸易顺差。

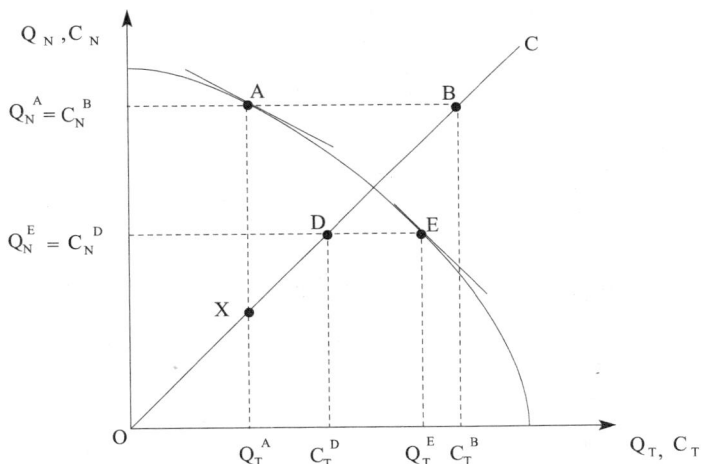

图 7－3　居民户的消费选择

现在考虑，吸收在图 7－3 中的点 B 的情形。这种情况下生产必须在 A 点，A 点与 B 点位于同一水平线上，这样不可贸易品市场是均衡的。假设 C_T/C_N 为固定比例，当总支出增长时，C_T 和 C_N 按同样比例增加；当总支出减少时，C_T 和 C_N 按同样比例减小。根据这一假设，我们可以用图 7－3 表示居民户的消费选择。居民户的消费选择在线 OC 上的 B 点。

比较这两个吸收点 B 和 D，可以得出一条重要的结论：当总吸收高时，对可贸易商品和不可贸易商品的支出增多，对不可贸易商品的更大需求要求更大的不可贸易商品的生产，以使不可贸易商品的需求和供给平衡；但要使不可贸易商品的生产增加，只有把资源从可贸易商品生产部门转移到不可贸易商品生产部门。所以，更高的总需求导致了不可贸易商品生产的增加和可贸易商品的生产下降。这种对称反映了一个简单的事实：对不可贸易商品需求的增加只能通过更大的国内生产得以满足；相反，对可贸易商品需求的增加能通过进口予以满足。

如图 7 - 3 所示，PPF 和 OC 线的交点是可贸易商品和不可贸易商品的生产和消费均相等的点。在这点贸易收支恰好平衡，就是可贸易商品的消费 C_T 等于可贸易商品的生产 Q_T。

5. 从 TNT 模型得出的结论

根据 TNT 模型，一国为了减少贸易顺差而采取的扩大内需政策，会提高国内的总吸收，因此，会促使国内资源从可贸易商品生产部门向不可贸易商品生产部门转移，从而推动国内产业结构的调整，尤其是促进第三产业的发展。

二、扩大内需促进日本产业结构调整的效果分析

20 世纪 80 年代，为了缓解贸易摩擦，日本采取了一系列扩大内需的措施，对日本产业结构调整起到积极的促进作用，提高了制造业产品的附加价值、促进了服务业的发展以及内需型新兴产业群的兴起，加快了产业结构的信息化。

1. 提高制造业产品的附加价值

在扩大内需政策下，日本企业为开发适合国内销售的商品，积极实施商品开发战略，一方面开发技术含量高的高性能的新产品，如电器中的液晶电视、数码相机；另一方面改良现有商品，使彩电、洗衣机、冰箱、空调等成熟商品实现高附加价值化，如：冰箱大型化，带各种冷冻、解冻功能，3 门、4 门等；微波炉大型化、多功能化；电话机带各种功能，无绳、移动电话、汽车用电话登场；彩电大型化，与录像机（VTR）、视频软图像相结合的高画质、高音质大画面电视

机、带卫星接收装置的电视机、数字电视机、高品位电视机相继上市；空调机冷暖两用型化；洗衣机全自动化等。扩大内需政策促进日本制造业产品升级换代，提高了制造业产品的附加价值。

2. 刺激国内需求转向非制造业部门

扩大内需政策促进了日本非制造业部门的发展。在 1980 年前后，日本社会的耐用消费品普及率就已经达到较高水平。1979 年日本主要家用电器如彩电、洗衣机、冰箱，普及率已经达到 97% 以上，微波炉和空调的普及率低一些，分别为 30% 和 47%。① 20 世纪 80 年代末至 90 年代初，微波炉和空调的普及率均上升到 60%。汽车和住宅是比较昂贵的耐用消费品，80 年代至 90 年代初期，这两大件的普及率也达到相当高的水平。1985 年日本小汽车的保有量 2784 万辆，家庭普及率已经高达 72.4%。② 1993 年日本家庭平均拥有住宅 1.11处，住宅的存量水平也相当高。③ 上述主要耐用消费品的普及率提高，既显示着一个社会的工业发展水平和社会富裕程度，也预示着相关制造业的市场成长余地在缩小。这样，在扩大内需政策的刺激下，扩大的国内需求转向了非制造业部门，1986—1990 年日本非制造业部门的投资远远超过了制造业部门的投资。在这 5 年里，日本的制造业投资对实际国民生产总值的比率分别为 5.6%、5.34%、5.98%、6.98%、7.67%，而同期非制造业的比率则是 10.15%、10.7%、11.38%、12.2%、13.16%。④ 非制造业的投资范围主要集中在与合理化、省力化相关的智能机器人等设备的投资，以电子技术和信息技术为中心、与生产和办公自动化紧密相关的投资，以及新能源和新材料等方面的科技开发投资等等。这充分说明在 20 世纪 80 年代后期和90 年代，日本已把国内产业投资提高到了未来经济发展的战略高度，

---

① 週刊東洋経済：経済統計年鑑，東洋経済新報社 1984 年版，第 127 頁。

② 通商産業大臣官房調査統計部：日本産業の現状，財団法人通商産業調査会 1986 年版，第 536 頁。

③ 内閣府（旧経済企画庁）総合計画局：日本の経済構造——長期推移・将来展望・国際比較，東洋経済新報社 1997 年版，第 60 頁。

④ 内閣府（旧経済企画庁）：経済白書，大藏省印刷局 1991 年版，第 422 頁。

着眼于长远，而不是追逐眼前一时之增产、扩大销售和就业的资本扩张型投资。

3. 促进了服务业的发展

根据 1987 年日本经济企划厅在《走向 21 世纪的基本战略》一书中对产业结构的划分，[①] 服务业是指以生产知识、服务为其业务的部门。该书将第三产业分为网络部门与知识、服务生产部门。前者是为了对物（商品、能源）、人（旅客、人才）、财（资金）以信息进行流通与中介，而以构成网络为其业务的部门，由运输、通信、商业（饮食店除外）、金融、保险、电力、自来水、煤气等行业组成；后者是以生产知识、服务为其业务的部门，它包括：（1）作为企业活动中间投入的经营管理服务如信息提供、广告媒介、建筑物管理维护等行业；（2）作为个人生活最终消费服务如医疗保健、文化教育、余暇娱乐等行业；（3）作为家庭劳务中间投入的服务如清扫、冠婚葬祭等行业；（4）公务服务及其他。

在扩大内需的经济形势下，日本企业纷纷采取了新的经营战略，根据消费者需求的变化，及时生产适销对路产品，不失时机地占领国内市场，从而促进了广告媒介、市场调查、信息处理、经营咨询等有关生产服务业的兴起与发展。以信息为例，它已逐渐成为企业生存发展所不可或缺的、除人财物之外的第四大经营资源。1980 年有各种信息业 1731 所，年度营业额 6698 亿日元，1991 年则分别达 7096 所、68752 亿日元，1991 年比 1980 年分别增长了 2.9 倍与 10.3 倍。其他如广告业、租赁业等也都有近似的长足发展。而且新兴业种（如税理、会计师业、环境计量、检查业等）层出不穷。此外，由于政府投资的增加与大资本的投入，提高了服务业的素质，增强了服务业的发展势头，以大资本的投入来看，过去服务业是以资本小、规模小、连锁店多、兼业多为其经营特征的。20 世纪 70 年代以来，由于工业等生产徘徊不前，一些大企业生产设备与资金过剩，又兼多种经营方

---

① 内阁府（旧经济企画厅）：21 世纪の基本戦略，東洋経済新報社 1987 年版，第 49 页。

式崛起，于是一些大企业纷纷把资金转向服务业。大工业资本主要投向生产服务业，大商业资本主要投向娱乐业，而交通系统则主要投向旅游业等等。由于大资本的投入与政府投资的增加，更加强了服务业的实力，促进了产业化。

扩大内需政策刺激人们增加精神消费需求，表现在家庭消费支出中文化教育、娱乐所占比例上升。日本家庭消费支出从 1985 年到 1990 年实际增长 13.9%。在家庭消费支出中，食品、水电煤气、家具厨房用品所占比例下降，分别从 1985 年的27.0%、6.5%、4.3%下降到 1990 年的25.4%、5.5%、4.0%；相反交通通信、教育、娱乐所占比例上升，分别从 1985 年的 9.1%、4.0%、8.9% 上升到 1990 年的 9.5%、4.7%、9.7%。① 家庭对文化教育、娱乐等消费支出的增加进一步促进文化、教育、娱乐等服务产业快速发展。

扩大内需政策促进了日本服务业的发展，可以从服务业在 GDP 中所创造的数额与所占比例以及劳动力就业结构的变化得以进一步说明。

从服务业在 GDP 中所创造的数额与所占比例来看，从 1982 年至 1991 年的 10 年间，日本服务业所创造的国民生产的总数额逐年增长，其中，日本服务业所创造的名义 GDP 从 1982 年的 34361.7 亿日元，增加到 1991 年的 72725.2 亿日元，增长了 1 倍多；日本服务业在其名义 GDP 中所占比例从 12.7% 上升到 16.1%，提高了 3.4 个百分点。同期日本服务业在其实际 GDP 中所占比例从 13.5% 上升到 14.3%，提高了 0.8 个百分点（详见表 7 - 6）。

从劳动力就业结构变化的角度来看，1982—1992 年，日本全产业增加了 798 万人。其中，制造业增加 189 万人，而服务业则增加了 416 万人，为制造业的两倍多。不仅如此，1985 年由于日元大幅升值，导致产业结构的重大调整，制造业也因波及效应，其就业人数于 1986、1987 年连续两年略有减少。随着景气回升、经济繁荣，自

① ［日］桥本寿郎等：《现代日本经济》，戴晓芙译，上海财经大学出版社 2001 年版，第179—180 页。

1988 年起，其就业人数又逐年增加，其在全产业中的比例也呈锯齿形变动。服务业则不然，随着经济社会信息化、服务化的发展对生产、生活关联服务业的需求增大、提高，其就业人数与比例都在逐年直线上扬，在 1982 年至 1992 年 11 年间，就业人数与就业比例分别增加了 39% 与 4.1 个百分点。①

表 7 - 6　日本国内总产值中服务业创造的数额与比例

（单位：10 亿日元；%）

年份	1982	1984	1986	1988	1990	1991
名义	34361.7 (12.7)	40622.3 (13.5)	49787.2 (14.9)	54993.4 (14.8)	67312.6 (15.9)	72725.2 (16.1)
实际	38562.0 (13.5)	42835.3 (14.0)	47807.8 (14.5)	49771.0 (13.7)	56912.8 (14.3)	59503.3 (14.3)

注：（）内数字为所占比例（%）。
资料来源：東洋経済新報社：経済統計年鑑 1992、1993 年版，有关数字计算得出。

4. 促进内需型的新产业群兴起

日本扩大内需政策促进了内需型的新产业群兴起，信息通信产业、与完善社会基础设施相关的产业、环保产业、物流业等产业都获得较快发展。

20 世纪 80 年代后半期，日本实行扩大内需政策，日本政府对通信事业放宽了限制，日本电信电话公司实行了民营化，新的事业体纷纷参与，促进了竞争。为此，市场顺利扩大，服务项目日益多样化，如：汽车用移动电话、个人便携式电话（PHS）服务等。白色家电产品（空调、洗衣机、冰箱等）、音像机器等旧型家电的需求趋于饱和，而对信息类家电的需求则迅速增加。

日本政府放宽对通信事业的限制这一措施促进了通信与广播的联合，产业界的纵横捭阖不断深化，建立一个宽频带的综合数字通信网（B—ISDN）成为当时人们的夙愿。这一愿望促使信息通信服务项目

---

① 根据東洋経済新報社：東洋経済統計月報，1993 年 9 月号，有关数字计算得出。

更加多样化，通信、广播、计算机、视频、游戏机等各产业朝着多媒体化方向发展，逐渐地扩大联合领域，以期实现高速增长。

日本扩大内需政策促进了为宽带综合业务数字网（B—ISDN）等为下一代打基础的产业、与住宅等生活相关的完善社会基础设施的产业的发展，而其发展的效应波及到原材料、建筑、组装加工等产业。特别在完善社会基础设施方面，人们不仅要求改善住宅等居住环境，随着人口的高龄化，休闲时间的增加，妇女进入社会，更希望充实医疗机构、社会福利设施、托儿所等各种服务设施。同时，对为改变十分落后的城市建设和城市交通基础设施而进行的大规模社会开发工程寄予殷切的期望。

此外，随着一年工作 1800 小时，周休两日制的实施，休闲的需求稳步增长。这样，追求真实的主题公园、公共性的简易旅馆等都会进入增长型行业。

人们对环保产业也期待很大。不仅限于处理垃圾的环境设备，而且迫切需要最终处理这些废料的场所。这促进了中间处理、再生利用技术水平的提高。此外，作为企业的省力化需要，从总体上看，依然根深蒂固，因此对产业用机器人、CAD/CAM（通过计算机辅助设计和制造）的需求进一步提高。从物资流通领域的合理化出发，对物流业也寄以很大的期望。

5. 促进了产业结构的信息化

产业结构信息化包括两个方面的含义：第一层含义是指信息产业在整个产业结构中占据了一定的比例；第二层含义是指传统的第一、第二、第三产业在生产过程中引进信息技术或接受信息服务企业提供的服务，信息投入在这些产业中发挥的作用越来越大。

第二层次上的产业结构信息化，引进信息技术是"硬"信息化，接受信息服务则是"软"信息化。对信息产业而言，其他产业的信息化需求，就是信息产业的市场空间。同时发达的信息产业，可以拉动其他产业的信息化需求。因此，第二层次上的产业信息化是联结信息产业和其他产业的桥梁，也是信息产业实现其价值的主要途径。

20 世纪 80 年代后期，日本实施的扩大内需政策促进了日本第二层次的产业信息化程度不断提高。通过接受信息服务产业提供信息服务的行业及其规模变化情况，可以大致看出日本产业界第二个层次的软信息化程度。从表7-7中各个行业的"软"信息化程度可以看出，20世纪80年代后期日本各行业的"软"信息化程度进入快速发展期，尤其是金融、保险、运输、通信业的"软"信息化速度令人瞩目。这不但可以带动信息产业的发展，而且可以提高这些行业自身的效率。

表7-7 接受信息服务的行业及其规模变化

（单位：亿日元）

年份	合计	农林水产业	矿业、制造业	批发、零售业，饮食店	建设、房地产业	金融、保险、运输、通信业	服务业（不包括信息服务业）	公务	其他
1975	275.1	4.5	62.3	44.1	6.7	55.9	21.0	47.7	33.0
1980	669.8	7.0	173.6	81.4	11.4	120.8	63.5	96.2	115.9
1985	1561.8	17.6	429.1	172.3	26.2	304.5	157.2	157	298
1990	5872.7	33.7	1544.4	516.7	133.5	1559.7	288.1	402.4	1394.2
1993	6514.4	41.9	1638.2	555.0	140.5	1795.9	354.5	584.5	1403.8
1994	6177.0	40.4	1547.7	505.3	119.7	1674.6	373.1	608.2	1256.6
1995	6362.2	41.0	1519.9	591.1	120.7	1790.7	382.2	719.6	1282.8
1996	7143.5	41.8	1679.9	646.2	142.1	1970	429.6	793.9	1435.1
1997	7588.0	40.4	1759.3	646.2	147.5	2166.1	473.3	788.2	1567.0

注：①金融、保险、运输、通信业是金融、保险、运输、通信、电力、煤气、自来水的总和。
②其他项是一般消费者、其他同业者、同一企业内部的交易、其他产业的合计。
资料来源：日本総務省統計局：日本の統計1998年版，第117頁。

扩大内需政策促使日本企业增加了IT投资。IT投资是指民间企业为增强信息化程度而进行的硬投资和软投资。在20世纪80年代后期日本民间IT投资迅速增加，如表7-8所示，1980年为2808亿日元，1985年为6100亿日元，1990年上升到17990亿日元；民间IT投资对民间资本存量比率1980年为0.8%，1985年为1.2%，1990

年上升到为 2.6%。

表 7 - 8　日本 IT 资本存量的变化

（单位：亿日元）

年份	1980	1985	1986	1987	1988	1989	1990
电气通信机器	857	2337	2685	3125	3657	4006	4610
电子计算机及附属装置	1653	2435	2334	2607	3234	3927	6743
软件	298	1328	1731	2532	3648	5067	6637
民间 IT 投资（A）	2808	6100	6750	8264	10539	13000	17990
民间资本存量（B）	354761	491579	527490	568874	606869.	648114	694837
A/B	0.8%	1.2%	1.3%	1.5%	1.7%	2.0%	2.6%

资料来源：日本文部科学省：科学技術白書 2001 年版，第 170 页。

综上所述，日本扩大内需缓解日美贸易摩擦的措施提高了日本制造业产品的附加价值，促进了日本的服务业发展、新兴产业兴起和产业结构信息化，推动了日本产业结构的调整。但是，需要说明的是，扩大内需导致的市场需求结构变动与产业结构调整是一个互动的过程，市场需求变动拉动产业升级；反过来，产业结构调整是要实现产业结构的优化升级，能够改善供给状况、优化资源配置、提高经济效益，既可以更好地满足现有的需求，又可以开发潜在需求、创造新的需求，增加投资和消费需求。实际上在 20 世纪 80 年代后期，日本产业结构未能够顺利调整，这在一定程度上抑制了扩大内需对策对贸易摩擦的缓解作用，如果日本产业结构能够顺利调整的话，那么，日本扩大内需的效果会更加显著。

第八章　中美贸易摩擦及其与日美贸易摩擦的比较

　　"洋为中用"。研究日美贸易摩擦与日本产业结构调整的最终目的是要找出对中国的借鉴与启示，这正是本章和下一章要探讨的问题。本章阐述中美贸易和中美贸易摩擦发展的过程以及中国加入WTO以来中美贸易摩擦呈现的特点，对比分析中美贸易摩擦与日美贸易摩擦的异同。指出，加入WTO以来中美贸易摩擦呈现出摩擦领域扩大化、摩擦产品高附加值化、摩擦手段多样化、摩擦宏观层面化等特点。中美贸易摩擦与日美贸易摩擦的导火索都是对美国的巨额贸易顺差，中日两国与美国的贸易摩擦在贸易摩擦焦点的变化、贸易摩擦方式的变化、中美在贸易摩擦处理上所处的地位、贸易摩擦对中日两国的经济影响等方面都有相同之处，中日两国与美国的经贸关系都沿着摩擦—协调—再摩擦—再协调的轨迹发展。中美贸易摩擦与日美贸易摩擦也存在着诸如对美国出口商品的结构不同、对美国出口企业的性质不同等许多不同之处。

第一节　中美贸易发展历程回顾

一、中美贸易发展的历史与现状

中美两国之间的经贸往来最早可以追溯到 18 世纪，自从 1784 年第一艘美国船"中国皇后号"离开纽约港，不仅美国商人对东方贸易的热忱和憧憬被满载而去，而且中美直接通商的历史也翻开了新的一页，由此掀开了独立后的美国与中国之间的贸易往来。不过直到 1949 年中美双边贸易规模都比较小，无论是中国还是美国都未在对方外贸中占据很大比例。中美双边贸易真正意义上的扩大是在 20 世纪 80 年代以后。1979 年 1 月中美两国正式建立了外交关系，同年 7 月签订了《中美贸易关系协定》，相互给予最惠国待遇，经贸关系实现正常化。中美经济贸易从此进入迅速发展时期。据中国方面的统计，1979—1991 年，中美贸易额从 24.5 亿美元扩大到 141.7 亿美元，平均每年增长 15.8%（见表 8 - 1）。

表 8 - 1　1979—1991 年中美贸易额

（单位：亿美元）

年份	1979	1980	1981	1982	1983	1984	1985	1986	1987	1988	1989	1990	1991
贸易额	24.5	47.8	58.9	53.4	40.3	58.7	69.9	73.3	78.6	100.1	122.5	117.7	141.7

数据来源：中华人民共和国国家统计局：《中国统计年鉴》（相关年版），中国统计出版社。

1992 年以来，中国对外开放进入本国经济与世界经济接轨的阶段，中美经贸关系步入更为迅猛的发展时期。在 1992—2000 年间，中美双边贸易额从 174.9 亿美元增加到 744.6 亿美元，年均增长达到 19.33%（见表 8 - 2）。按照中方统计，从 1993 年开始美国对华贸易逆差，双边贸易总额达到 276.52 亿美元，中方顺差 62.76 亿美元，1996 年，中美贸易额达到 428.4 亿美元，美国贸易逆差为 105.3 亿美元，美国成为中国第二大贸易伙伴，中国成为美国第四大贸易伙伴。

表 8-2 1992—2000 年中美贸易额

（单位：亿美元）

年份	1992	1993	1994	1995	1996	19997	1998	1999	2000
贸易额	174.9	276.5	354.3	408.3	428.3	489.9	549.4	614.3	744.6

数据来源：中华人民共和国国家统计局：《中国统计年鉴》（相关年版），中国统计出版社。

2001 年 12 月 11 日，中国正式加入 WTO，随着中国的经济进一步改革开放，中美双边贸易发展势头良好，贸易规模和差额不断扩大。2001 年至 2008 年，中美贸易额持续增加。按照中国方面的统计，如表 8-3 所示，2001 年双边贸易额为 804.8 亿美元，2003 年突破千亿美元，达到了 1263.3 亿美元，2008 年双边贸易总值为 3337.4 亿美元，是 2001 年的 4.15 倍。其中，2001 年中国对美国出口额为 542.8 亿美元，2008 年增长到了 2523 亿美元，平均年增长率为 24.84%。2001 年美国对中国的出口额为 262.0 亿美元，2008 年为 814.4 亿美元，平均年增长率为 17.9%。

表 8-3 中方统计的中美贸易

（单位：亿美元；%）

年份	贸易总额	增幅	对美国出口	增幅	自美国进口	增幅	贸易差额
2001	804.8	8.1	542.8	4.2	262.0	17.2	280.8
2002	971.8	20.8	699.5	28.9	272.3	3.9	427.3
2003	1263.3	30.0	924.7	32.2	338.6	24.3	586.1
2004	1696.3	34.3	1249.5	35.1	446.8	31.9	802.7
2005	2116.3	24.8	1629.0	30.4	487.3	9.1	1241.7
2006	2626.8	24.1	2034.7	24.9	592.1	21.5	1442.8
2007	3020.6	15.0	2327.0	14.4	693.8	17.2	1633.2
2008	3337.4	10.5	2523	8.4	814.4	17.4	1709

资料来源：根据中国海关（http://www.customs.gov.cn）数字整理；2008 年数字来自中华人民共和国国家统计局：《2008 年国民经济和社会发展统计公报》。

按照美国方面的统计，1979 年中美贸易额为 23.7 亿美元，2000 年双边贸易额就突破了千亿美元，为 1164 亿美元。如表 8-4 所示，

2001 年为 1215 亿美元，2004 年突破两千亿美元，为 2314 亿美元，
2007 年增长到了 3867 亿美元，是 2001 年的 3.18 倍。在中美贸易中，
2001 年美国对中国出口额为 192 亿美元，2007 年为 652 亿美元，每
年的增长幅度都在 15% 以上，平均年增长率为 22.77%。在这期间美
国从中国的进口的增长幅度也十分迅速，2001 年自中国进口额为
1023 亿美元，2007 年为 3215 亿美元，平均年增长率为 21.15%。

表 8 - 4　美方统计的中美贸易

（单位：亿美元;%）

年份	贸易总额	增幅	对华出口	增幅	自华进口	增幅	贸易差额
2001	1215	21.4	192	18.3	1023	2.2	-831
2002	1473	21.2	221	15.1	1252	22.4	-1031
2003	1808	22.8	284	28.5	1524	21.7	-1240
2004	2314	28.0	347	22.2	1967	29.1	-1620
2005	2853	23.2	418	20.6	2435	23.8	-2017
2006	3430	20.2	552	32.1	2878	18.2	-2326
2007	3867	12.7	652	18.1	3215	11.7	-2563

资料来源：根据美国海关（http://www.customs.ustreas.gov）数据整理。

二、加入 WTO 以来中美贸易发展的特点

中美贸易在两国的经济发展中都占据着十分重要的位置。目前，中
美互为第二大贸易伙伴。中国加入 WTO 以来，中国的经济开放度进一步
提高，促进了中美贸易的发展。具体来说，中美贸易呈现以下特点。

1. 贸易差额不断扩大，贸易严重不平衡

根据美国商务部统计资料，1979 年至 1982 年美国在中美贸易中
为顺差，1983 年开始至今为贸易逆差，2000 年以后，中国对美贸易
顺差超过日本，成为美国最大的贸易逆差国。中国加入 WTO 以来，
美国对中国贸易逆差额飞速增长。如表 8 - 4 所示，2001 年美国对中
国贸易逆差为 831 亿美元，2007 年上升到 2563 亿美元。

根据中国海关统计，在中美贸易中，1979 年至 1992 年，中国一
直为逆差，1993 年至今为顺差。无论是中方统计还是美方统计，近
年来中美贸易顺差都呈现出非常明显的扩大趋势。按照中方统计，自

221

从 1993 年中国对美国双边贸易第一次出现顺差开始,中国对美国贸易顺差基本上都保持在 15%—30% 的增速,[①] 特别是近几年增长尤为迅速,中国对美国贸易顺差已经连续 7 年创历史最高纪录。如表8-3所示,2001 年中美贸易顺差为 280.8 亿美元,2008 年增加到 1709 亿美元,增长了 1428.2 亿美元,增加了 5 倍多。

2. 以加工贸易、转口贸易为主

中美贸易方式的两大特征就是转口贸易和加工贸易。无论中国对美国出口,还是美国对中国出口,大量货物都是经过以香港地区为主的第三方转口的。据中国统计,中国对美国出口货物的 60% 是经过以香港地区为主的第三方转口的,中国内地经过香港转口到美国的产品在港平均增值率达 40.7%,玩具、服装在港增值率高达 100%。据美国资料分析,中国货物只有 20% 直接运输到美国,其余 80% 都是通过第三方转口到美国的。[②] 就加工贸易来说,据中国海关统计,2008 年中国对美国出口 2523 亿美元,其中,加工贸易对美国出口 1498.9 亿美元,增长 3.1%,增速比 2007 年回落 9.8 个百分点。虽然 2008 年中国加工贸易对美国出口增速显著回落,但中国对美国出口仍有 59.4% 属于加工贸易。[③] 中国对美国出口的产品绝大部分为加工产品,中国进口原材料和零部件、初加工件,加工后再出口,表面上看,中国从对美国加工贸易出口中获取了较大的顺差,但中国从中获得的实际收益往往并不高。以转口和加工贸易为主的贸易方式,促进了两国贸易数量的迅速增长,同时也形成了两国贸易统计之间的较大偏离。

3. 商品贸易由传统产业间贸易转向产业内贸易

按照国际贸易原理来讲,中美之间的贸易主要是建立在比较优势基础上的所谓"产业间贸易",即中国对美国的出口以劳动密集型加工产品为主,而进口则以原料型产品、技术密集型和资本密集型产品为主,中美之间的两大市场形成优势互补型的贸易格局。

---

① 根据中国海关 (http://www.customs.gov.cn) 数字计算。

② 肖虹:《中美经贸关系史》,世界知识出版社 2001 年版,第 163 页。

③ 根据中国海关 (http://www.customs.gov.cn) 数字计算。

但是，近年来中美贸易结构的互补性内涵发生了实质性的改变。自从 2001 年中国加入 WTO 以来，伴随着中国产业结构优化升级的加快，中国对美国出口商品结构发生了重大的变化，不仅商品的种类增加，而且商品的技术含量也大大提高，矿产原料比例下降，劳动密集型成品中技术含量较高的成品比例上升。表8－5给出了2001—2007

表 8－5　2001—2007 年中国对美国出口商品结构

（单位：百万美元）

国际贸易标准分类	2001 年	2002 年	2003 年	2004 年	2005 年	2006 年	2007 年
（0）食物及活动物	1143.72	1505.33	2000.72	2341.68	2763.02	3574.57	4210.38
（1）饮料及烟草	40.37	47.55	34.9	43.43	31.37	38.47	50.89
（2）除燃料外非食用未加工燃料	594.76	634.17	773.4	1043.00	1336.53	1488.48	1571.90
（3）矿物燃料、润滑剂及有关物质	387.22	416.39	451.2	1827.15	986.53	1173.15	659.86
（4）动物及植物油、脂肪	5.68	6.25	9.04	11.95	15.643	22.57	31.50
（5）未列明编号化学品及有关产品	2064.68	2422.74	3025.51	3765.2	5202.33	6256.70	7287.43
（6）主要以材料分类的制成品	10803.65	13374.24	16217.46	21891.32	28121.11	36240.01	40274.44
（7）机械及运输设备	34943.68	46216.78	60848.34	86649.74	109333.3	131514.61	146192.19
（8）杂项制成品	51068.26	59136.17	67210.33	77510.84	92792.52	103993.10	117287.20
（9）其他未分类产品	1228.47	1408.26	1808.34	2354.65	2879.92	3471.14	3942.00
合计	102280.48	125167.89	152374.24	196698.98	243462.33	287772.79	321507.79

资料来源：U. S. Census Bureau。

年中国对美国出口商品结构，从中可以看出，中国出口到美国的商品主要有四类：（1）机械及运输设备，该类商品为各种机械及运输设备，包括家用电子设备、通讯设备、电风扇、电子机械与仪表等；（2）杂项制成品，包括婴儿车、玩具、运动器材、鞋类、箱包、塑料制品、服装、乐器、钟表等；（3）主要以材料分类的制成品。主要是轻纺产品、棉纺制品、金属制品等；（4）未列明编号化学品及有关产品。

表 8 − 6　2001—2007 年中国对美国出口最多的前 7 种商品

（单位：亿美元）

年份 商品编码	2001	2002	2003	2004	2005	2006	2007
电脑零部件及外部设备	96.06	131.77	160.96	238.07	257.46	289.31	280.84
玩具、运动器材及自行车	123.94	148.49	165.57	178.44	201.60	222.08	275.81
各种家庭用品	98.72	122.56	137.30	173.38	226.62	265.61	275.52
服装和家用纺织品	55.89	63.72	83.42	105.99	130.97	145.97	158.17
电脑	8.00	15.97	59.19	100.52	144.53	173.71	232.38
家具	45.76	63.15	78.50	97.08	115.49	132.00	139.51
鞋（皮制、橡胶或其他材料）	71.50	74.45	77.82	84.25	96.31	107.00	111.62
中国对美出口总额	1022.78	1251.92	1524.36	1966.99	2434.62	2877.73	3215.08

资料来源：U. S. Census Bureau。

如表 8 − 5 所示，2004 年中国对美国出口机械及运输设备达到866.50 亿美元，占对美国出口总额的 44.05%，首次超过杂项制品的775.1 亿美元而成为中国对美国主要出口商品。2007 年更是达到创纪录的 1461.9 亿美元，占对美国国出口总额的 45.48%。表 8 − 6 列出了 2001—2007 年中国对美国出口最多的前 7 种商品，分别是：电脑零部件及外部设备、玩具运动器材及自行车、各种家庭用品、服装和家用纺织品以及电脑。其中 2007 年电脑零部件及外部设备的出口总额达到了 280.84 亿美元，占对美国出口总额的 8.84%，位居榜首。

而在中国对美国出口的商品中，电脑对美国的出口增长速度更为迅猛，从 2001 年的 8 亿美元增加到了 2007 年的 232.38 亿美元，6 年间增加了 29 倍。

从以上数据可以看出，伴随着中国产业结构的调整与升级，中国对美国贸易商品结构也发生了显著变化。在中国对美国出口方面，以往以纺织服装为主的经贸格局已经开始发生变化，计算机通信类等技术含量相对较高产品的出口份额在逐年上升。

表 8-7 列出了在标准国际贸易分类体系下，2001—2007 年美国对中国出口的商品结构。从中可以看出，2001—2007 年美国对中国出口的商品主要是以下四类：（1）机械与运输设备，特别是飞机及零部件、工业机械、电子机械及设备、自动数据处理仪器、引擎与发动机、通讯设备、纺织机等；（2）非食用原料，包括木材、棉纺纤维、人造纤维、纸浆、原铜等；（3）化学品及有关产品，包括化肥、油及化学品、塑料、油漆、清漆等；（4）食品及主要供食品的动植物，包括肉鸡肉制品、乳品及蛋品、谷物及其制品（其中绝大部分的谷物是大麦）。如表 8-7 所示，从 2001—2007 年，美国向中国出口的商品中，机械和运输设备仍是第一大产品。2007 年达到了289.80 亿美元，占美国对中国出口总额的 44.42%，虽然和 20 世纪90 年代的年均出口额占美国对中国出口额的 51.87% 相比有所下降，但其所包含的技术含量大大提高。

表 8-7　2001—2007 年美国对中国出口商品结构

（单位：百万美元）

国际贸易标准分类 ＼ 年份	2001	2002	2003	2004	2005	2006	2007
（0）食物及活动物	510.78	554.23	810.84	1321.36	1124.32	1430.84	1948.99
（1）饮料及烟草	6.07	6.24	12.45	35.61	15.42	81.80	93.58
（2）除燃料外非食用未加工燃料	3145.86	3336.3	6859.86	8114.96	9897.73	13746.17	16558.35

国际贸易标准分类＼年份	2001	2002	2003	2004	2005	2006	2007
（3）矿物燃料、润滑剂及有关物质	93.45	94.33	133.23	221.45	132.07	205.39	297.62
（4）动物及植物油、脂肪	14.16	28.04	102.96	34.97	21.94	72.26	165.60
（5）未列明编号化学品及有关产品	2211.23	2960.03	3622.25	4732.21	5401.90	6243.34	8407.81
（6）主要以材料分类的制成品	1106.52	1309.73	2005.40	2199.80	3096.02	3761.77	4177.96
（7）机械及运输设备	10284.63	11778.34	12546.27	15023.85	18670.54	25396.98	28980.12
（8）杂项制成品	1653.25	1756.32	2057.07	2688.68	3083.94	3799.64	4053.36
（9）其他未分类产品	208.89	229.11	268.17	348.12	392.65	485.97	554.96
合计	19234.83	22052.68	28418.49	34721.01	41836.53	55224.16	65238.31

资料来源：U. S. Census Bureau。

表8－8列出了2003—2007年美国对中国出口最多的商品，从中

表8－8 2003—2007年美国对中国出口最多的商品

（单位：百万美元）

商品编码	2003 年	2004 年	2005 年	2006 年	2007 年
半导体	2447.03	2938.3	3363.90	5876.33	6499.84
民用飞机	2148.17	1617.53	3794.23	5301.62	6365.06
大豆	2888.8	2328.83	2249.01	2531.87	4117.97
工业机器	1167.53	1911.34	1532.73	1985.76	2871.25
电脑配件	1006.23	1070.26	1427.04	1820.02	1652.35
测量、测试、控制仪器	703.80	996.20	1073.03	1333.56	1406.49
美国对中国出口总额	28418.49	34721.01	41836.53	55224.16	65238.31

资料来源：U. S. Census Bureau。

可以看出，2003—2007 年美国对中国出口最多的商品是半导体、

民用飞机、大豆、工业机器、电脑配件与测量、测试、控制仪器。2007 年仅半导体、民用飞机、工业机器三项商品在中国的销售额就达到了 157.36 亿美元。其中，半导体从 2003 年的 24.47 亿美元增长到 2007 年的 64.99 亿美元，4 年就增长了 1.65 倍。这充分体现了美国在高新技术产业以及机电产业的高端技术环节上具备绝对的竞争优势。

由以上分析可知，中国加入 WTO 以来，在中美商品贸易中，美国向中国出口的产品继续以资本密集型和高新技术工业制成品为主；在中国对美国的出口中，劳动、资源密集型的低附加值、低技术含量产品的地位却不断削弱，而资本、技术密集型的工业制成品所占比例迅速上升。这表明中美贸易商品结构已由传统的产业间贸易转向了产业内贸易。①

第二节　中美贸易摩擦发展历程回顾

自 1979 年中美建交及《中美贸易关系协定》签署以来，中美经贸往来日趋频繁。然而，在双方市场不断扩大和贸易量增加的同时，中美贸易摩擦问题始终是中美贸易关系中挥之不去的不和谐音符。1980 年 7 月 2 日，美国对中国薄荷醇进行首次反倾销调查，揭开新中国成立后的中美贸易摩擦序幕。2001 年中国加入 WTO 以来，中美贸易摩擦此起彼伏，波澜不惊，引起了国际社会的广泛关注，再次成为双边贸易发展过程中亟待解决的焦点问题。回顾中美贸易摩擦的发展历程，在过去的近 30 年中，根据贸易摩擦的性质特点大致可分为三个不同的历史阶段：1980—1989 年的经济性摩擦阶段；1990—2001 年的政治化摩擦阶段；2002 年至今的制度化摩擦阶段。②

---

① 陈泰锋：《中美贸易摩擦》，社会科学文献出版社 2006 版，第 12—15 页。
② 龙向阳：《中美贸易摩擦的历史分析》，《南方经济》2004 年第 9 期，第 72—74 页。

一、中美贸易摩擦的发展阶段

1. 1980—1989 年的经济性摩擦阶段

这一阶段中美贸易摩擦由于建立在两国良好的战略合作关系基础上，因而大多数摩擦属于经济性质范畴内的技术性问题。这一阶段贸易摩擦所涉及的商品大多集中在低附加值的纺织品、化工材料、轻工产品以及农产品等劳动密集型的初级大宗商品。这期间，1980—1989年的中美贸易摩擦主要集中两个方面：一是纺织品的配额问题。纺织品一直以来是中国输美的最大宗商品，也是中国最有竞争力的出口拳头产品和争取外汇的主要来源。中美恢复经济关系以后，中国也是从纺织品开始对美国出口，积累了宝贵的外汇，为国内经济的起飞做出了积极的贡献。1979 年美国政府单方面宣布对进口中国纺织品的七大类商品实行限额，中美展开了第一次纺织品协定的谈判。1980 年、1983 年和 1987 年中美达成三个纺织品协定，美对华纺织品配额限制品种由最初的 8 种扩大到 87 种，覆盖了中国输美纺织品的 85%，主要包括对棉运动衫、运动服、浴衣和便服等进口的限制，而且美国的行为经常是单方面的，中国对此做出了强烈的反应。二是反倾销问题。从 1980 年 7 月 2 日美国对中国的薄荷醇进行首次反倾销调查，在 1980—1989 年间，美国对中国共发起反倾销调查 18起，其中，对轻工业产品 6 起，对化工产品 7 起，对纺织品 3 起，土畜和机电各 1 起。

在这一时期，美国处理中美贸易摩擦的主要方式和手段，就是谈判签订协议和实施反倾销报复，对中国进口产品实施高额关税。由于中美政治、经济实力上的差距，中国在中美贸易摩擦总体上来说处于被动地位，摩擦解决途径也基本遵循"美国提出调查和立案——中国解释——美国裁决和制裁——中国让步——双方达成协定"的模式。针对美国的反倾销裁决，中国消极对待，少有应诉和抗争。

2. 1990—2001 年的政治化摩擦阶段

这一阶段中美贸易摩擦的主要特征就是经济问题政治化。冷战结束后，由于受到当时国内外环境的影响（如"六四"事件、东欧剧变和前苏联解体），美国对中美双边经贸关系的性质和目标的认识发生了质的变化。由此，中美双边的贸易摩擦日益恶化。美国对华发起贸易摩擦的范围、手段和方式随之发生了质的变化。1990—2001 年间的中美贸易摩擦范围扩展到最惠国待遇、知识产权、纺织品配额限制、贸易不平衡与市场准入等多个方面。在这期间，美国不断以所谓人权、敏感武器扩散、劳改产品等问题为借口，拒绝给予整个最惠国待遇，直至 2001 年 12 月 27 日美国宣布给予中国永久正常贸易关系地位，才最终标志着美国废除了其实行 20 年之久的年度审议对华最惠国待遇的做法。1990—2001 年间，美国处理对华贸易摩擦的方式和手段仍然以反倾销的贸易报复为主，但同时加大了对经济制裁手段的使用力度。1989 年至 1991 年美国对中国实行全面的经济制裁，20 世纪 90 年代初美国对华实施经济制裁的主要内容是以防扩散为由限制对华的高技术贸易，1992 年后情况逐渐好转，但美国一直保持对中国出口实行歧视性的管制和禁运政策。据统计，1990—2000 年间，美国对中国实施反倾销案件共 61 起，对轻工、化工产品的反倾销分别为 25 件、18 件，占同期美国对中国反倾销数量比例的 40.98%、29.50%，① 反倾销行为的频率明显加大，而且其处罚的随意性也更大。

在这一时期，中美之间解决重大贸易摩擦问题的模式发生了重大变化，具体步骤为：美国提出经济贸易问题——中国据理力争和加以解释——美国不顾中国的意见单方面提出经济报复措施——中国表示抗议并提出反报复措施——中美双边走向谈判，到最后时间相互妥协达成协议，并宣布取消报复措施。中美之间解决贸易摩擦模式的这一变化，一方面表明随着中国经济实力的增强，中国的主动反击和自我保护意识与能力加强了，另一方面也表明了中美双边经贸关系已经形成了的一定程度的相互依赖性。

3. 2002 年至今的制度化摩擦阶段

这一阶段中美贸易摩擦主要特征是从微观层面向宏观层面延伸，

---

① 　根据中华人民共和国商务部进出口公平贸易局数据计算得出。

中美贸易摩擦从纺织品、彩电、家具等微观经济层面向以人民币汇率、市场经济体制、知识产权保护等宏观经济层面为核心的制度摩擦阶段发展。在中国正式成为 WTO 成员之后，中美贸易一反加入 WTO 正面效应的常态，贸易摩擦硝烟不断，摩擦的数量和金额迅速增加已经成为中国对外开放中面临的重大问题。这期间，美国对中国贸易摩擦的解决方式仍以反倾销的贸易报复措施为主，同时美国还加大对中国实施特保条款、保障措施、反补贴和技术性贸易壁垒等保护措施。

二、加入 WTO 以来中美贸易摩擦呈现的特点

中国加入 WTO 以来，随着中美两国产业结构和贸易结构的变化，中美贸易摩擦呈现出不同于以往贸易摩擦的新特点。

1. 摩擦领域扩大化

中国加入 WTO 后，随着产业结构升级和出口结构优化，中美贸易摩擦的产品逐步呈多元化趋势，涉及五矿、化工、轻工、纺织、食品、土畜、机电等多个行业。除了农产品、纺织品、化工产品等传统议题外，不断有高新技术产品成为贸易摩擦的新焦点。在 20 世纪 90 年代以前，中美贸易摩擦主要集中在低附加值的化工材料、轻工业产品及纺织品等劳动密集型的初级大宗商品上。如表 8 - 9 所示，在 1980—1989 年，美国对华总共发起的 18 起反倾销案件中，轻工产品 6 起，化工产品 7 起，纺织品 3 起，分别占同期美国对华贸易救济案件的 33.33%、38.88% 和 16.66%。在 1990—2000 年期间，中美贸易摩擦涉案产品与 1980—1989 年基本相似，但也出现了一些新的变化，轻工、五矿和农土畜产品所占的比例呈明显上升之势，其中，轻工由 33.33% 上升到 40.98%，五矿由 0% 上升到 13.11%，农土畜由 5.55% 上升到 13.11%。2001—2007 年，在美国对华发起的 50 起贸易救济案件中，化工产品所占比例明显减少，由 20 世纪 80 年代的 38.88% 下降至 24%。而与此同时，以木制卧室家具为代表的高附加值轻工产品所占的比例由 33.33% 上升至 58%。并且，尤其值得关注的是，以钢铁、彩电为代表的机电产品在美国对华贸易救济案件中的比例由 1.63% 上升至 2%。这种变化表明，在货物贸易领域，中美贸

易摩擦已经从初级产品或劳动密集型的工业制成品领域逐渐向钢铁、彩电等资本密集型和技术密集型的工业制成品领域转移。

表 8-9　美国对华贸易救济涉案产品分布

（单位：起）

年份	轻工	化工	五矿	农土畜	机电	纺织	医保	总共
1980—1989	6	7	0	1	1	3	0	18
比例（%）	33.33	38.33	0	5.55	5.55	16.66	0	—
1990—2000	25	18	8	8	1	0	1	61
比例（%）	40.98	29.50	13.11	13.11	1.63	0	1.63	—
2001—2007	29	12	6	1	1	1	0	50
比例（%）	58	24	12	2	2	0	0	—

资料来源：根据中华人民共和国商务部进出口公平贸易局数据计算得出。

2. 摩擦产品高附加值化

随着一国产业结构的变化，主导产业和主要出口产品往往是贸易摩擦的重点。随着中国产业结构升级和出口结构优化，中美贸易摩擦的重点开始由低附加值的产品扩大到高附加值产品，下面以美国对华发起的 337 调查案件加以说明。加入 WTO 以来，中国一直是 337 调查的最大受害者。如表 8-10 所示，截至 2007 年 12 月底，美国发起的涉及我国产品的"337 条款"调查共计 80 起，其中绝大部分都采取了最终限制措施。近年来，美国对中国产品的"337 条款"调查出现两个明显的趋势：其一，被调查产品结构不断升级。1998 年以前，美国"337 调查"涉及中国的产品主要是轻工产品和纺织服装，但1998 年后，主要调查产品为工程机械和化工及医药原材料，被调查产品结构不断升级。在美国对华发起的 80 起"337 调查"中，电子工业涉案产品数量最多，占一半以上，达到了 44 起，在整个的 80 起中所占比例达到了 55%。其二，高附加值的机电产品的案件数量呈增长趋势。表 8-11 列出了 2007 年美国对中国发起"337 调查"的产品分布，在 2007 年美国共对中国发起了 16 起"337 调查"，其中对机电产品的"337 调查"就达到了 11 起，占全年美国对中国发起"337 调查"总数的 68.75%。

表 8 – 10   1986—2007 年美国对华发起 "337 调查" 涉案产品分布

行业	电子工业	化工工业	轻工业	机械工业	汽车工业	皮革工业	总共
案件数（起）	44	16	11	5	3	1	80
比例（%）	55	20	13.75	6.25	3.75	1.25	100

资料来源：根据中华人民共和国商务部进出口公平贸易局数据计算得出。

表 8 – 11   2007 年美国对华发起 "337 调查" 涉案产品分布

行业	机电	化工	医疗器械	轻工	总共
案件数（起）	11	3	1	1	16
比例（%）	68.75	18.75	0.06	0.06	100

资料来源：根据中华人民共和国商务部进出口公平贸易局数据计算得出。

3. 摩擦手段多样化

美国对中国发起贸易摩擦的手段日益呈现多样化特征。中国加入WTO 之前，美国对华发起贸易摩擦的手段主要是反倾销、配额限制和技术性贸易壁垒。近年来，保障措施尤其是专门针对中国的特别保障措施、"337 调查"、反补贴等也已成为美国限制自华进口的重要手段。2002 年至 2007 年，美国对中国反倾销的数量高达 44 起。2002年 8 月美国对中国出口的椅座升降装置实施第一起保障措施，至2006 年上半年共发起 6 起特别保障措施；2003 年 11 月，美国宣布对中国纺织品、胸罩和袍服三类纺织品实施特别保障措施，2004—2005年共对中国的 21 种、51 大类纺织品宣布实施特别保障措施。自 1986年以来，美国对华 "337 调查" 案件逐年增多，涉案产品广泛，包括DVD、拖拉机及割草机、无汞碱性电池、油墨打印机、计算机配件、电子游戏、存储元件、通讯器材、农用机械、矿产品、机械产品等。1986—2007 年，美国对华 "337 调查" 案件共 80 起，其中 2004 年、2005 年、2006 年、2007 年分别为 11 起、9 起、13 起、19 起。2006年 11 月 21 日美国宣布对中国铜版纸产品发起反倾销和反补贴合并调查，拉开了对中国产品 "双反" 的序幕，这是中国加入 WTO 以来美国对中国发起的首次反补贴调查，也是美国 23 年来第一次对非市场经济国家适用其反补贴法。以此为起点，美国连续对中国发起反倾销反补贴合并调查，截至 2008 年 8 月，美国共对中国产品发起"双反"调查 13 起，涉及产品有铜版纸、焊接碳钢管、复合编织袋、薄壁矩形钢管、非公路用轮胎、未加工橡胶磁、热敏纸、亚硝酸钠、焊接不锈钢压力管、石油天然气管道管、柠檬酸、后拖式草地维护设备和厨房用金属架，涉案金额近 20 亿美元。① 美国采取反倾销和反补贴双管齐下的调查，已成为近两年多来美国对付中国产品的主要贸易手段，也成为了中国产品进入美国市场最大和最凶悍的"拦路虎"。

4. 摩擦宏观层面化

中美贸易摩擦的议题从微观层面向宏观层面延伸。目前，中美贸易摩擦的争执点已经从产品、企业等微观领域延伸到涉及宏观制度、政策等根本性、全局性问题，我国的知识产权保护、人民币汇率形成机制、贸易差额、产业政策、市场准入政策、税收政策、劳工标准和环境标准、市场开放等屡屡招致美国责难，中美贸易摩擦显现全方位冲突。例如，从 2003 年开始，美国认为对华贸易 1000 多亿美元的逆差导致美国一些企业倒闭，失业人口增加，并以美中贸易收支不平衡为由要求中国改变现行的人民币汇率政策，实行浮动汇率制，使人民币大幅升值。2007 年 2 月 2 日，美国又向 WTO 提出申诉，指责中国政府向中国企业提供不公平的税收优惠及其他补贴措施。申诉所涉及的中国企业包括钢铁、木材、纸业、信息技术产品、服装等行业。

第三节 中美贸易摩擦与日美贸易摩擦的异同

随着中国对外贸易的快速增长，中国进入了贸易摩擦的多发阶段。其中中美贸易摩擦最为突出，不仅贸易摩擦的范围不断扩大，从农产品贸易摩擦到纺织品贸易摩擦，从钢铁等的货物贸易摩擦到知识产权等的服务贸易摩擦，而且贸易摩擦的表现形式也不断升级，由最为常见的反倾销措施，发展到反补贴以及中美知识产权问题的纠纷；另外从美国对待中美贸易摩擦的姿态看，美国可谓是步步紧逼，从要

---

① 中华人民共和国商务部进出口公平贸易局（http://gpj.mofcom.gov.cn）。

求开放单个商品市场到开放整个市场，从开放服务业市场到开放资本市场。而目前中美贸易摩擦的情况与 20 世纪 60 年代中期以后的日美贸易摩擦极其相似。下面对中美贸易摩擦与日美贸易摩擦的异同进行比较分析。

一、中美贸易摩擦与日美贸易摩擦的相同点

1. 贸易摩擦的范围都逐渐扩大，摩擦的焦点都有从低附加值向高附加值转化的趋势

随着日本产业结构的升级，日美贸易摩擦的范围逐渐扩大，从原材料型产业逐渐扩展到加工组装产业、高新技术产业和服务业；贸易摩擦的焦点趋向高附加价值化和高技术化。日美贸易摩擦从 20 世纪 50 年代的纺织品开始；60 年代，日本产业结构由轻工业转向重化工业化，贸易摩擦的焦点由纺织品转向合成纤维和钢铁；70—80 年代，日本产业结构由重化工业化转向技术集约化，贸易摩擦的焦点转向彩电、汽车、机床和半导体；90 年代，日本产业结构由技术集约化转向信息化，贸易摩擦的焦点转向了金融、通信等领域。

中美贸易摩擦涉及的商品也特别的广泛，涉及农产品、服装纺织品、家电、化工产品、五矿、机电、鞋、打火机、电缆、挡风玻璃、不锈钢家具以及知识产权等等。在货物贸易领域的贸易摩擦，也已经由轻工、化工等低附加值产品扩大到机电等高附加值产品。

2. 贸易摩擦的方式都是从微观经济摩擦——→宏观经济摩擦——→制度摩擦

纵观日美贸易摩擦，可知日美贸易摩擦的形式在 20 世纪 50 至 70 年代表现为微观经济摩擦，即某一（些）产业的某一（些）产品的摩擦，如 20 世纪 50 年代的纺织品摩擦、60 年代的钢铁摩擦、70 和 80 年代中期的彩电、汽车和机床摩擦等；20 世纪 80 年代日美贸易摩擦的形式从微观经济摩擦转向宏观经济摩擦，美国要求日元升值，两国进行宏观经济政策协调；20 世纪 90 年代随着日美贸易摩擦由货物贸易扩展到服务贸易，日美贸易摩擦的形式由宏观经济摩擦转向了制度摩擦，由于形成服务贸易的障碍不是货物贸易的关税和数量

限制，而是一国的法律制度、经济惯例和竞争政策等。

中美贸易摩擦发展至今，贸易摩擦方式已经有所转变，从最初阶段集中在微观的个体产品或产业，近年来逐步转向宏观制度和政策层面，贸易差额、知识产权保护、人民币汇率制度、劳工标准和环境标准、中国金融市场开放等受到越来越多的关注。

3. 贸易摩擦的导火索都是对美国的巨额贸易顺差

1965 年战后日本对美国首次出现 1.13 亿美元的贸易顺差。其后，除 1967 和 1975 年日本对美国出现贸易逆差外，其他年份日本对外均为贸易顺差，而且增长得非常迅速。日本对美国出现贸易顺差从 1976 年的 38.8 亿美元上升到 1986 年的 514 亿美元，10 年增长了 12.2 倍。[1] 美国国际收支出现巨额的贸易赤字，导致日本成了美国最大的债主，这使美国人产生了极大的恐慌，认为金融及经济的大权转移到了日本。日本对美国的巨额贸易顺差就成为日美贸易摩擦的导火索。

根据中国官方统计，1993 年中国首次对美国出现贸易顺差，顺差额为 63 亿美元，2001 年中美贸易顺差达到 280.8 亿美元，2008 年增加到 1709 亿美元，在 2001 年到 2008 年的 7 年时间里，中美贸易顺差增长了 1428.2 亿美元，增加了 5.02 倍。[2] 中国对美国贸易顺差呈快速增长趋势，这对于在中美贸易中曾一直处于优势地位的美国人来说是无法容忍的。这样，中国对美国的巨额贸易顺差又成为中美贸易摩擦的导火索。

4. 在贸易摩擦的处理上中国与日本都处于被动地位

中国和日本对美国市场依赖度都很高，这使中日两国在处理与美国的贸易摩擦上都处于被动地位。20 世纪 50 至 80 年代美国是日本最大的出口国，日本对美国出口的贸易依存度很高，1950 年为 21.6%，1960 年上升到 27.2%，1970 年上升到 30.7%，1970 年以后

① 财务省：财政金融统计月报，第 472 号，第 12 表。
② 中华人民共和国国家统计局：《中国统计年鉴》，中国统计出版社 2002 年版；《2008 年国民经济和社会发展统计公报》。

出现下降，1975 年和 1980 年分别为 20.0% 和 24.2%；但 20 世纪 80 年代又快速上升，到 1985 年高达 37.2%。以日本对美国的汽车出口贸易为例，日本的汽车在当时占美国汽车进口贸易份额的 1/4，高峰时出口 350 万辆占美国市场的 30%。研究表明，日本商品对美国的出口在美国进口中超过 50% 时，日本某种商品在美国的市场占有率超过 15%—20% 时，日美贸易摩擦就会激化和升级。[1] 日本对美国高度的贸易依存度使美国掌握了日美贸易摩擦的主动权，而使日本在贸易摩擦的争端解决中处于被动地位。

加入 WTO 以来，中国的对外依存度也在不断提高，2007 年中国的对外贸易依存度超过 70%，其中，对美国市场的依赖程度最高，2007 年对美国出口依存度达到 95%。[2] 同时，中国一些出口产品对美国依存度极高，如美国 3/4 的玩具从中国进口，对美国市场的高度依赖，使中国在处理中美贸易摩擦问题上也处于被动地位。

5. 贸易摩擦对中国与日本的经济影响巨大

在日美贸易摩擦中，美国通过一些非市场经济的手段，如"广场协议"、"巴塞尔协议"对日本政府和企业施加压力，使日本对美国的贸易顺差在 1985—1992 年间减少 20% 多，使日本企业限产或是退出美国的市场，如日本对美国的汽车出口由 1986 年的 350 万辆减少到 1992 年的 180 万辆，对日本的汽车工业造成了沉重的打击。而 1985 年广场协议下的日元升值在深层次上诱发了日本的房地产与金融的泡沫，泡沫经济崩溃致使日本经济经历了 20 世纪 90 年代持续 10 年的经济衰退。

在中美贸易摩擦中，美国采取的措施也给中国带来了巨大的损失，如在 1980—2005 年的反倾销案件中，有 113 起涉及中国，涉案金额高达上百亿美元。2008 年美国对中国的不锈钢压力管、环形碳

---

[1] ［日］市村真一：《日本的经济法展于对外经济关系》，色文等译，北京大学出版社，1997 年版第 178 页。

[2] 根据中华人民共和国商务部网站（http://www.mofcom.cn）数据计算得出。

素管线管、柠檬酸、后拖式草地维护设备、厨房器具置物架和挂物架等产品发起5起反倾销反补贴合并调查，涉案金额5.1亿美元；同时，美国对中国的床用内置弹簧组等产品发起5起反倾销调查，涉案金额2.8亿美元。[①]

6. 中日两国与美国的经贸关系都沿着摩擦—协调—再摩擦—再协调的轨迹发展

战后至1965年，日本对美国贸易持续逆差。随着日本经济实力的不断增强，日本对美国贸易的比较优势相继在纺织品贸易、钢铁贸易、彩电贸易、汽车贸易、半导体贸易等领域突现，日本对美国出口规模迅速扩大。1965年日本对美国贸易首次出现顺差，此后，日美经济摩擦频发且不断升级。尽管如此，日美经贸关系不断向前发展，日美贸易摩擦在双方共同利益的驱动下，或以达成最终协议得到解决，或以达成暂时协议得到缓解。与当年的日美贸易相似，在中美恢复经贸往来的初期，美国维持了多年的对华贸易顺差。然而，随着中国经济迅速发展，中国对美国出口不断增加，1993年，中国首次出现对美国贸易顺差，此后，中美经济摩擦在纺织品、农产品、知识产权等方面不断升级。同样，贸易摩擦并没有阻止中美经贸关系向前发展的脚步，双边经贸规模不断扩大，经贸合作在摩擦与协调的过程中不断加强。

总之，中美、日美贸易摩擦虽然频繁，但是双边贸易的发展势头依然迅猛。在和平与发展成为时代主题的今天，一方面，各国奉行国家利益至上的原则，从表面上看，一定会产生不少冲突；然而，另一方面，由于双方经济上具有互补性，为了有效维护本国利益，各国都必然会采取积极的政策措施来遏制冲突、化解冲突。因此，本书作者相信中美经贸关系的发展轨迹必然是在合作的基础上展开竞争，在竞争中寻求发展，在摩擦—协调—再摩擦—再协调的轨迹上寻求双方利益的最佳平衡点。

---

① 中华人民共和国商务部进出口公平贸易局（http://gpj.mofcom.gov.cn）。

二、中美贸易摩擦与日美贸易摩擦的不同点

1. 对美国出口商品的结构不同

20 世纪 70、80 年代，日本对美国出口主要以技术密集型产品和大宗贸易为主。日、美两国在汽车和半导体领域都很发达，拥有高端技术，在上述领域的竞争非常激烈，因此，日美贸易摩擦很大程度上是产业内同业竞争加剧引发的贸易摩擦。近年来中国向美国出口的主要产品有鞋类、服装、玩具、机电产品等，在出口制成品中形成了以机械运输设备及杂项制品并重的出口结构，其中，机械及运输设备在中美双方的贸易中占有相当大比例，2007 年这一项占中国对美国出口额的比例达到 45.48%。虽然中国对美国出口高速增长，但与当年日本相比，在出口产品结构上是不同的。由于中国出口是以加工贸易产品为主，不管中国出口的是传统的纺织品、服装、玩具等劳动密集型产品，还是机电、计算机等技术密集型产品，这些产品在中国的加工环节都集中于劳动密集环节。中美贸易是一种互补性的贸易，符合比较优势原理。

2. 对美国出口商品的企业性质不同

20 世纪 70、80 年代日本对美国出口的商品都是日本本国企业自己制造生产的，如汽车业的本田、丰田等，家电业的松下、日立、索尼等。而目前中国则主要出口外包生产的贴牌产品，技术含量低，一些技术密集型产品的生产和出口大多掌握在外资企业手中。中国外资企业出口占中国出口总额的比例 2005 年达到 58.3%，外商投资企业的贸易顺差占总额的 83%；2007 年这两个数字分别为 57.1% 和 51.8%。① 所以，中美贸易摩擦可以说是"美美摩擦"，即在中国的美资企业对美国企业或在中国的外资企业与美国企业的摩擦。中国向美国出口的很多产品是由美国在中国企业生产的，再返销回美国，所以美国方面如果对中国实施贸易制裁，如增加关税、限制出口额等，不仅会伤害中国企业的利益，更会伤害美国企业和投资者的利益。因

---

① 根据中华人民共和国商务部网站（http://www.mofcom.cn）数据计算得出。

此，从这一点上看，美国处理中美贸易摩擦与处理日美贸易摩擦会有所不同，美国会考虑其本国企业的利益。由此可以相信，中美经贸关系会在中美贸易摩擦中不断向前发展。

3. 摩擦涉及的产业部门在美国经济中的地位和作用不同

日美之间的贸易摩擦一般表现为在同一发展阶段、同一技术档次的产业部门，摩擦涉及的产业部门在日本和美国经济中的地位和作用也差不多。日本对美国出口的主要产品与美国企业生产的产品处于同一产业，相互替代性强，企业之间竞争很激烈。因此，日美贸易摩擦可称为"同质型摩擦"。而中美贸易摩擦涉及的产业部门在中国和美国经济中的地位和作用不同。中国对美国出口的产品，则大多是美国产业向外转移的结果，美国国内基本不生产或很少生产的产品。中美两国产品的相互替代性不强，企业之间的竞争性也不强。如中美纺织品贸易摩擦，纺织业作为劳动密集型产业，在中国经济中还占相当比例，是其产业经济中的重要部门；但纺织业在美国已属夕阳产业，美国本土基本不生产或是生产厂家寥寥无几，几乎退出该行业。所以，中美贸易摩擦可称为"异质型摩擦"。

经济体之间的异质型摩擦与同质型摩擦的性质和影响不同，异质型摩擦往往是在互补性的贸易基础上的摩擦，竞争的行业有互补性，摩擦双方不会在两者都有比较优势的某个产品或某个产业之间拼个你死我活，而是可以通过对其他产品的处理来解决。有些时候，争执双方并不一定要在特定的产业上直接获得利益，而是通过在某种问题上的要价，在其他问题上获利。比如纺织品等劳动密集型产品美国国内不会再恢复竞争力，即使不从中国进口，也要从其他国家和地区进口，而美国在这些劳动密集型产品上跟中国争执的真正目的，就是为了提高在其他产品上的要价，让资本技术密集产品和服务产品更多地进入中国。美国也很难运用提高竞争力的办法把中国这些劳动密集型产品挤出本国市场。由于经济解决办法到目前为止难以奏效，美国就不断对中国施加政治压力。

4. 对美国出口产品对美国本土企业的影响不同

在20世纪60至80年代日本企业利用其产品的创新能力和生产

效率生产的质优价廉的产品大量地出口美国,造成美国企业大量破产,大量工人失业。特别是在作为美国最重要的支柱产业汽车和家电产业。1980年是美国汽车业的"噩梦年":工厂接连倒闭,工人大批失业。昔日繁华热闹的汽车城底特律一片萧条,该市市长科曼·杨在接受记者采访时曾沉重地说:"我们正在经历历史上最糟糕的一次萧条,全市市民中,有20%失业,而黑人的失业率则高达65%。"① 20世纪70年代后期,日本对美国的汽车出口数量巨大且逐年递增,1978年日本对美国的汽车出口数量为152万辆,1979年达到164万辆,1980年进一步上升为192万辆,其在美国进口汽车中所占的比例达到80%左右;日本汽车在美国市场的占有率1979年为17%,1980年快速上升到24%。丰田名车"花之冠"在1980年生产达到鼎盛,在高冈工厂中,三条组装流水线以65秒一辆的速度推出新车,年产85.6万辆。与此相反,作为美国最重要的支柱产业之一的汽车制造业却陷入困境,美国最大的三家汽车公司(通用、福特和克莱斯勒)经营业绩直线下降。克莱斯勒接连三年亏损,1978年亏损2亿美元,1979年亏损扩大到11亿美元,1980年亏损更是高达17亿美元。福特公司由盈转亏,1979年亏损10亿美元,1980年亏损增加到15亿美元,均创下当时历史最高亏损纪录。② 同时日本的家电企业如东芝、日立、松下等也打败了美国的同行,在1975年时美国的收音机厂更是全军覆灭。

与日本相比,目前中国与美国发生贸易摩擦的商品多是美国的夕阳产业,美国本土基本不生产或是有生产,生产厂家也是寥寥无几,几乎退出该行业。以彩电产业为例,目前中国出口美国的多是低端的产品,美国本土生产该种产品的企业仅剩下两三家,所以即使中国的彩电出口对其造成打击,对美国的经济、行业和就业的影响也是微乎其微的。

---

① 王伟旭、曾秋根:《警惕美国的第二次阴谋》,人民日报出版社2003年版,第64页。

② 王伟旭、曾秋根:《警惕美国的第二次阴谋》,人民日报出版社2003年版,第66页。

5. 美国采取的贸易限制手段不同

20 世纪 60 至 80 年代的日美贸易摩擦是在 GATT 框架下解决的，其中数额限制、关税为主要限制手段，并且以美国的单边主义为主。进入 21 世纪，尤其是中国加入 WTO 后，中美贸易摩擦出现了多样化的摩擦形式，涉及产品不仅包括传统的货物贸易而且还包含服务贸易。技术性壁垒、特保条款、法律法规限制等成为了美国限制中国出口的主要手段。虽然 WTO 限制了美国的单边贸易保护主义政策，但是，中国加入 WTO 的诸多不公平待遇大大削减了中国利用 WTO 公平解决贸易争端的可能性。例如，中国"非市场经济国家"的头衔就使得中国在处理中美贸易摩擦方面更容易受到反倾销的制裁。

6. 日美间与中美间的直接投资流向不同

对外直接投资是解决贸易摩擦有效的办法之一。从日美和中美间的直接投资来看，两者具有迥异的特征。由于日本国内独特的企业组织、流通网络，日美之间的投资主要集中于日本的对美国直接投资，其流向是从日本输出到美国，美国资本很难进入日本市场。如 20 世纪 80 年代日本对美国的投资狂潮收购了迪斯尼等一大批美国大公司，日本对美国直接投资都远远高于美国对日本的直接投资。以 1989 年为例，日本对美国直接投资额为 161.42 亿美元，而美国对日直接投资额为 19.02 亿美元。① 这种不平衡引起了美国企业的不满。美国认为，美国企业对日直接投资数量少的主要原因是日本投资市场的封闭性，要求日本开放市场。

中美间的直接投资与此情况恰恰相反，自中国 1978 年实行对外开放政策以来，中国大量吸收国外资本。如今，大量美国企业家在中国投资建厂，而中国对美国的直接投资刚刚开始。2007 年中国实际利用美国直接投资 26.16 亿美元，而中国对美国的直接投资净额只有 1.96 亿美元。② 因此，中美之间的直接投资流向主要是从美国输出到

---

① 青木健、馬田啓一：日米経済関係——新たな枠組みと日本の選択，東京：到草書房 1996 年版，第 88 頁。
② 中华人民共和国国家统计局：《中国统计年鉴》，中国统计出版社 2008 年版，表 17－15 和表 17－20。

中国。

7. 贸易摩擦产生的政治原因不同

无论从国际贸易理论还是从中美两国贸易的商品构成现状来看，中美贸易的互补性大于竞争性，按照比较优势理论，美国本应发挥自身优势，加大高技术产品对中国的出口。但是在现实中，美国担心中国会成为其经济和军事的竞争对手，对中国采取了歧视性的出口管制政策。由冷战时期的巴黎委员会下设置的中国委员会，到冷战结束以后美国同其他发达国家重新签订的华森纳协议，美国长期对中国实行出口管制，这是造成美国对中国贸易逆差一个重要原因。不可否认，近些年美国政府的出口管制较20世纪有所放宽，但实质上并未根本改变。例如，2006年7月6日，美国商务部公布了对华出口管制新规定，在稍微放宽了对美国安全影响不大的高科技产品管制的同时，又将40多项新技术纳入出口管制清单中。美国政府，尤其是美国国会的某些人时不时以政治问题为借口，对中国实施制裁。例如，1989年春夏之交，中国发生"六四事件"后，美国以"人权"为借口，对中国实行"经济制裁"，使得中美之间理应得到快速发展的贸易出现倒退。表8-1可知，中美贸易额1990年为117.7亿美元，比1989年的122.5亿美元减少了4.8亿美元。所以，中美贸易摩擦受国际政治影响很大。而战后日本作为美国的受托管国，在与美国的贸易摩擦中没有这方面的原因，日美贸易摩擦是发达国家之间围绕工业产品展开的，是经济格局变动造成的。

第九章 日美贸易摩擦对中国的启示

中美贸易摩擦与日美贸易摩擦有许多相同之处，研究战后日美贸易摩擦与日本产业结构调整的相关性，总结日本解决日美摩擦的经验和教训，对今天中国具有重要的启示。本章阐述日本化解日美贸易摩擦的经验教训对中国缓解中美贸易摩擦、促进产业结构升级的启示。本章从三个方面进行论述：一是产业结构是引发中美贸易摩擦的决定性因素，中美贸易摩擦的深层次决定性因素在于中美两国的产业结构；二是对外直接投资是缓解中美贸易摩擦、促进中国产业结构优化的有效途径；三是扩大内需是化解中美贸易摩擦的根本途径，中国应提高制造业产品的附加价值以满足国内需求，把服务业作为扩大内需的突破口，努力开拓新的消费需求空间，拉动产业升级。

第一节 产业结构是引发中美贸易摩擦的决定性因素

后发国家在经济崛起的过程中，随其产业结构快速升级，出口商品结构随之变化，其经济增长速度远远超过其他国家，出口能力迅速增强，在世界出口中的比例不断上升，不可避免地要遭遇贸易摩擦。

战后日本随着其产业结构的升级，即从劳动密集型→资本密集型→技术密集型→知识密集型的转变，日美贸易摩擦不断深化。而中国随着经济快速的发展和产业结构的升级，在世界经济中的地位不断提高，进出口规模迅速扩大，也不可避免地出现了一些贸易摩擦和争端，其中以中美贸易摩擦最为突出，中美纺织品贸易摩擦、中美钢铁贸易摩擦、中美有关电影、音乐等领域知识产权贸易摩擦等。在过去的多次贸易摩擦中，国内许多分析把中美贸易摩擦的成因归结于国外的大选因素、政治因素、中美进出口统计误差、香港的转口贸易和对华"非市场经济"国家身份的认定等，但本书认为中美贸易摩擦的根本原因在于中美两国的产业结构。

一、中美贸易摩擦中的中国产业结构因素

改革开放以来，我国经济增长迅速，国家整体实力有了很大的提高。由于我国推行了一系列促进制造业和高技术产业发展的政策，产业结构得到改善，由以第一产业为主，发展到了第二产业高速发展，同时第三产业对国民生产总值贡献迅速上升的新阶段。表 9-1 显示了近年来中国 GDP 总值和三次产业所占的比例。可以看到，第一产业的国内生产总值比例逐渐下降，第二产业和第三产业基本上呈现上升趋势。其中，第二产业成为我国经济增长的主导，该产业的国民生产总值已由 1991 年的 9106 亿元增长到 2007 年的 121337 亿元，占GDP 总值的比例也由 41.8% 增加到 49.2%。期间，1997—2002 年第二产业所占的比例出现了一定幅度的下降，这可能是由亚洲金融危机造成的影响。2002 年后，由于加入 WTO 加速了我国制造业的发展这一比例继续攀升。此外，第三产业在我国国民经济中的地位获得了提高，2007 年、2008 年占 GDP 的比例分别为 39.1% 和 40.1%。因此，我国仍然处于经济快速增长的工业化时期，已经形成以制造业为主、服务业为辅的经济结构格局，二者共同推动我国经济发展。

产业结构决定贸易结构，贸易结构影响产业结构，二者之间相互影响、相互促进。中国以制造业为主体的经济结构决定了其主要出口部门（加工制造业）具有较高的劳动生产率增长率。而且我国工业

表 9 - 1　1978—2008 年中国国内生产总值的产业分布

（单位:%）

年份	第一产业	第二产业	第三产业
1978	28.2	47.9	23.9
1979	31.3	47.1	21.6
1980	30.2	48.2	21.6
1981	31.9	46.1	22.0
1982	33.4	44.8	21.8
1983	33.2	44.4	22.4
1984	32.1	43.1	24.8
1985	28.4	42.9	28.7
1986	27.2	43.7	29.1
1987	26.8	43.6	29.6
1988	25.7	43.8	30.5
1989	25.1	42.8	32.1
1990	27.1	41.3	31.6
1991	24.5	41.8	33.7
1992	21.8	43.4	34.8
1993	19.7	46.6	33.7
1994	19.8	46.6	33.6
1995	19.9	47.2	32.9
1996	19.7	47.5	32.8
1997	18.3	47.5	34.2
1998	17.6	46.2	36.2
1999	16.5	45.8	37.7
2000	15.1	45.9	39.0
2001	15.8	50.1	34.1
2002	15.3	50.4	34.0
2003	14.6	52.2	33.2
2004	15.2	52.9	31.9
2005	12.6	47.5	39.9
2006	11.7	48.9	39.4
2007	11.7	49.2	39.1
2008	11.3	48.6	40.1

资料来源：1978 年—2007 年数字根据历年《中国统计年鉴》整理；2008 年数字来自中华人民共和国国家统计局：《中华人民共和国 2008 年国民经济和社会发展统计公报》。

化正处于从以原材料重工业为主向高加工度转换的过渡时期，也就是说在今后的一段时间内我国将以加工制造业作为推动经济增长的主要产业。同时从加工制造业的结构来看，我国需要从主要依靠低技术含量、低附加值的劳动密集型产业，过渡到以高技术含量、高附加值的产业为主，且后者已经成为我国贸易顺差的重要组成部分。随着我国产业结构的升级，出口产品结构得到了明显的升级优化，在出口商品结构中，初级产品出口所占比例大幅度下降，由 1985 年的 50.5% 下降到 2005 年的 6.4%；工业制成品的出口所占比例逐年提高，由 1985 年的 49.5% 上升到 2005 年的 93.6%，而且近几年重化工业制成品出口增长迅速，其中机电产品占出口总额的比例 1985 年为 6.1%，2000 年为 42.3%，2005 年上升到 56.0%。2006 年机电和高新技术产品出口加快，在出口商品中，机电产品和高新技术产品出口分别为 5494 亿美元和 2815 亿美元，分别较 2005 年增长 28.8% 和 29%，在出口商品中所占比例分别达到 56.7% 和 29%。2008 年，机电产品和高新技术产品出口分别为 8229 亿美元和 4156 亿美元，比 2007 年分别增长 17% 和 13%，在出口商品中所占比例分别达到 57.4% 和 28.9%。① 目前除了飞机等少数产品外，中国几乎出口所有的制成品。正因为如此，中国遭遇贸易摩擦的产业涵盖了第一产业、第二产业和第三产业，从劳动密集型产业，到一些科技含量较高的工业制成品、一些高科技产品产业的几乎所有产业部门，但比较集中在纺织品、服装、玩具等劳动密集型产品和机电产品。由于中国出口是以加工贸易产品为主，不管中国出口的是传统的纺织品、服装、玩具等劳动密集型产品，还是机电、计算机等技术密集型产品，这些产品在中国的加工环节都集中于劳动密集环节。因此，中国出口产品的最大特点就是具有较强的价格竞争力，这些出口产品附加值不高、产品差异化水平不大但价格竞争力很强，短时期出口量很大，极易引起进口国的警惕，导致中国出口产品遭遇进口国壁垒的限制，引起贸易摩擦。

---

① 中华人民共和国国家统计局：中华人民共和国国民经济和社会发展公报（相关年），http://www.stats.gov.cn/tjgb/。

二、中美贸易摩擦中的美国产业结构因素

二战后美国对其产业结构进行了调整，特别是 20 世纪 70 年代中期以来美国产业结构经历了战后最为深刻的产业结构调整，在产业结构的调整中逐步实现了其产业结构的现代化和高级化，美国新的产业结构雏形已经形成，三大产业比例已经相对稳定，第一产业在 GDP 中的比例从 1975 年的 3.1% 下降至 2006 年的 1%，第二产业比例由 1975 年的 27.3% 下降至 2006 年的 18.5%，第三产业比例由 1975 年的 69.7% 上升至 2006 年的 80.6%。从表 9-2 的数据，我们可以清楚地看到这些变化。第三产业比例持续上升，其中与信息相关的高级服务业占主导地位。第三产业的产值规模和就业规模在国民经济中的主体地位继续保持和强化，并且信息业将在三大产业中一直保持最高的增长速度。新兴服务业和金融、保险、房地产随着经济转型进程的加快，继续保持高速增长的势头，并成为推动经济发展的重要因素之一。同时美国第三产业中的高技术服务业也获得了迅猛的发展，使得美国技术产业重心由高技术制造业向高技术服务业转移。

表 9-2　1975—2006 年美国 GDP 产值构成变化

（单位:%）

年份	1975	1980	1990	2000	2001	2002	2003	2004	2005	2006
国内生产总值	100.0	100.0	100.0	100.0	100.0	100.0	100.0	100.0	100.0	100.0
第一产业	3.1	2.2	1.7	1.0	1.0	0.9	1.0	1.2	1.0	1.0
第二产业	27.3	28.0	22.1	20.1	19.0	18.5	18.2	18.3	18.6	18.5
第三产业	69.7	69.6	76.3	78.8	80.0	80.6	80.7	80.5	80.3	80.6

资料来源：根据 2007、2008 年美国总统经济报告表 B-12 资料整理。

随着美国产业结构的调整，一些传统产业相对萎缩，通过跨国公司向国外转移；而美国国内的比较优势产业越来越集中于金融、保险等服务业和一些创新产业。众所周知，服务业产品多为非贸易品，而按照产品生命周期理论，在创新期创新产业的产品需求往往限于国内，这导致美国的比较优势产品多体现出非贸易品特征。事实上，在

美国商品制造产业在其 GDP 中比例日益下降的同时，美国货物贸易总额越来越大于服务贸易总额，这表明了美国服务业中的多数产品具有非贸易品性质。美国产业结构的这一特征决定了美国必须依靠大量进口商品以满足国内需求，美国对外贸易逆差不可避免。此外，在美国货物贸易出口中，高新技术产品在出口中的比例不断上升，而传统工业产品出口下降，进口上升。由于高新技术产品的特性，其出口往往伴随着技术和知识的转让和外溢。由于现有的国际贸易知识产权保护体系不能满足美国的要求，美国就通过对高新技术产品出口的限制，促使其他国家加强知识产权保护，实现建立更高标准的全球贸易知识产权保护体系的目标。而美国出于战略安全的考虑，更是加强了对以中国为代表的发展中大国的技术出口限制，使得其高新技术产品出口受挫，这又进一步加大了美国的贸易逆差。

三、中美产业结构与中美贸易摩擦

通过分析中美两国的产业结构，可见美国处于以服务业为主的后工业化时期，中国处于制造业高速发展的工业化中期。美国的产业结构导致其国内制造业规模不足以满足基于服务业的经济增长所形成的巨大的商品市场需求。而中国以制造业为主体的经济结构决定了其在主要出口部门的加工制造业具有较高的劳动生产率增长率，会有贸易顺差倾向。中美两国产业结构较强的互补性导致两国比较优势和贸易结构的巨大差异，进而使中美两国之间的贸易失衡成为可能。

从第八章分析可知，美国从中国进口的商品主要是纺织鞋帽制品、家具玩具以及机电产品。这些商品大都是美国人民生活和经济发展的必需品，其需求的价格弹性较小。从全球贸易格局来看，中国是提供这类商品的最佳来源地，具有很强的竞争力。两国在这些产业贸易的发展既能以最经济的方式满足美国国内供求缺口，保持其国内低通胀高增长的经济状态，又能最大限度地吸收中国出口部门的生产能力，并解决中国的就业问题。但是它同时也导致了中美贸易失衡，成为引发贸易摩擦的导火索。此外，高技术含量、高附加值的技术产品是中美贸易逆差的主要部分，也是目前中国最需要进口的产品。但由于美国技术出口限制导致其在该产品类别的对华出口额相对较低，进而扩大了中美贸易失衡。如果美国能放松其出口管制，不仅能充分发挥两国产业结构的互补性，缩小失衡，减缓贸易摩擦，也能进一步促进中国技术升级和工业化的进程。

第二节　对外直接投资是缓解贸易摩擦、优化产业结构的有效途径

对外直接投资是日本缓解日美贸易摩擦的主要对策之一。战后在日美之间贸易与直接投资的基本关联方式为：日本对美国出口增加──→日美贸易摩擦激化──→日本厂商到美国直接投资进行生产──→减少和回避贸易摩擦。无论是 20 世纪 50、60 年代的纺织品摩擦，还是 70 年代后期的彩电贸易摩擦和 80 年代的汽车贸易摩擦，日本都以对外进行直接投资较好地缓解了日美贸易摩擦。日本对外直接投资缓解贸易摩擦的经验值得中国借鉴。

一、对外直接投资是缓解中美贸易摩擦的有效对策

积极发展对外直接投资是缓解贸易摩擦的有效方法。这一战略可以很好地缓解中美贸易摩擦，减少因为对美国出口量持续增加而引发的贸易摩擦。一般来讲，投资国出口商品结构与其对外投资结构联系密切，即投资国对外投资中某个部门所占比例越高，则该类商品在出口中所占比例越低，投资国对该类商品投资替代贸易倾向就越强。中国应该借鉴日本的经验，积极实施"走出去"战略，引导有条件的国内企业开展基于全球优势资源整合的战略性对外直接投资，有效地缓解贸易摩擦，以便从经济全球化进程中获取相应的利益。当然，针对不同国家应实行不同的投资战略。对发展中家的直接投资，应注重利用当地的市场和资源。对发达国家的直接投资，应注重规避贸易壁垒。大力推动对美的直接投资，不仅可以绕开美国的贸易保护壁

垒，减少因大量对美国出口造成的贸易摩擦，改变中国在国际贸易关系中被动的局面；而且还能通过在美国投资设厂学习美国先进的管理经验，了解当地文化习惯和消费者的偏好，从而生产出更适合美国消费者需求的产品，获取更广阔的市场空间。总之，无论是政府还是企业，都应该充分认识到对美国直接投资的必要性。政府应切实改善企业海外投资的外部环境，进一步促进投资贸易便利化，规范和引导对美国直接投资活动，完善相关的海外投资法律制度，给予对外直接投资一定的优惠政策，为中国国内企业走出国门创造相对宽松的软环境，以鼓励优势企业更好地参与国际竞争。加强对美国直接投资，积极推动国内企业走出去，有利于缓解中美贸易摩擦。

二、对外直接投资是中国产业结构优化的有效途径

日本的经验表明，对外直接投资是促进一国产业结构优化和升级的有效途径。贸易摩擦下的日本对外直接投资通过传统产业转移效应、促进新兴产业成长效应和提升出口竞争力效应促进了日本产业结构的优化与升级。目前中国正处于对外贸易摩擦的高发期，应大力发展对外直接投资，使其成为中国经济增长的引擎，推动整个国家产业结构的调整和产业素质的提高。借鉴日本经验，现阶段中国发展对外直接投资应注意根据国内产业结构调整的需要，合理选择对外直接投资的产业方向，制定长远的产业发展战略，以此促进产业升级，带动经济增长。

日本在"雁行"模式的基础上，抓住国家产业结构升级换代的机遇，利用对外直接投资实现比较优势产业的转移，借以实现日本立足亚洲、辐射全球的经济大国和政治大国的目标。因此，随着新一轮科技革命的到来，中国首先应根据相对优势区位优先、相对优势产业优先、相对优势企业优先、多种投资方式并举的原则，结合产业组合的区域比较优势、国内贸易量、结构高度同质性三大标准，一方面向发展中国家转移如纺织、服装、机械制造业和食品加工等具有一定技术优势的产业及其适用技术和劳动服务；另一方面，为了规避摩擦和提升企业竞争力的目的，应加大对发达国家的对外直接投资，推动和

不断扩大有条件的企业到发达国家搞跨国经营，向发达国家开展"研究开发型"投资，利用对外直接投资的学习效应，获取其在技术密集型产业特别是高新技术产业的先进技术。其次，在对外直接投资投向劳动密集型与部分资本密集型和技术密集型产业的同时，注重对母国经济发展的辐射效应，利用中国在部分基础理论研究和高新技术领域已接近或超过世界先进水平的优势，采取倾斜政策扶持高新技术产业的开发，特别是超导材料、光导纤维、生物工程、半导体材料，以加快中国产业结构的调整和升级，真正下大力气发展高新产业和第三产业。

中国在促进对外直接投资的同时，应吸取日本对外直接投资引起投资摩擦和国内"产业空心化"的教训。当然，中国和当时日本的情况明显不同，目前中国不仅尚未进入大规模对外直接投资阶段，而且对外投资规模小而吸引外资规模大，对外投资和吸引外资的层次明显失衡；同时，与日本相比，中国国内市场需求潜力很大。但是，随着中国对外直接投资规模的扩大，中国应提前做好规划，防范对外直接投资引起的投资摩擦和"产业空心化"问题。

第三节　扩大内需是化解中美贸易摩擦的根本途径

日本通过扩大内需有效地缓解了日美贸易摩擦，促进了其产业结构调整。中国在外贸顺差不断增加的情况下，应把扩大内需作为缓解贸易摩擦的主要对策，促进中国产业结构调整和升级。

一、中国应提高制造业产品的附加价值以满足国内需求

贸易摩擦下的日本企业为了扩大内需，纷纷采取措施提高制造业产品的附加价值。为开发适合国内销售的商品，日本企业一方面积极提高产品科技含量，如彩电向大型化、平面化发展；另一方面开发高附加值的新产品，如电气机械中的液晶电视、数码相机。中国要实现出口模式的转变，必须以国内产业和技术的创新为推动力，企业必须

以国内需求为导向，积极改良现有产品和开发高性能的新产品，以满足国内需求。同时，在产品高附加值化的基础上，大力推进品牌战略，逐步培植具有自主知识产权和核心技术的产品品牌，不断提高产品出口的附加值，增强产品在国际市场上的非价格竞争优势。

二、中国应把服务业作为扩大内需的突破口

贸易摩擦下日本的扩大内需政策促进了服务业的发展，发展服务业消费成为增加国内需求的重要手段。中国应积极促进服务业发展，从刺激需求增长来促进服务业的发展，使服务业发展由供给导向转为需求导向，不断地释放服务需求的潜能。政府要减少管制、降低公共或垄断性服务业的准入门槛，通过引进更多的竞争者增加有效供给，创造和扩大服务业需求。

三、中国应开拓新的消费需求空间，拉动产业升级

20世纪80年代后半期，日本对外贸易摩擦激化，为了扩大内需，日本政府采取了一系列措施促进内需型的新产业群兴起，通过对通信事业放宽限制、对日本电信电话公司实行民营化等措施，促进了日本信息通信产业、环保产业、物资流通产业的发展。目前，中国城乡居民生活刚从温饱迈入小康阶段，居民的消费领域还比较狭窄，消费档次也不高。随着温饱问题的解决和小康建设的全面推进，居民的消费领域将从传统的吃饭、穿衣、家用等商品性消费为主，向文化、教育、旅游、娱乐、体育等非商品性消费拓展；同时，消费档次也将不断升级。因此，针对居民消费领域的变化和消费档次的升级，为了缓解中国的对外贸易摩擦，中国政府和企业应积极采取措施开拓新的国内消费需求空间，拉动中国的产业结构升级。

参考文献

（一）中文文献

［1］［日］宫崎义一：《日本经济的结构和演变》，孙汉超等译，中国对外经济易出版社 1990 年版。

［2］［日］关满博：《东亚新时代的日本经济——超越"全套型"产业结构》，陈生保等译，上海译文出版社 1997 年版。

［3］［日］井村喜代子：《现代日本经济论》，季爱琴、王建钢译，首都师范大学出版社 1996 年版。

［4］［日］林直道：《现代日本经济》，色文译，北京大学出版社 1995 年版。

［5］［日］青木昌彦、奥野正宽：《经济体制的比较制度分析》，魏加宁等译中国发展出版社 1999 年版。

［6］［日］桥本寿郎等：《现代日本经济》，戴晓芙译，上海财经大学出版社 2001 年版。

［7］［日］日本贸易振兴会进口对策部：《战后日本的振兴出口政策》，马君雷、穆家人译，中国对外经济贸易出版社 1987 年版。

［8］［日］日本通商产业政策编纂委员会：《通商产业政策史（第 1—16 卷）》中译本，中国青年出版社 1996 年版。

［9］［日］市村真一：《日本的经济发展与对外经济关系》，色文译，北京大学出版社 1997 年版。

［10］［日］生野重夫：《现代日本经济历程》，宋绍文译，中国金融出版社 1993 年版。

［11］［日］萨泰—莫里斯—铃木：《日本经济思想史》，厉江译，商务印书馆 2000 年版。

［12］［日］小宫隆太郎等：《日本的产业政策》，黄晓勇、韩铁英等译，国际文化出版公司 1988 年版。

［13］［日］小岛清：《对外贸易论》，周宝廉译，南开大学出版社 1987 年版。

［14］［日］香西泰：《高速增长的时代》，彭晋璋译，贵州人民出版社 1987 年版。

［15］［日］植草益：《产业组织论》，卢东斌译，中国人民大学出版社 1989 年版。

［16］［日］竹内宏：《日本现代经济发展史》，吴京英译，中信出版社 1993 年版。

［17］［美］艾尔·L. 希尔曼：《贸易保护的政治经济学》，彭迪译，北京大学出版社 2005 年版。

［18］［美］奥利维尔·布兰查德、斯坦利·费希尔：《宏观经济学高级教程》，刘树成等译，经济科学出版社 1992 年版。

［19］［美］保罗·克鲁格曼，茅瑞斯·奥伯斯尔德：《国际经济学》，海闻等译，中国人民大学版社 1998 年版。

［20］［美］保罗·克鲁格曼：《萧条经济学的回归》，朱文晖等译，中国人民大学出版社 1999 年版。

［21］［美］保罗·克鲁格曼：《战略性贸易政策与新国际经济学》，海闻等译，中国人民大学出版社、北京大学出版社 2001 年版。

［22］［美］保罗·克鲁格曼：《预期消退的年代》，王松奇译，中国经济出版社 2002 年版。

［23］［美］彼得·林德特：《国际经济学》，范国鹰、陈生军译，经济科学出版社 1992 年版。

［24］［美］查尔斯·范·马芮威耶克：《中级国际贸易学》，夏俊等译，上海财经大学出版社2006年版。

［25］［美］W. 查尔斯·索耶、理查德·L. 斯普林克：《国际经济学》，刘春生译，中国人民大学出版社2005年版。

［26］［英］大卫·格林纳韦：《国际贸易前沿问题》，冯雷译，中国税务出版社、北京腾图电子出版社2000年版。

［27］［美］道格拉斯·C. 诺思著：《经济史中的结构与变迁》，陈郁、罗华平等译，上海三联书店、上海人民出版社1994年版。

［28］［美］R. 多恩布什，F. L. C. H. 赫尔默斯：《如何开放经济——世界银行培训发展中国家干部教材》中译本，经济科学出版社1999年版。

［29］［美］多恩布什、费希尔、斯塔兹：《宏观经济学（第八版)》，王志伟译，中国财政经济出版社2001年。

［30］［美］杰弗里·萨克斯、费利普·拉雷恩：《全球视角的宏观经济学》，费方域等译，上海三联出版社、上海人民出版社1997年版。

［31］［美］拉尔夫·戈莫里，威廉·鲍莫尔：《全球贸易和国际利益冲突》，文爽译，中信出版社2003年版。

［32］［美］罗拉·D. 安生迪森：《鹿死谁手？——高新技术产业中的贸易冲突》，刘靖华等译，中国经济出版社1996年版。

［33］［美］罗纳德·麦金农、［日］大野健一：《美元与日元——化解美日两国的经济冲突》，王信、曹莉译，上海远东出版社1999年版。

［34］［美］莫迪查·E. 克雷林：《国际经济学：一种政策方法》，方齐云等译，北京大学出版社2004年版。

［35］［美］H. 钱纳里、M. 塞尔奎因：《发展的型式1950—1970》，李新华等译，经济科学出版社1988年版。

［36］［美］H. 钱纳里、S. 鲁宾逊、M. 塞尔奎因：《工业化和经济增长的比较研究》，吴奇等译，上海三联书店1989年版。

［37］［美］D. 萨尔瓦多：《国际经济学》，朱宝宪、吴洪译，

清华大学出版社 1998 年版。

　　[38]［美］世界银行政策调研报告：《东亚奇迹——经济增长与公共政策》中译本，中国财政经济出版社 1995 年版。

　　[39]［美］约瑟夫·斯蒂格利茨：《政府经济学》，曾强等译，春秋出版社 1988 年版。

　　[40]［美］休·帕特里克等主编：《亚洲新巨人》（上册、下册），亚洲新巨人编译组译，上海译文出版社 1980 年版。

　　[41]［美］约翰·威廉森：《开放经济和世界经济》，厉伟译，北京大学出版社 1991 年版。

　　[42]［美］詹姆斯·M. 布：《自由、市场与国家》，平新乔、莫扶民译，上海三联书店 1993 年版。

　　[43]［法］让·巴蒂斯特·萨伊：《政治经济学概论》，王福生译，商务印书馆 1997 年版。

　　[44]［英］阿瑟·刘易斯：《经济增长理论》，周师铭、沈丙杰、沈伯根译，商务印书馆 1999 年版。

　　[45]［英］凯恩斯：《货币、利息与就业通论》，高鸿业译，商务印书馆 1997 年版。

　　[46]［英］马歇尔：《经济学原理》，朱志泰译，商务印书馆 1997 年版。

　　[47]［英］琼·罗宾逊：《现代经济学导论》，陈彪如译，商务印书馆 1997 年版。

　　[48]［英］亚当·斯密：《国民财富的性质和原因的研究（下卷）》，郭大力、王亚南译，商务印书馆。

　　[49]［英］约翰·伊特韦尔等：《新帕尔格雷夫经济学大辞典》中译本，经济科学出版社 1996 年版，第 2 卷。

　　[50]［英］威廉·配第：《政治算术》，陈冬野译，商务印书馆 1978 年版。

　　[51]［德］弗里德里希·李斯特：《政治经济学的国民体系》，陈万煦译，商务印书馆 1997 年版。

　　[52]［意］贾恩卡洛·甘道尔夫：《国际贸易理论与政策》，王

根蓓译，上海财经大学出版社 2005 年版。

［53］陈建安：《面向 21 世纪的日本经济》，上海科学技术文献出版社 1994 年版。

［54］陈淮：《日本产业政策研究》，中国人民大学出版社 1991 年版。

［55］陈庄：《日本型市场经济——形成、发展与改革》，时事出版社 1995 年版。

［56］丁敏：《日本产业结构研究》，世界知识出版社 2006 年版。

［57］冯宗宪、柯大钢：《开放经济下的国际贸易壁垒——变动效应、影响分析、政策研究》，经济科学出版社 2001 年版。

［58］海闻、P. 林德特、王新奎：《国际贸易》，上海人民出版社 2003 年版。

［59］胡方：《日美经济摩擦的理论与实态》，武汉大学出版社 2001 年版。

［60］金明善：《战后日本产业政策》，航空工业出版社 1988 年版。

［61］金明善：《日本经济：昨天·今天·明天》，辽宁民族出版社 1992 版。

［62］金明善等：《战后日本经济发展史》，航空工业出版社 1988 年版。

［63］荆兴成：《日美实施战略性贸易政策的得失及其对中国的启示》，《经济科学》1997 年第 6 期。

［64］刘淑琪：《当代日本市场经济模式研究》，济南出版社 1996 年版。

［65］刘力：《日美贸易摩擦与战略贸易论》，《世界经济研究》1996 年第 2 期。

［66］罗忠洲：《汇率波动的经济效应研究》，博士论文，华东师范大学 2005 年。

［67］马成三：《日本对外贸易概论》，中国对外经济贸易出版社 1991 年版。

［68］马文秀：《日本的全套产业结构与日美贸易摩擦》，《日本学刊》2008 年第 2 期。

［69］马文秀：《日本对外直接投资缓解贸易摩擦的效应及其启示》，《日本研究》，2008 年 1 期。

［70］马文秀：《贸易摩擦下日本对外直接投资的产业结构调整效果及启示》，2008 年中国美国经济学会"改革开放 30 年来中美经贸关系回顾与展望"学术研讨会论文，广东外语外贸大学。

［71］苗迎春：《中美贸易摩擦及其影响》，《当代亚太》2004 年第 3 期。

［72］强永昌：《战后日本贸易发展的政策与制度研究》，复旦大学出版社 2000 版。

［73］芮明杰、王方华：《产业经济学》，上海科学技术出版社 1993 年版。

［74］色文：《现代日本经济的发展与对策》，北京大学出版社 1990 年版。

［75］宋海林：《中国产业结构协调分析》，中国财政经济出版社 1997 年版。

［76］史光辉：《后起工业化引论》，上海财经大学出版社 1999 年版。

［77］孙景超、张舒英：《冷战后的日本经济》，社会科学文献出版 1998 年版。

［78］王厚双：《直面贸易摩擦——对外贸易摩擦预警机制的构建》，辽海出版社 2004 年版。

［79］王厚双：《贸易战：离中国有多远》，经济日报出版社 2002 年版。

［80］王振锁：《日本战后五十年》，世界知识出版社 1995 年版。

［81］王伟旭、曾秋根：《警惕美国的第二次阴谋》，人民日报出版社 2003 年版。

［82］汪斌：《国际区域产业结构分析导论》，上海三联书店 2001 年版。

［83］汪斌：《东亚国际分工的发展与 21 世纪的新产业发展模式》，《亚太经济》1998 年第 7 期。

［84］吴勤堂：《国际贸易摩擦的潜在因素及对策研究》，《宏观经济管理》2004 年第 7 期。

［85］薛敬孝、白雪洁：《日本产业结构研究》，天津人民出版社 2002 年版。

［86］薛敬孝、佟家栋、李坤望：《国际经济学》，高等教育出版社 2000 年版。

［87］薛敬孝、刘玉操：《日本经济现状研究》，中国社会科学出版社 1998 年版。

［88］熊性美、戴金平：《当代国际经济与国际经济学主流》，东北财经大学出版社 2004 年版。

［89］徐平：《对日本政府经济职能的历史考察与研究》，中国社会科学出版社 2003 年版。

［90］杨治：《产业经济学导论》，中国人民大学出版社 1985 年版。

［91］阳大胜：《日美贸易摩擦的轨迹与成因》，《现代日本经济》1997 年第 6 期。

［92］于永达：《世界经济摩擦论》，吉林人民出版社 1994 年版。

［93］于永达：《卓有成效的贸易管理》，吉林人民出版社 1993 年版。

［94］益言：《日美贸易摩擦的回顾及其启示》，《中国金融》2005 年第 18 期。

［95］赵春明：《日本"产业空心化"探析》，《亚太经济》1995 年第 3 期。

［96］赵春明：《对日美贸易摩擦的思考》，《国际贸易问题》1994 年第 12 期。

［97］赵瑾：《全球化与经济摩擦》，商务印书馆 2002 年版。

［98］赵建：《国际贸易摩擦背后的产业结构和政治因素》，《世界经济与政治论坛》2004 年第 3 期。

［99］张杰、郑欣:《日本融东西方为一体的市场经济》,武汉大学出版社 1994 年版。

［100］中国社会科学院日本研究所:《日本的经济体制》,湖南科学技术出版社 1988 年版。

［101］中国社会科学院日本研究所:《日本概览》,国际文化出版公司 1989 年版。

［102］中日经济专家合作编辑:《现代日本经济事典》,中国社会科学出版社 1982 版。

［103］周振华:《产业结构优化论》,上海人民出版社 1992 年版。

［104］周林、杨云龙、刘伟:《用产业政策推进发展与改革》,《经济研究》1987 年第 3 期。

［105］郑励志、陈建安:《战后日本对外贸易》,航空工业出版社 1988 年版。

［106］朱立南:《战后日本的对外开放》,当代中国出版社 1998 年版。

［107］左中海等:《日本市场经济体制》,兰州大学出版社 1995 年版。

（二）外文文献

［108］Balassa: "Export and Economic Growth: Further Evidence", *Journal of development Economics*, No. 5, 1978.

［109］Balassa, B. and M. Noland: *Japan in the World Economy*, Washington, DC: Institute for International Economics. 1988.

［110］Baldwin and Krueger, eds.: *The Structure and Evolution of Recent U. S. Trade Policy*, University of Chicago Press, 1984.

［111］Baldwin, Richard, and Paul R. Krugman: "Persistent Trade Effects of Large Exchange Rate Shock", *NBER Working Paper*, No. 2017, 1986.

［112］Belderbos, Rene A.: "Large Multinational Enterprises Based in a Small Economy Effects on Domestic Investment", *Review of World Economics*, Vol. 128, No. 3, 1992.

[113] Bergsten, C. Fred, and Marcus Noland. : *Reconciable Differences? United States – Japan Economic Conflict*, Washington, D. C. : Institute for International Economics, 1993.

[114] Blomstrom, Magnus, and Robert E. Lipsey, and Ksenia Kulchycky: "U. S. and Swedish Direct Investment and Exports", *NBER Working Paper*, No. 2390, 1989.

[115] Blomstrom, M. , Konan, D. , and R. Lipsey: FDI in the Restructuring of the Japanese Economy, *NBER Working Paper*, No. 7693, 2000.

[116] Brainard, S. Lael, and David A. Riker : "Are U. S. Multinationals Exporting U. S. Jobs?", *NBER Working Paper*, No. 5958, 1997.

[117] Brander, James A. and Barbara J. Spencer: "Export Subsidies and International Marke Share Rivalry", *Journal of International Economics*, February 1985.

[118] Caves, Richard E. : "Japanese Investment in the United States: Lessons for the Economic Analysis of Foreign Investment", *The World Economy*, Vol. 16, No. 3, 1995.

[119] Chenry. H and aylor. L. : "Development Patterns: among Countries and Over Time", *Review of Economics and Statistics*, Vol. 50, No. 4, 1968.

[120] Cline, William R. : *Japan' s Current Account Surplus* , Washington, D. C. : Institute for International Economics, 1993.

[121] Cline, William R. : *Predicting External Imbalances for the United States and Japan* , Washington, D. C. : Institute for International Economics, 1995.

[122] C. Fred Bergsten, Marcus Noland : Reconcilable differences?: United States – Japan economic conflict, Washington, D. C. : Institute for International Economics, 1993.

[123] Collins, Susan M. , eds. : *Imports, Exports, and the American Worker, Washington, D. C. : Broookings Institution Press,* 1998.

[124] David Stockman: "Remarks on Trade and Investment Friction between Japan and the US", J*apan and the World Economy,* Vol. 3, Issue 1, 1991.

[125] Dewald, W. G. , and eds. : *The Impact of International Trade and Investment on Employment,* Washington, D. C. : US Department of labor, Bureau of International Labor Affairs, 1978.

[126] Dixit, Avinash and Victor Norman : *Theory of International Trade,* Cambridge University Press, 1980. 影印版, 上海财经大学出版社 2004 年版.

[127] Eaton, Jonathan, and Akiko Tamura: " Bilateralism and Regionalism in Japanese and U. S. Trade and Direct Foreign Investment Patterns", *Journal of the Japanese and International Economies*, Vol. 8, 1994.

[128] Economic Planning Agency : *Economic Survey of Japan*, Tokyo, Printing Beruau, Ministry of Finance, 1996.

[129] Economic Planning Agency : *A Multi – Sectoral Econometric Model for the Medium and Long – Run Analyses of Economy*, Tokyo, Printing Bureau, Ministry of Finance, 1996.

[130] Feenstra Robert C. : "Automobile Prices and Protection: The U. S. – Japan Trade Restraint", *Journal of Policy Modeling*, Vol. 7, No. 1, 1985.

[131] Feenstra Robert C. : "Quality Change Under Trade Restraints in Japanese Autos", *Quarterly Journal of Economics*, Vol. 103, No. 1, 1988.

[132] Feenstra Robert C. : *Advanced International Trade: Theory and Evidence* , Princeton University Press, 2004.

[133] Feenstra Robert C. : "Integration of Trade and Disintegration of Production in the Global Economy", *Journal of Economic Perspectives*, No. 12, 1998.

[134] Feenstra, Robert C., Gene M. Grossman and Douglas A. Irwin: *The Political Economy of Trade Policy: Papers in Honor of Jagdish Bhagwati*, Cambridge, The MIT Press, 1996.

[135] Fujita, Masahisa, Paul Krugman, and Anthony J. Venables: *The Spatial Economy: Cities, Regions and International Trade*, Cambridge, MIT Press, 1999.

[136] Fukao, Kyoji, Hikari Ishido, and Keiko Ito: "Vertical Intra – Industry Trade and Foreign Direct Investment in East Asia", *Journal of the Japanese and International Economies*, No. 17, 2003.

[137] Fukao, Kyoji, Hikari Ishido, and Toshihiro Okubo: "Why Has the Border Effect in the Japanese Market Declined ? The Role of Business Network in East Asia", *Paper Presented in Tokyo at the International Conference Entitled WTO and Globalization: Theoretical and Empirical Investigation of International Trade*, 2003.

[138] Gasiorek, M., Smith, A., and Venables, A. J.: "Tariffs, Subsidies and Retaliation", *European Economic Review*, Vol. 33, No. 2 – 3, 1989.

[139] Glipin, Robert.: *U. S. Power and Multinational Corporation: The Political Economy of Foreign Direct Investment*, New York, BasicBooks, 1975.

[140] Glickman, Norman J. and Woodward D. P.: *The New Competitors: How Foreign Investors Are Changing the US Economy*, New York, Basic Books, 1989.

[141] Gomory, Ralph E. and William J. Baumol: *Global Trade and Conflicting National Interests*, Cambridge, MIT Press, 2000.

[142] Goldberg, L. S., and Charles D. Kolstad: "Foreign Direct Investment, Exchange Rate Variability and Demand Uncertainty", *NBER Working Papers*, No. 4815, 1994.

[143] Goldberg, Linda S: Exchange Rates and Investment in United States Industry, *The Review of Economics and Statistics*, Vol. 75, No.

4, 1993.

[144] Graham, E.: *On the Relationship Among Foreign Direct Investment and International Trade in the Manufacturing Sector: Empirical Results for United States and Japan*, Oxford University Press, 1996.

[145] Greenaway, David and L. Alan Winters : *Surveys in International Trade*, Oxford, Blackwell Publishers, 1994.

[146] Grimwade, Nigel : *International Trade Policy: A Contemporary Analysis*, London, Routledge, 1996.

[147] Gros, D.: "A Note on the Optimal Tariff, Retaliation and the Welfare Loss from Tariff Wars in a Framework with Intraindustry Trade", *Journal of International Economies*, Vol. 23, 1987.

[148] Heckscher, Eli.: "The Effect of Foreign Trade on the Distribution of Income", *Ekonomisk Tidskrift*, pp. 497 – 512, 1919.

[149] Helpman, Elhanan and Paul R. Krugman: *Market Structure and Foreign Trade: Increasing Returns, Imperfect Competition, and the International Economy*, Cambridge, MIT Press, 1985.

[150] Helpman, Elhanan: "International Trade in the Presence of Product Differentiation, Economies of Scale and Monopolistic Competition", *Journal of International Economics*, No. 11, 1981.

[151] HiroLee, David: "Cooperation or Confrontation in U. S. – Japan Trade? Some General Equilibrium Estimates", *Journal of Japanese and International Economies*, Vol. 13, 1999.

[152] Hillberry, Russell H.: "Aggregation Bias, Compositional Change, and the Border Effect", *Canadian Journal of Economics*, Vol. 35, No. 3, 2002.

[153] Inaba, K., and K. Morikawa : "A Model of Foreign Direct Investment", *Discussion Paper Series*, No. 37, 1995, Faculty of Economics, Ritsumeikan University.

[154] Irwin, Douglas A.: *Against the Tide: An Intellectual History of Free Trade*, New Jersey, Princeton University Press, 1996.

[155] Johnson, Harry G. : "Optimum Tariffs and Retaliation", *Review of Economic Studies*, 21, No. 2, 1954.

[156] Julius, D. : *Global Companies and Public Policy*, London, Chathm House, 1990.

[157] Katzenstein, Peter, and eds. : *Between Power and Plenty*, Madison, The University of Wisconsin Press, 1978.

[158] Kawai Masahiro. : *Internationl Finance*, Tokyo, Tokyo University Press, 1994.

[159] Kester, W. C. : *Japanese Takeovers: The Global Market for Corporate Control*, Boston, Harvard Business School Press, 1991.

[160] Kindleberger, C. P. : "Group Behavior and International Trade", *The Journal of Political Economy*, Vol. 59, No. 1, 1951.

[161] Kindleberger Charles P. , and Audretsch David B. : *The Multinational Corporation in the* 1980*s*, Cambridge, MIT Press, 1983.

[162] Kinoshita, S. , Kajino, Y. , Saito, M. , Shiina, Y. , and M. Yamada: "Developmentand Application of International Industry – Trade Model", *Research Series*, No. 38, 1982, Economic Planning Agency, Tokyo, in Japanese.

[163] Koichiro Morikawa: "Impact of Japanese Foreign Direct Investment on the Japanese Trade Surplus", *Journal of Policy Modeling*, Vol. 20, Issue 4, August 1998, pp. 427 – 460.

[164] Krugman, Paul: "Is the Strong Dollar Sustainable?", *NBER Working Papers*, No. 1644, 1986.

[165] Krugman, Paul R. , and eds. : *StrategicTrade Policy and the New International Economics*, Cambridge, MIT Press, 1986.

[166] Krugman, Paul R. and Maurice Obstfeld: *International Economics Theory and Policy*, Addison – Wesley Press, 7th edition, 2005.

[167] Kogut, Bruce, and H. Singh : "The Effect of National Culture on the Choice of Entry Mode", *Journal of International Business Studies*, Vol. 19, 1988.

[168] Kojima, K.: *Direct Foreign Investment: A Japanese Model of Multinational Operations*, London, Croom Helm press, 1978.

[169] Markusen, Melvin, Kaempfer and Maskus.: *International Trade: Theory and Evidence*, New York, McGraw – Hill, 1995.

[170] Markusen, James R.: "Factor Movements and Commodity Trade as Complements", *Journal of International Economics*, 14, 1983.

[171] Miyagawa, Tsutomu, and Joji Tokui.: *Economics of Yen Appreciation: Changing International Competitiveness and the Problem of Current Account Surplus*, Tokyo, Toyo Keizai Shimposha, 1994.

[172] Morikawa, K.: "Impact of Japanese Foreign Direct Investment on the Japanese Trade Surplus", *Journal of Policy Modeling*, No. 7 – 4, 1998.

[173] Mundell, Robert A.: "International Trade and Factor Mobility", *American Economic Review*, 47, 1957.

[174] Nakakuki, Masayuki Otani, Akira Shiratsuka, Shigenori: "Distortions in Factor Markets and Structural Adjustments in the Economy", *Hi – Stat Discussion paper series*, 2004.

[175] Nakamura, Shin – ya, and Tsuyoshi Oyama: "The Determinants of Foreign Direct Investment from Japan and the United States to East Asian Countries, and the Linkage between FDI and Trade", *Bank of Japan Research and Statistics Department Working Paper*, No. 98 – 11, 1998.

[176] Ozawa. T.: "Foreign Direct Investment and Economic Development", *Transnational Corporations*, Vol. 1, 1992, p. 43.

[177] Panagariya. A, and eds.: *Trade Policy Issues and Empirical Analysis*, Chicago and London, University of Chicago Press, 1988.

[178] Perroni, C. Whalley, J.: "New Regionalism: Trade Liberalization or Insurance", *NBER Working Paper*, No. 4626, 1994.

[179] Peltzman, Sam.: "Toward a More General Theory of Regulation", *Journal of Law and Economics*, 9, August 1976.

[180] Peter B. Kenen: *The International Economy*, Cambridge,

Cambridge University Press, 2000.

[181] Ryuzo Sato: "The U. S. Japan Trade Imbalance from the JapanesePerspective ", *NBER Working Paper*, No. W2479, 1988.

[182] Scaperlanda, A. , and L. J. Mauer : "The Determinants of US Direct Investment in the EEC", *American Economic Review*, No. 59, 1969.

[183] Schattschneider, E. E. : *Politics, Pressures and the Tariff*, New York, Prentice – Hall, 1935.

[184] Shinjo, K. : "Japanese Exports and Foreign Direct Investment (Nihon – kigyo no Yushutu to Kaigai – chokusetu – tousi in Japanese", *Kokumin Keizai – Zashi, Kobe University Economic Associations*, Vol. 159, 1988.

[185] Tullock, Gordon. : "The Welfare Costs of Tariffs, Monopolies, and Theft ", *Western Economic Journal*, 5(3) , 1967.

[186] Vousden, Neil: *The Economics of Trade Protection*, Cambridge, Cambridge University Press, 1990.

[187] Whalley, John: *Trade Liberalization among Major World Trading Areas*, Cambridge, MIT Press, 1985.

（三）日文文献

［188］行天豊雄、黒田眞：日米経済問題100のキーワード，京都：有斐閣1992。

［189］田中拓男：日米経済の発展 ——アメリカ経済の再生と日米貿易，東京：文眞堂1993。

［190］田中拓男：国際貿易と直接投資，京都：有斐閣1995。

［191］田中拓男：日米貿易構造の変化：80年代の検証，経済学論纂1993。

［192］小峰隆夫：最新日本経済入門（第二版），東京：日本評論社2003。

［193］小峰隆夫：経済摩擦，東京：日本経済新聞社1986。

［194］小宮隆太郎：貿易黒字・赤字の経済学，東京：東洋経

済新報社 1994。

　　［195］小宮隆太郎、奥野正寛、鈴村興太郎：日本の産業政策，東京：東京大学出版会 1984。

　　［196］佐藤定幸：日米経済摩擦の構図，京都：有斐閣 1992。

　　［197］安保哲夫外：日米関係の構図：相互依存と摩擦，京都：書房 1992。

　　［198］加藤雅：紛争の経済学，東京：筑波書房 1991。

　　［199］石井菜穂：政策協調の経済学，東京：日本経済新聞社 1990。

　　［200］関下稔：日米経済摩擦の新展開，東京：大月書店 1989。

　　［201］長岡貞男：日米欧の生産性と国際競争力，東京：東洋経済新報社 1993。

　　［202］竹田志郎：経済摩擦と多国籍企業，東京：同文館 1988。

　　［203］谷口将紀：日本の対米貿易交渉，東京：東京大学出版会 1997。

　　［204］落合浩太郎：日米経済摩擦，東京：慶応通信 1994。

　　［205］金森久雄，香西泰：日本経済読本（第 14 版），東京：東洋経済新報社 1997。

　　［206］竹中平藏：日米摩擦の経済学，東京：日本経済新聞社 1991。

　　［207］須田美矢子：対外不均衡の経済学，東京：日本経済新聞社 1992。

　　［208］中戸祐夫：日米通商摩擦の政治経済学，京都：書房 2003。

　　［209］小島清：海外直接投資の分析，東京：文真堂 1989。

　　［210］小田正雄：新しい貿易政策 —— 貿易摩擦の経済分析，千倉書房 1982。

　　［211］三井物産株式会社：貿易摩擦——その実態と日本の生き残り戦略，東京：産業能率大学出版部 1985。

　　［212］伊藤元重：貿易黒字の誤解，東京：東洋経済新報

社 1994。

　　［213］青木健、馬田啓一：日米経済関係——新たな枠組みと日本の選択，東京：剄草書房 1996。

　　［214］原正行：海外直接投資と日本経済——投資摩擦を越えて－，東京：有斐閣 1992 年。

　　［215］後藤純一：国際労働経済学——貿易問題への新しい視点，東京：東洋経済新報社 1988 年。

　　［216］篠原三代平：産業構造論，東京：筑摩書房 1966。

　　［217］坂井昭夫：日米経済摩擦の軌跡と現局面，KIER1996。

　　［218］坂井昭夫：日米経済摩擦と政策協調，京都：有斐閣 1991。

　　［219］藤原貞雄：日米貿易と対米直接投資，山口大学経済学会山口経済研究叢書 1981，第 20 集。

　　［220］島田章：雇用調整費用と労働市場の均衡または不均衡が経済におよぼす影響，長崎大学：経営と経済 1994。

　　［221］近藤正臣：日米構造協議（1989 - 90）の意味，経済研究 1996。

　　［222］青木健：日本の産業構造変化が東アジアに及ぼした影響，季刊国際貿易と投資 Spring 2004 / No. 55。

　　［223］青木健：日本の産業構造変化とその対外的発現，季刊国際貿易と投資 Winter 2003 / No. 54。

　　［224］久保新一：企業の海外進出と国際分業の新展開，経済系，関東学院大学経済学会編 1996 年 7 月号。

　　［225］渡部福太郎：日米関係の変容と東経済，経済論集 1992。

　　［226］三辺信夫：日米産業政策と比較生産費説，経済経営論集 1992。

　　［227］国際経済長期展望研究会、内閣府（旧経済企画庁）総合計画局：2000 年への世界経済展望——調整過程を超えて－，東京：大蔵省印刷局 1987。

　　［228］深尾京司、袁堂軍：日本の対外直接投資と空洞化，

RIETI Discussion Paper Series 01 – J – 003. 2001。

　［229］横山将義：輸入自主拡大は貿易黒字削減に有効か，早稲田商学第 369 号，1996 年 7 月。

　［230］中川十郎：日米経済摩擦に関する一考察，愛知学院大学：地域分析，1992。

　［231］篠井保彦：戦後の技術革新と日本の貿易，季刊国際貿易と投資 2000 年 No. 42。

　［232］バーグステン、クライン：日米経済摩擦 為替レートと政策協調，東京：東洋経済新報社 1986。

　［233］宮里政玄：日米構造摩擦の研究——相互干渉の新段階を探る，東京：日本経済新聞社 1990。

　［234］日本貿易振興会：ジェトロ投資白書——世界と日本の海外直接投資，東京：日本貿易振興会，相関年版。

　［235］内閣府（旧経済企画庁）総合計画局：日本の経済構造，東京：東洋経済新報社，1997 年版，第 19 頁。

　［236］浜口登：為替レートと経常収支予備的考察，早稲田社會科學研究第 34 号。

　［237］池本清：貿易政策・国際経済構造・経済発展段階，広島大学経済論叢 1991。

　［238］内閣府（旧経済企画庁）：経済白書（相关年版），東京：大藏省印刷局。

　［239］財務省（旧大蔵省）：財政金融統計月報（相关年期）。

　［240］経済産業省（旧通商産業省）：通商白書（相关年版），東京：大藏省印刷局。

后　记

2006年作者在撰写博士论文的基础上，以博士论文之选题申报了国家教育部人文社会科学规划研究项目，获得资助（原课题名称：《贸易摩擦与产业结构优化——从日本化解贸易摩擦的对策谈起》；课题编号：06JAGJW005）。所以，本书既是作者完成国家教育部人文社会科学研究项目的研究成果，也是作者在博士论文的基础上修改完成的。本书出版获河北省教育厅出版基金的资助。在此，谨向国家教育部人文社会科学研究项目的资助和河北省教育厅出版基金的资助表示感谢。

作者的博士论文是在裴桂芬教授的悉心指导下完成的。从选题、大纲的制定、文稿结构安排、成稿后的反复修改，裴老师都给予了认真地审阅，提出许多宝贵的建设性意见。本书的最终成稿凝聚着裴老师的大量心血。裴老师渊博的知识、敏捷的思维、严谨治学的态度、刻苦钻研的精神、对学生耐心的指导和鼓励，成为我学习、工作和生活的楷模。裴老师对我情深恩重，感激之情难以言表，唯有以后不懈努力，方能略作回报。

在本书的写作过程中，得到了很多老师的指导和帮助。河北大学的张玉柯教授、康书生教授、顾六宝教授、孙健夫教授、王金营教授、李赶顺教授、张双才教授在论文开题中给予的指导令本书增色不少。作者的博士论文答辩得到了答辩委员会中国人民大学杜厚文教授、南开大学薛敬孝教授、河北经贸大学于刃刚教授、河北大学张玉柯教授、康书生教授、孙健夫教授、李赶顺教授的充分肯定，在最后修改成书阶段，充分吸纳了上述专家的建议。河北大学的董正信教授、崔巍副教授、张俊峰教授、陈凤华副教授也给予了我很多帮助。在此向上述关心、爱护和帮助我的人表示最诚挚的谢意！同时衷心感谢对我的博士论文匿名评审并提出宝贵意见和建议的各位专家！

在本书的出版过程中，人民出版社经济室副主任郑海燕女士做了大量的工作，不辞辛苦，精益求精，为本书的出版做了大量工作，在此表示衷心的感谢！由于作者水平有限，书中不妥之处，恳请读者与同行提出宝贵意见。

最后向所有关心我成长的家人、领导、老师、同学和同事们表示最衷心的感谢！

马文秀

2009 年 9 月于河北大学

策划编辑:郑海燕

封面设计:周文辉

图书在版编目(CIP)数据

日美贸易摩擦与日本产业结构调整/马文秀 著.
-北京:人民出版社,2010.5
ISBN 978 - 7 - 01 - 008811 - 2

Ⅰ.日…　Ⅱ.马…　Ⅲ.①日美关系-双边贸易-研究　②产业结构-
调整-研究-日本　Ⅳ. F753.138.712　F131.31

中国版本图书馆 CIP 数据核字(2010)第 053507 号

日美贸易摩擦与日本产业结构调整

RIMEI MAOYI MOCA YU RIBEN CHANYE JIEGOU TIAOZHENG

马文秀　著

人民出版社 出版发行
(100706　北京朝阳门内大街 166 号)

北京瑞古冠中印刷厂印刷　新华书店经销

2010 年 5 月第 1 版　2010 年 5 月北京第 1 次印刷
开本:710 毫米×1000 毫米 1/16　印张:17.5
字数:250 千字

ISBN 978 - 7 - 01 - 008811 - 2　定价:35.00 元

邮购地址 100706　北京朝阳门内大街 166 号
人民东方图书销售中心　电话 (010)65250042　65289539